国网绿色现代数智供应链
—— 知识体系丛书 ——

国 网 绿 链
STATE GRID GREEN SUPPLY CHAIN

U0662034

供应链
需求与计划管理

国家电网有限公司 　组编

中国电力出版社
CHINA ELECTRIC POWER PRESS

内 容 提 要

本书是对国家电网有限公司绿色现代数智供应链需求与计划管理实践经验的系统性介绍，阐释了供应链需求与计划管理体系、需求预测管理、需求计划管理、需求实现管理以及需求与计划管理的绿色数智化实践五个方面的创新实践。本书采用供应链管理前沿理论与国网绿链实践案例相结合的方式，以通识性理论为国家电网有限公司实践案例进行铺垫，理论联系实际，向读者深入展示国家电网有限公司需求与计划管理优秀经验。

本书可为企业及社会各界供应链管理提供借鉴，也可供供应链专业认识学习阅读。

图书在版编目（CIP）数据

供应链需求与计划管理 / 国家电网有限公司组编. -- 北京：
中国电力出版社, 2024. 12（2025.1重印）. -- (国网绿色现代数智
供应链知识体系丛书). -- ISBN 978-7-5198-9060-5

Ⅰ. F426.61

中国国家版本馆 CIP 数据核字第 2024MN9709 号

出版发行：中国电力出版社
地 址：北京市东城区北京站西街 19 号（邮政编码 100005）
网 址：http://www.cepp.sgcc.com.cn
责任编辑：陈 丽（010-63412348） 穆智勇
责任校对：黄 蓓 李 楠
装帧设计：张俊霞
责任印制：石 雷

印 刷：三河市万龙印装有限公司
版 次：2024 年 12 月第一版
印 次：2025 年 1 月北京第二次印刷
开 本：787 毫米×1092 毫米 16 开本
印 张：14.75
字 数：255 千字
定 价：90.00 元

丛书编写组

主　编　卓洪树

副主编　孙　浩　　宋天民　　易建山

成　员　杨砚砚　陈　广　张　柯　熊汉武　龙　磊

　　　　赵海纲　王培龙　胡　东　赵　斌　杨志栋

　　　　孟　贤　黄　裙　储海东　谭　骞　陈少兵

　　　　刘俊杰　樊　炜　陈石通　周亦夫　张新雨

　　　　丁　昊　朱迦迪　刘明巍　李　屹　尹　超

　　　　何　明　吴　强　李海弘　张　兵　王光旸

　　　　陈秀娟　王　健　孙启兵　张　瑞　孙　扬

　　　　孙　萌　于　胜　戎袁杰　张元新　胡永焕

　　　　厉　苗　吴　臻　纪　航　刘　昕　丁亚斐

　　　　贾成杰　许沛丰　王宇曦　王延海　侯立元

　　　　牛艳召　曾思成　党　冬　黄　柱　宋述贵

　　　　张　斌　何　灵　汪　琨　满思达　张　昊

　　　　郝佳齐　姜旭航　王　玮　仇爱军　郭　振

　　　　周晓炯　孔宗泽　赵红阳　王　聪　王银洁

　　　　李明哲　杨　凯　邹慧安　孙宏志　李洪琳

　　　　骆星智　李俊颖　赵　钰　时薇薇

本册编写组

组　　长　　易建山

副组长　　杨玉强

成　　员　　杨砚砚　　杨志栋　　许沛丰　　华天琪　　李笑怡

　　　　　　刘镓铭　　庞选考　　胡潇斐　　邓　勇　　李海弘

　　　　　　贾成杰　　赵　欣　　杨文颖　　陈勇杰　　李媛媛

　　　　　　张　兵　　刘若乔　　张　卓　　徐　欣　　黄昊晨

　　　　　　侯　滨　　张慧萍　　武雅桐　　朱　杰　　何　佳

　　　　　　叶明超　　杨　军　　顾正纲　　付贺新　　闫天泽

　　　　　　郭子瑶　　张诗雨

特邀专家　　汪希斌

随着全球一体化的程度越来越高，市场竞争不断加剧，供应链管理已成为经济和社会活动中的一个重要组成部分。供应链管理发展到今天，早已突破企业之间、产业之间的边界，成为国家竞争力的重要体现，也是国家之间合作与博弈的热点焦点。以习近平同志为核心的党中央高度重视供应链建设工作，作出了提升供应链现代化水平和自主可控能力、提高供应链稳定性和国际竞争力等系列决策部署，为中央企业供应链发展指明了方向。党的二十届三中全会再次强调"健全提升产业链供应链韧性和安全水平制度""打造自主可控的产业链供应链""健全绿色低碳发展机制""推动产业链供应链国际合作"。国务院国资委对中央企业在建设世界一流企业中加强供应链管理提出明确要求。国家电网有限公司全面贯彻党中央、国务院指示精神，聚焦供应链数智转型、绿色低碳、协同发展，创新打造国网绿色现代数智供应链管理体系，支撑经济和社会高质量发展。

作为关系国民经济命脉和国家能源安全的特大型国有重点骨干企业，国家电网有限公司始终坚持以习近平新时代中国特色社会主义思想为指导，坚持问题导向、目标导向和系统观念，推动公司和电网高质量发展，保障电力供应、促进能源转型、支撑和服务中国式现代化建设。在改革和发展过程中，国家电网有限公司紧紧围绕党中央、国务院关于推动产业链供应链优化升级重大决策部署，持续推动供应链创新发展，特别是从 2022 年起，创新构建具有"协同化、智慧化、精益化、绿色化、国际化"特征的国网绿色现代数智供应链管理体系（简称"国网绿链"），以平台为着力点、采购为切入点、整合为突破点，实施"绿链八大行动"，形成"标准引领、需求驱动、数智运营、平台服务"的绿色数智发展新业态，提效率、增效益、促效能，有效提高了采购和供应链资源保障能力、风险防控能力、价值创造能力和行业引领能力，确保产业链供应链安全稳定。

国网绿链聚焦供应链数智转型，用链式思维创新生产组织服务方式，以实物 ID

为纽带，实现"一码贯通，双流驱动"，建设供应链公共服务平台，建立供应链基础大数据库、高端智库，打造能源电力产业链供应链统一"数据底座"，有效打通创新链、资金链、人才链、价值链，推动全链业务实现跨专业、跨企业、跨行业数字化交互和智能化协同，促进形成新质生产力，服务能源电力产业链供应链高质量发展。国网绿链聚焦供应链绿色低碳，将绿色、低碳、环保的理念和技术融入供应链全过程、各环节，构建绿色低碳标准、评价、认证体系，印发央企首个《绿色采购指南》，深入实施绿色采购，推动能源电力领域技术创新、装备升级、节能减排和环保循环，助力形成绿色产业集群，构建供应链"全绿""深绿"生态，服务能耗"双控"向碳排放"双控"转变。国网绿链聚焦供应链协同发展，充分发挥国家电网有限公司作为能源电力产业链"链长"和供应链"链主"的超大规模市场"采购引领"作用，大力营造公开、公平、公正和诚实信用的招投标环境，倡导行业向绿色低碳、数智制造转型升级，推动产业链供应链高质量发展，助力构建协同共赢的供应链生态，促进全国统一大市场建设，推动新发展格局落地。

在供应链变革与重构的新格局中，供应链体系的价值逐步得到体现。国家电网有限公司在构建国网绿链的过程中，不断总结实践经验和创新成效，提炼超大型企业供应链发展的方法论，形成了国网绿链的理论及知识体系。本套丛书是国网绿链知识体系的精髓，既涵盖全社会供应链先进管理体系、流程、方法和技术，又突出了国网绿链的创新特色成效。希望以丛书的出版为契机，搭建共享交流平台，为大型国有企业探索现代供应链实践提供借鉴。诚挚欢迎关心关注供应链发展的社会各界人士提出宝贵意见。国家电网有限公司将持续深化绿色现代数智供应链管理体系建设，加快建设具有中国特色国际领先的能源互联网企业，为以中国式现代化全面推进强国建设、民族复兴伟业作出更大贡献！

国家电网有限公司副总经理

当今世界正经历百年未有之大变局，国际金融市场动荡、经济全球化遭遇逆流、部分国家保护主义和单边主义盛行等不利局面正冲击现有经济秩序，全球产业链供应链面临着快速重构的风险。大国之间对供应链主导权的争夺进入白热化阶段，区域化阵营化竞争手段正逐步取代以往市场化竞争，产业链供应链韧性与安全成为供应链布局的重要考虑因素，数智化、绿色化成为供应链转型的国际共识。

习近平总书记高度重视产业链供应链发展建设工作，在党的十九大报告中首提现代供应链，将其作为深化供给侧结构性改革、发展现代化经济体系的重要组成部分。党的二十大报告中明确提出"着力提升产业链供应链韧性和安全水平"，是以习近平同志为核心的党中央从全局和战略的高度作出的重大决策部署。《中华人民共和国国民经济和社会发展第十四个五年规划和 2035 年远景目标纲要》也提出了"分行业做好供应链战略设计和精准施策，形成具有更强创新力、更高附加值、更安全可靠的产业链供应链"。2023 年国务院国资委印发的《关于中央企业在建设世界一流企业中加强供应链管理的指导意见》中进一步明确了供应链管理的重要性。二十届三中全会公报中进一步强调了要"健全提升产业链供应链韧性和安全水平制度，健全促进实体经济和数字经济深度融合制度"。

在此基础上，全社会供应链思维明显提升，各企业大胆创新、积极探索，有利地推动了企业供应链国际化、绿色化、智能化水平持续提升，形成了一批先进实践经验。一批供应链领先企业迅速成长，围绕全球采购、生产、分销、物流等全面布局，在充分利用国际国内两个市场、两种资源等方面，起到了积极示范引领作用。随着习近平生态文明思想的贯彻落实，碳达峰、碳中和目标设立，建立健全绿色低碳循环发展的经济体系，已逐步由愿景走向现实。构建绿色供应链，需要国有企业主动承担绿色转型领头责任，引导企业做好业务发展与社会责任的有机平衡，将绿色可持续发展嵌入供应商选择、生产、物流、再生资源回收利用等全流程各环节。加快发展新质生产力，推动企业数字化转型提速，促进数字技术与实体经济融合，对企业供应链管理提出了新的要求。

作为关系国计民生的特大型国有骨干企业和全国供应链创新与应用示范企业，国家电网有限公司深入贯彻落实党中央、国务院关于推动产业链供应链发展相关重大决策要求，充分发挥知识资源对供应链创新发展支撑服务作用，构建绿色现代数智供应链管理知识体系，有效吸收了当前国际、国内主流知识体系精华，在总结自身成功的供应链管理实践案例基础上，结合中国能源行业产业链供应链发展特色，编写出这套兼具国际视野与中国特色、专业知识与企业实践相结合的知识体系丛书。该套丛书依托其特色优势，不仅能激励和引领国内企业持续创新供应链管理理念和方法、全面提升供应链管理现代化水平、助推我国现代供应链高质量发展，亦可作为培训教材培养一批具有先进供应链管理经验的高级专业人才，为指导提升我国供应链从业者业务能力水平作出贡献。

实现世界一流企业的发展目标任重道远。在此，我向大家推荐《国网绿色现代数智供应链知识体系丛书》，希望该系列丛书能够给各行业企业尤其是能源企业供应链从业者提供借鉴和帮助，进一步引导我国各行业企业供应链管理水平不断提升，促进我国产业链供应链高质量发展。

中国物流与采购联合会会长

随着经济全球化和网络化的发展，新供应链理念已经成为促进全球领先企业及其上下游企业实现资源优化配置、提升运营效率、提高核心竞争能力、适应全球市场发展要求的重要途径和手段。当前，我国正在深化供给侧结构性改革，经济已由高速增长转向高质量发展。受逆全球化、贸易保护等多重因素影响，全球供应链加速调整和重构，不稳定性和不确定性显著增加，供应链保障已经成为国家战略安全的重要组成。中央企业在国家产业链供应链体系建设中具有不可替代的地位，也承担着义不容辞的责任。

国家电网有限公司作为关系国民经济命脉和国家能源安全的特大型国有重点骨干企业，始终坚持以习近平新时代中国特色社会主义思想为指导，牢牢把握能源保障和安全这个须臾不可忽视的"国之大者"，全面贯彻落实国家战略部署要求，主动顺应信息技术发展潮流，围绕"绿色、数字、智能"现代化发展方向，打造具有行业领先地位和示范作用的绿色现代数智供应链管理体系，为推动国家电网有限公司高质量发展，支撑和服务中国式现代化提供了优质高效的供应链服务保障。

国网绿色现代数智供应链管理体系不仅提升了企业自身的供应链管理水平，在推动行业内乃至社会的供应链发展方面也有重要意义。

一是发挥"排头兵"的示范作用，为超大型企业供应链管理创新提供借鉴。对于国有企业来说，传统的供应链管理已经无法适应市场的需求，标准化、集约化、专业化、数字化、智能化是供应链转型的大方向。国网绿链坚持管理创新和科技创新双轮驱动，推动了供应链绿色化、数字化、智能化、现代化转型，在有效提升自身供应链运营水平的同时，为能源电力产业链供应链资源整合、提质增效、转型发展贡献了巨大力量，这些改革和创新经验为国内外企业的供应链创新发展提供了"国网方案"。

二是推动电工装备行业发展，带动产业链供应链价值提升。国家电网有限公司是全球最大的公用事业企业，处于产业链供应链的核心枢纽和链主地位。国网绿链充分发挥了超大规模采购的市场驱动力，用需求引领跨行业、跨平台、跨企业的专业化整合，不仅助力了全国统一大市场建设，还带动了全供应链绿色低碳、数智转型，营造和谐共赢的供应链生态圈，推动能源电力装备制造业乃至供应链上下游企业提档升级。

三是有效提升稳链固链能力，助推国家战略落地。国家电网有限公司作为全球电力领域的领跑者，利用国网绿链这个"火车头"，一方面引领了能源电力供应链产业链创新与变革，提升了供应链产业链韧性和安全稳定水平；另一方面带动了中国能源电力行业走向国际市场，加快我国的供应链标准和模式"走出去"，确保全球供应链的开放、稳定、安全，积极建设全球能源互联网，推动"一带一路"沿线经济带发展，助力构建人类命运共同体。

中国供应链发展要找到属于自己的道路，依靠的正是各行各业供应链从业者不断地探索和创新，众多的"先行者"为推动中国供应链事业发展，形成具有中国特色的供应链管理理论作出了重要贡献，而国家电网有限公司正是其中的"领头雁"。

《国网绿色现代数智供应链知识体系丛书》全面研究世界一流供应链发展方向和国家电网有限公司供应链应用经验，系统阐述了绿色现代数智供应链发展理论支撑、管理体系框架、战略要素构成、业务运营实践方面的创新思路及成效，相信来自各界的读者，无论是企业管理者，还是政策制定者，都能够从这套丛书中收获新的思路和启发。希望国家电网有限公司进一步以世界一流目标为指引，以央企的时代情怀，在供应链创新与应用中，进一步发挥"大国重器与压舱石"作用，在推动国家经济高质量发展中勇当标杆、率先垂范，为中国经济高质量发展作出更深层次的思考和更大的贡献。

中国人民大学商学院教授

国家电网有限公司坚决贯彻党中央、国务院战略部署，落实国资委《关于中央企业在建设世界一流企业中加强供应链管理的指导意见》，创新构建绿色现代数智供应链，持续推动物资管理水平提升。在此基础上，结合内外部环境需求，总结绿色现代数智供应链建设经验，构建了国家电网有限公司绿链知识体系，这是加强绿色现代数智供应链管理体系建设的一项重要举措，也是能源电力行业的首创。

《国网绿色现代数智供应链知识体系丛书》是深化国家电网有限公司绿链知识体系建设、打造供应链专业化人才队伍的重要抓手。丛书紧跟供应链专业化发展新趋势，将国际、国内前沿供应链管理理论与国家电网有限公司供应链管理创新实践相结合，以"理念先进、内容全面、专业实用、创新发展"为原则，既具备普适性，又体现创新性，既涵盖国际通用的供应链六大基础要素，又延伸覆盖规划设计、施工安装、运行维护等要素，形成具有国家电网有限公司特色的供应链九大要素。丛书采用一总册九分册形式，其中总册为《绿色现代数智供应链》，九分册分别为《供应链需求与计划管理》《供应链采购管理》《供应链物流管理》《供应链合同管理》《供应链质量监督管理》《供应链供应商关系管理》《供应链精益运营》《供应链风险管理》《供应链标准化与数智化管理》。

丛书既面向国家电网有限公司内部，为公司供应链从业人员夯实基础、拓展视野、提升水平、指导实际操作提供指引，又面向产业链供应链链上企业，为相关供应商、服务商、物流商理解绿色现代数智供应链理念和管理要求建立有效途径，促进供应链上中下游利益相关方深化协作，带动链上企业共同发展。同时可供各行业供应链管理人员学习和交流参考，促进共同提升全社会供应链管理水平，推动国家加快构建现代供应链管理体系。

本书是丛书的《供应链需求与计划管理》分册，主要介绍了供应链需求与计划管理相关的前沿理论知识、国家电网公司供应链需求与计划管理的典型实践经验和优秀案例。

在章节分布上，本书系统性梳理了供应链需求与计划管理的理论基础，围绕"供应链需求与计划管理体系-需求预测管理-需求计划管理-需求实现管理-需求与计划绿色数智化"理论主线，系统性总结、提炼国网绿链需求与计划管理优秀实践经验，并精选经典案例，全角度、立体式展示国家电网有限公司供应链需求与计划管理的实操经验和创新引领。此外，结合供应链管理领域的前沿智能化、绿色化技术发展趋势，针对国家绿链需求与计划管理的未来进行了前瞻性思考与展望。

本书在编写过程中，得到多位同行及内外部专家的指导和支持，在此表示诚挚的感谢。限于编者水平，书中不足之处在所难免，恳请各位专家、读者提出宝贵意见。

编　者

2024 年 11 月

序一

序二

序三

前言

第一章　供应链需求与计划管理基础 ………………………………… **1**

　第一节　供应链需求概述 …………………………………………… 2

　第二节　供应链需求与计划管理概述 …………………………… 13

　第三节　国家电网公司供应链需求与计划管理体系 ………… 21

第二章　供应链需求预测管理 ………………………………………… **42**

　第一节　供应链需求预测概述 …………………………………… 43

　第二节　供应链需求预测方法概述 ……………………………… 54

　第三节　国家电网公司需求预测管理实践 …………………… 60

第三章　供应链需求计划管理 ………………………………………… **85**

　第一节　供应链需求计划管理概述 ……………………………… 86

　第二节　供应链需求计划管理供需平衡 ……………………… 96

　第三节　国家电网公司需求计划管理实践 …………………… 98

第四章　供应链需求实现管理 ………………………………………… **115**

　第一节　传统供应链需求实现管理模式 ……………………… 116

　第二节　供应链现代需求实现管理模式 ……………………… 121

　第三节　国家电网公司需求实现管理实践 …………………… 127

　第四节　国家电网公司采购数据统计分析 …………………… 159

第五章　供应链需求与计划管理的绿色数智化 ……………………… **165**

　　第一节　供应链需求与计划管理的绿色化 ……………………………166

　　第二节　供应链需求与计划管理的数智化 ……………………………173

　　第三节　国家电网公司供应链需求与计划管理绿色数智化实践 ………185

　　第四节　国家电网公司供应链采购数据数智化实践 …………………200

第六章　未来展望 …………………………………………………… **210**

　　第一节　国家电网公司需求与计划管理的发展前景 …………………211

　　第二节　国家电网公司需求与计划管理的绿色数智化规划 …………214

参考文献 ……………………………………………………………… **218**

第一章

供应链需求与计划管理基础

供应链管理的根本使命，就是要以最低的总成本，在一个既定且不断上升的客户服务水平下，满足包括客户需求在内的供应链需求。而达成这一使命的前提，就是正确理解和把握供应链需求的概念和特征、引起需求变化的因素、需求的分类及相应的需求管理过程、策略和方法。

本章从供应链需求的相关概念切入，在明确其定义和一般分类方法的基础上展开关于需求管理的需求识别、需求预测、需求计划、需求实现的概念、策略与过程。最后依托理论知识，展开介绍国家电网有限公司（简称国家电网公司）需求与计划管理的组织体系、业务体系、制度规范体系及管理特点。需要特别强调，需求计划是链接需求预测与实现的桥梁，也是国家电网公司供应链管理的重要构成。

国家电网公司的需求与计划管理"测－编－报－审－析"的全流程不仅与理论知识中需求识别、需求预测、需求计划、需求实现的全模式相呼应，而且，其在需求预测方法应用、需求计划的编制、采购计划的申报与审核、采购策略的目录制管理及采购数据分析等方面均具有特色突出的优秀实践经验。

第一节　供应链需求概述

本节首先对本书将要探讨的供应链需求相关概念进行澄清，并给出明确的定义和解释；进而辨别出需求的来源、特征和影响因素，并说明如何对众多繁杂的供应链需求进行恰当的分门别类，以利于选择出有针对性的需求管理策略和方法。

一、供应链需求相关概念

与供应链需求相关的基本概念主要涉及供应链需求的定义、来源和特征，以及引起需求变化的主要因素。

（一）供应链需求的定义

在经济学中，"需求（demand）"被定义为"在一定的时期，在既定的价格水平下，消费者愿意并且能够购买的商品数量。"全球供应链管理领域备受推崇的美国供应链管理协会（Association for Supply Chain Management，ASCM）则将"需求"定义为："对一种特定产品或零部件的需要。"

上述两种对"需求"的定义虽然简明扼要，但都存在一定的局限性。比如，经济学给出的定义局限于来自消费者或外部客户的需求；而美国运营管理协会给出的定义中缺少了"服务"需求。因此，从企业供应链管理的角度出发，将"需求"定义为：一个身处供应链某个环节的特定企业需要面对和管理的、为了满足供应链下游外部客户以及自身生产经营所需、可以通过内部自制或外部采购获得、最终交付给下游客户或者留在内部自用的各种产品及服务。

可以从需求的源头和满足内外部需求的手段两个维度来解读这个定义。

（1）第一维度，从需求的源头来看，需求既包括了来自外部客户的需求，也包括了源自内部的需求。"外部需求"是企业供应链下游的外部第三方对企业所提供的产品或服务的需求；"内部需求"则是企业为了满足外部需求以及自身经营需要而产生的各种需求。为了满足外部需求，就会衍生出生产加工、工程建设、物流包装或培训辅导之类的服务需求，以及为了在内部完成这些服务过程而必需的各类产品或服务；为了企业自身正常经营所必需的内部需求，则包括办公或经营场地、办公及通信设备、生活及环境治理设备、专业服务、各类消耗性物资和日常服务等形式各异的需求。

（2）第二维度，从满足内外部需求的手段来看，企业可以通过内部自建生产、施工、运输、包装、培训、食堂等各种能力来满足内外部需求；也可以通过外部采购、外协加工、工程外包、第三方物流或其他委外形式来满足内外部需求。因此，从需求满足手段或实现方式来看，有些需求就成为企业的内部自制或自建需求，而更多的需求则会成为企业必须从上游供应链获得实现的"采购需求"。因为，在通过生产计划、工程建设项目计划、分销计划或其他计划形式来规划管理内部自制或自建、外部代工、总包分包等具有生产活动属性的需求时，都会存在需求及计划分解的过程，最终总会衍生出必须从外部获得的采购需求。

从上面对需求的定义和解读可知，本书中研究的需求管理问题本质上是一个"需求链"的管理问题。换句话说，需求是一条"链"，需求存在分解的过程，还存在层级和从属关系问题，以及来源与去向等方面的问题，而这些问题正是需求管理过程的基础性问题。

（二）供应链需求的来源与特征

供应链管理协会（Association for Supply Chain Management，ASCM）认为需求具有三个最值得关注的特征性相关问题：①对需求属性的厘清，即独立需求还是相关需求；②对需求来源的识别；③对需求模式特征的透视。

1. 独立需求与相关需求

在解释独立需求之前，需要理解直接需求和间接需求这一组相对应的概念。

直接需求是指那些最终要直接交付给外部客户的需求，因此，可以将外部客户需求视为直接需求，但同时必须注意，构成最终交付给客户的产品或服务的组成部分，通常也都属于直接需求范畴。比如，客户想要的是一台电动车，车企为了满足客户需求，就需要自制或采购生产这台电动车所需的各种材料、零组件或子系统，包括将车身各个部分连接固定在一起的焊接材料或化学品，也包括其中传动系统所需填充的润滑油脂。这些就都属于这家车企所面对和管理的直接需求。

间接需求则是指那些不构成最终交付产品或服务一部分的需求。比如，生产电动车时需要的厂房设施、生产或辅助性设备、能源动力、劳保用品，以及车企自身运营所需的办公设施设备、零星物资和各种专业或日常服务等内部需求，都属于间接需求。

理解了直接需求和间接需求，下面解释说明独立需求和相关需求。

独立需求是指那些与其他需求没有直接关联、可以被单独采购、单独交付、独自满足所需功能的产品或服务。比如上面那个例子中客户向车企下单订购一台电动车，对于车企来说就是一个明确的独立需求。而车企自身所需的、可以从外部供应商那里下单采购而来的办公设施、设备、物资、服务等，也是该车企的独立需求。

相关需求则是为了完成某特定独立需求的交付而必不可少的、构成该独立需求一部分的那些需求，如子系统、零组件和附属服务等。比如，上面客户需要的电动车，是由电池、电机、电控、车身、车轮、座椅等各个系统组成的，车企往往需要自制或采购这些子系统，对于车企而言，这些就属于相关需求。如果该车企需自建生产电动车的厂房，由此而产生的厂房设计、施工等服务，以及建设厂房所需的型材、水泥等物资，也构成了车企在这种厂房建设项目中的相关需求。

需要特别注意的是，相关需求的概念是相对的，原本属于相关需求的那些子系统、零部件或服务，也常常可能被需求方单独订购，而转变成运维过程中的独立需求。比如，买来的电动车需要更换一个轮胎，此时轮胎就变成了独立需求。车企出于对已建设完工投入使用的厂房进行维护维修的目的，而需要采购的型材或水泥，则也转而成为独立需求。

区分独立需求和相关需求，对需求管理有着重大的意义：独立需求往往需要采用到各种需求预测方法来预判未来可能产生需求的时间和数量；对那些与独立需求之间存在高确定性从属关系的相关需求，比如通过生产某个产品（如特定型号的电脑）而确定下来的物料清单（Bill of Materials，BOM）分解得到的 CPU、硬盘、电源等相关需求，一般不需要采用预测方法，而是采用计划分解方法进行展开，计算出需求的时间和数量。就国家电网公司而言，为了满足国家发展和人民日常工作生活中对电力的需求而产生的电网建设项目需求，即类似于一般意义上的独立需求；而为了完成电网建设项目通过典型设计采购需求清册模板❶而导出的对各种一次、二次电网设备及装置性物资的需求，则类似于通识性理论中的相关需求。但是，如果预测的并非是某个确定型号的独立需求，而是一个产品族或产品系列的独立需求，这时由这些独立需求分解而来的相关需求就具有了较高的不确定性，采用预测的方法来预估各种具体相关需求（某个确定的下级产品）或不够具体的相关需求（某类下级产品），也是很常见的做法。比如在国家电网公司，处于可研阶段的电网建设项目在工程设计方案尚未明确时，项目中可能要用到的各种设备和物资的需求即可以采用基于统计分析和人工智能辅助的科学预测手段进行需求预测。

2. 供应链需求的来源

理解了独立需求和相关需求的区别，就必然会首先关心独立需求的来源。主要的来源包括：

（1）客户的订货合同及客户需求预测在内的外部需求。

（2）企业内部用户部门的需求提报及内部需求预测在内的内部采购需求。

（3）根据企业既定库存策略而产生的供应链库存补充需求。

（4）其他临时性需求，如内部调拨、营销样品、赠品或展品等需求。相关需求通常可以通过创建下列各种关系型数据文件来识别其需求来源：①产品物料清单（BOM）；②工程建造项目清册；③服务任务范围说明书（Scope of Work，SOW）和服务工作分解结构（Work Breakdown Structure，WBS）。

3. 供应链需求模式特征

无论是外部还是内部的需求，只有把握住需求模式的特征，并将这些模式特征应用于对未来需求的前瞻性预测中，才能够更及时有效地予以满足。

具体做法是，将历史需求以时间为横轴绘制成图，观察需求的走势是否显示出如下所述的某种需求特征，见图 1-1。

---

❶ 采购需求清册模板：根据不同专项类型、不同电压等级等项目情况形成的多种采购需求预测模板，包括物料编码、物料描述、数量、计量单位等。

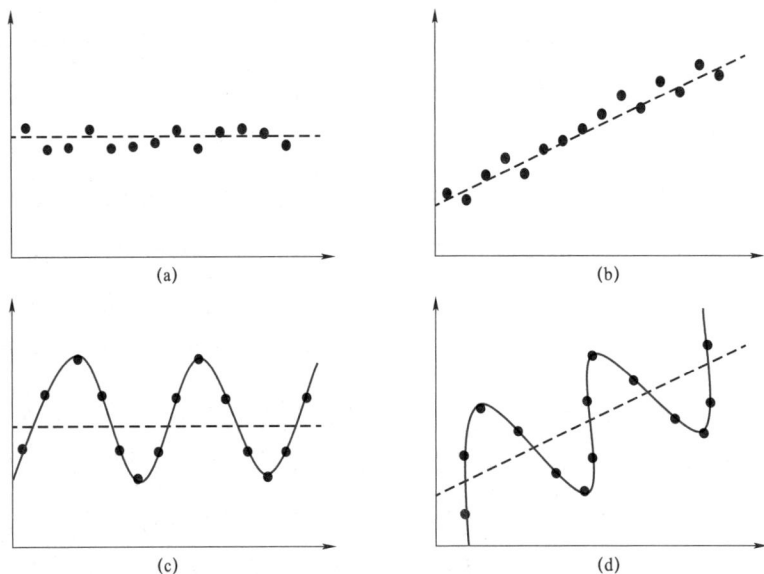

图 1-1 需求特征

（a）稳定需求；（b）趋势性需求；（c）周期性需求；（d）趋势性及周期性需求

（1）供应链需求的稳定性。从图 1-1（a）可以看出，所有需求都分布在一根近似水平的中心线上下，具有这种特征的需求，被视为稳定需求。需要指出的是，在现实世界里，具有稳定性特征的需求也可能在某个时间点上出现严重偏离中心值的情况，这种现象被称为"异常值（outlier）"，这些异常值通常是研究需求特征过程中进行数据清理的对象，也可能是分析并揭示出某些特殊需求来源或诱因的要点所在。

（2）供应链需求的趋势性。从图 1-1（b）可以看出，需求沿着一根向右上方倾斜的线往上"爬坡"，反映出需求有持续增加的趋势，具有这种特征的需求被称为"带趋势"需求。当然，具有"趋势性"特征的需求也可能是沿着一根向下倾斜的线、或快或慢地下行。

（3）供应链需求的周期性。从图 1-1（c）可以看出，需求沿着一根水平线有规律的、从低到高、再从高到低的上下波动，每一个上下波动的完整循环大概四个月左右。这种特征的需求被称为"季节性"或"周期性"需求。从图 1-1（d）可以看出，需求既存在有规律的上下波动，同时又存在持续增加的趋势，这种特征反映了该需求既"带趋势"，又具有"季节性"。

（4）供应链需求的随机性。无论需求具有以上哪种特征，都必然会存在随机性的特征。以"稳定"需求为例，真实的需求会围绕着期望平均需求线上下随机变化，而不是真正稳定在一条线上。当随机性十分显著时，人们往往很难通过需求可视化的方式直观地发现其中的变化规律。这时，就需要应用更加复杂的方法来尝试抽丝剥茧出可能存在的相关性和规律性关系。

（三）影响供应链需求的主要因素

影响预测的因素很多，归纳起来，可以分为宏观和微观两个层面。

1. 宏观层面

宏观层面是指所有企业都会身处其中的、全球或一个国家或一个地区的宏观环境，通常包括来自政治生态、经济环境、社会文化、科学技术水平、法律规范、自然环境等几个方面因素的影响，供应链管理人员多采用"PESTLE"❶分析模型，来洞察宏观层面对需求的作用，并帮助做出合理的需求趋势性预测。此外，宏观层面还涉及某企业所处的特定行业和细分市场环境，包括产业格局、产业链现状与发展趋势、细分市场的竞争性特征等，供应链管理人员通常会采用波特五力模型分析工具去了解和把握中观环境，以便做出较准确的、目标市场对本行业产品/服务品类的总体需求预测。

2. 微观层面

微观层面涉及的是企业自身的战略导向、商业模式、经营方针、组织行为、产品特点、价值取向等内部环境因素，以及这些因素对市场需求的影响，进而做出尽可能准确的、客户对本企业产品/服务的需求预测。

一个企业的战略导向对企业微观环境具有首要的影响作用，而哈佛大学的迈克尔·波特教授就曾提出三种可供企业选择的竞争性战略：成本领先战略、差异化战略和专一化战略。采取不同的战略，公司就会有不同的发展方向，不同的目标市场，对需求预测的影响也就很好理解。除了迈克尔·波特的三种竞争战略，可供企业选择的战略还有很多，如技术领先战略、业务多元化战略、补缺战略等。以国家电网公司为例，其并非传统的生产销售型企业。作为承担电力保供责任的中央企业，国家电网公司以电力为主要销售产品，根据历史售电情况及地方经济发展状况，合理预估未来一段时期的电量需求，根据电量需求增长情况合理安排公司电网投资规模和资金预算下达情况，从而预测未来一段时间的采购规模。同时，国家电网公司需要根据电网建设情况规划未来一段时间的电力销售策略，既要避免电网无序、盲目的扩张，又要满足经济发展对电力的需求。

---

❶ PESTLE：英文全称为 Political，Economic，Social，Technological，Legal，Environmental，"政治、经济、社会、技术、法律、环境"。

商业模式的选择对企业的微观环境同样有影响巨大。当企业在构建自己的独特的商业模式时，会从价值定位、目标市场、收入来源、价值链、核心能力、可持续性等多方面定义自己的关注重点和经营模式，而所有这些商业模式要素的选择与规划，都是为了给客户创造价值。因此，一个商业模式，能否为客户创造价值、能够为客户创造多少价值、为客户创造的价值与客户期望或认知到的让渡价值之间的一致程度，都无疑对需求的变化具有决定性影响。

企业还可以运用 SWOT❶分析模型来审视自身，发现自己在某个行业、市场、地区、领域等，所具有的优势、不足、机会与威胁，并通过扬长避短、因势利导的战略与战术选择，进而分析可能带来的需求走势的影响作用与程度。

企业的营销策略，如经典的 4P、4C 营销组合策略，也是对需求预测有重要影响、需要认真分析的微观环境组成部门。

产品寿命周期（Product Life-Cycle，PLC）也是一个对需求预测非常有帮助的、微观环境分析方法。企业可以通过产品寿命周期分析，识别产品/服务今天处于寿命周期的哪个阶段，再通过对近似产品在相同阶段历史需求数据与变化的模拟，可以为现有产品/服务的需求预测提供依据。

需求弹性对需求预测来说也是一个重要的考量因素。

需求弹性就是指对某种商品/服务的需求（因变量）的变动百分比与某一影响需求的因素（自变量）变动的百分比之间的比例关系。而影响需求的因素主要包括该商品/服务的价格、该商品/服务的需求方的收入水平、与该商品/服务有互补或替代作用的另一商品/服务的价格等。相对应的，需求弹性分为价格弹性、收入弹性、交叉弹性等。

二、供应链需求分类方法

前文中述及的外部需求和内部需求、直接需求和间接需求，或独立需求和相关需求等含有分类性质的描述，适用于一个企业需要面对和管理的所有可能的需求。以下则是主要针对如国家电网公司这类基本上没有生产自制环节的企业中，通过采购、外包、代工、第三方物流等手段获得满足的"采购需求"，介绍常见的典型分类方法。

（一）从需求方的视角对供应链需求进行分类的方法

首先，从需求方（也就是发生采购需求的企业）的角度来看，采购需求通常会从

---

❶ SWOT：英文全称为 Strength，Weakness，Opportunities，Threats，"优势、劣势、机会、威胁"。

两个维度来分类。第一维度根据需求与企业主体生产经营活动之间关系的密切程度，分成生产性需求与非生产性需求，在国家电网公司内部则通常被称为"电网类需求"和"非电网类需求"；第二维度根据需求在企业中发挥使用价值的时间长短，分成资本性需求和消耗性需求。国家电网公司内部常使用"资本类需求"和"成本类需求"加以区分。这两种分类方法并非相互排斥，而是存在交叉现象的，也就是说，一个采购需求可能既是生产性需求也是资本性需求，比如一台开关柜设备。另外，两种分类方法在本质上都与企业财务成本管理要求关系密切，通常服务于企业的成本归集、核算及报告的需要。

1. 生产性需求与非生产性需求

生产性需求是指那些在企业生产经营活动使用到的产品或服务，包括构成最终产品或服务所必需的材料、零组件、半成品、子系统等，也包括在生产经营活动过程中使用到、但并不构成最终产品或服务的一部分的产品或服务，如生产制程中使用到的工装治具、机器设备、周转包装、水电气等。前者作为最终交付给客户的产品或服务中的一部分，通常被称为直接需求；后者则被称为间接需求。在生产制造型企业中，直接需求产生的支出金额通常占到产成品制造成本的50%左右，甚至更高。企业通常以材料清单（BOM）的形式描述生产性直接需求与供应链下游客户的外部需求之间确定性的相关关系，因此不必要对这些直接需求进行单独预测，而是采用物料需求计划（Materials Requirement Planning，MRP）逻辑和系统推导出其未来一段时期内的预期需求。对于间接需求，则可以通过时间序列分解和回归分析模型，来预测其未来的需求。

非生产性需求是指那些既不是构成最终产品一部分的产品或服务，也不是生产制造过程中需要使用的产品或服务需求。如非生产性的办公设备、暖通设备、办公用品、水电气等。非生产性需求与外部需求的关联性相对较低，而多数以内部需求提报和预算的形式出现，因此往往也表现出独立需求的特点，可以用预测方式来展望未来的需求。当然，附属于新的投资项目计划中的非生产性需求，也是可以采用计划分解的方式进行预估。

2. 资本性需求与消耗性需求

资本类需求是组织日常运转中使用但不被消耗的或使用期限超过一年的资本性

支出采购的需求，典型的如电网设备、运输车辆、办公设备等固定资产；土地、变电站与设施等。资本类需求一般具有以下特点：

（1）采购支出金额较大，审批流程复杂。

（2）使用周期较长，需求发生频率较低。

（3）对企业的产品品质和服务能力影响较大。

（4）使用寿命周期中通常涉及运维管理需求，包括备品备件、能源消耗和维修服务，需要考虑总拥有成本，往往依赖供应商的专业知识或经验，因而较难更换供应商，有必要制定前瞻性的采购战略。

（5）资本类需求的采购成本会使用折旧的会计处理，产生递延成本，折旧期结束会有残值和处置成本的发生。另外，资本类需求的投资可能会涉及投资回报的要求，还可能会涉及政府税收政策的应用。

服务也可能是资本性的。例如，电网工程建设服务，涉及工程设计和建造成本，这些成本通常会被归集为资本性支出。在实践中，有些企业会使用作业成本法将设备的维修维护及保养服务需求归属到资本类需求，从而便于企业成本核算。

消耗类需求，在国家电网公司被称为成本类需求，包括构成产品的材料和服务，也包括生产活动过程中在较短时间内因使用而消耗掉的各种产品与服务，还包括维持组织日常运转所需的各种物资和服务。如生产材料、生产过程中的消耗性材料、维修性物品、办公用品、电网运维服务等。直接材料与组成部件作为加工产品的组成部分而消耗，其他消耗类物品包括在使用中改变了物理或化学特性、使用后失去其本来效用而消耗、生产活动中使用或重复使用的材料和物品。生产性的消耗类需求通常与生产活动及计划密切相关，可以依据客户订单、客户需求预测或生产计划进行预算。

（二）从供给方的视角对供应链需求进行分类的方法

从供给方（也就是提供各种产品或服务的企业）的角度来看，采购需求也通常也有两种分类方式：①根据客户需求的标准化程度，分成标准类需求和非标定制类需求；②根据需求的知识产权或其他特征产生的供方专属性或独占性，分成权属类需求和商品类需求。这两种分类方法，也是不相互排斥而是存在交叉现象的。也就是说，一个需求既可能是标准类的也可能是权属类的，比如某科技企业向客户提供的、按照企业自身标准生产交付的一台加工设备。同样，一个需求既可能是非标定制类也可能是商品类的，比如一套电缆熔接头。两种分类方法在本质上都与供给方在经营模式和定价管理方面关系密切，通常决定了供给方的制造策略，如备库生产、按单组装、按单生产或按单设计生产策略，以及采用市场、成本还是价值导向的定价策略。

（三）从品类管理的视角对供应链需求进行分类的方法

从现代需求管理的实践来看，将需求与供应进行有机结合，并予以精准匹配，是一个行之有效的管理方向。因此，结合供需两个维度对采购需求进行分类的品类管理方法日渐成为主流。

从品类管理的视角对采购需求进行分类时，就需要识别出一些划分品类的恰当属性。一般而言，大多数企业会从需求的外在形式上，将所有需求分成有形的"原材料及物资""设备及装置"和无形的"软件及服务"这三个大类。然后再根据需求在功能与用途、材料性质、规格要求、实现工艺和制程技术等方面的相似性进行细分和聚合，形成自己的一套品类划分体系，或以"品类树"的形式呈现，见图1-2。

制订出品类划分体系或"品类树"后，就可以继续应用众所周知的"卡拉杰克矩阵"将所有品类划分成战略类、瓶颈类、杠杆类和常规类四个大类，从而有针对性地做出包括需求管理在内的品类管理组合策略。每一大类会在管理方向上具有比较显著差异性特点，具体如下。

1. 战略类

对于战略象限内的采购需求，需要进行深入细致的需求预测、计划和管理，积极发展与供应商之间的战略合作关系，在库存管控和供应保障之间获得恰当平衡，更加关注采购总拥有成本，而非单纯的采购价格。

2. 瓶颈类

对于瓶颈象限内的采购需求，短期的管理重点是保障供应，综合权衡包括库存持有成本和断货成本在内的总拥有成本；长期则是通过规格要求的标准化和通用化、内部自制或扶持和发展后备供应商等策略来消除这些需求对企业造成"卡脖子"问题。

3. 杠杆类

对于杠杆类象限内的采购需求，则要进行精细化的需求预测与计划，并采用竞争性招标采购方式来充分发挥这些需求所具有的规模效应和杠杆作用，不断优化采购成本。

机械件
- 金属件：金属机箱组装件、金属机箱组装件（L3）、金属机架组装件、金属机架组装件（L3）、金属组件、金属铸造件、金属挤出件、金属冷镦件、金属切削件、金属压力成型件、金属螺杆车削件、金属预制件、金属冲压件、金属材料
- 塑料件：塑料组装件、注塑件成型件、挤出成型塑料件、压延成型塑料件、浇注成型塑料件、模压成型塑料件、塑料机加工件、塑料原材料
- 包装物：PE袋、瓦楞纸箱、发泡包装、托盘、卡纸部件、封箱胶带、吸塑包装、缠绕膜、收缩膜、印刷品、其他
- 模切件：贴装胶、密封垫、橡胶模切件、塑料模切件、定制标签、其他
- 五金标准件：紧固件、管件

电子件
- 印刷线路板：硬质线路板、柔性线路板FPC、高密度线路板HDI
- 电子元件/分立器件：电容、电阻、电感、二极管、振荡器、继电器、开关、终端件、计时器、保险丝、断路器、传感器、功率器件
- IC集成电路：CPU/MPU、GPU、MCU、DSP、WiFi、蓝牙芯片、内存、存储、AP、BP、FPGA、ASIC
- 机电件：电源、风扇、开关、马达、激励器、电磁阀、电线电缆

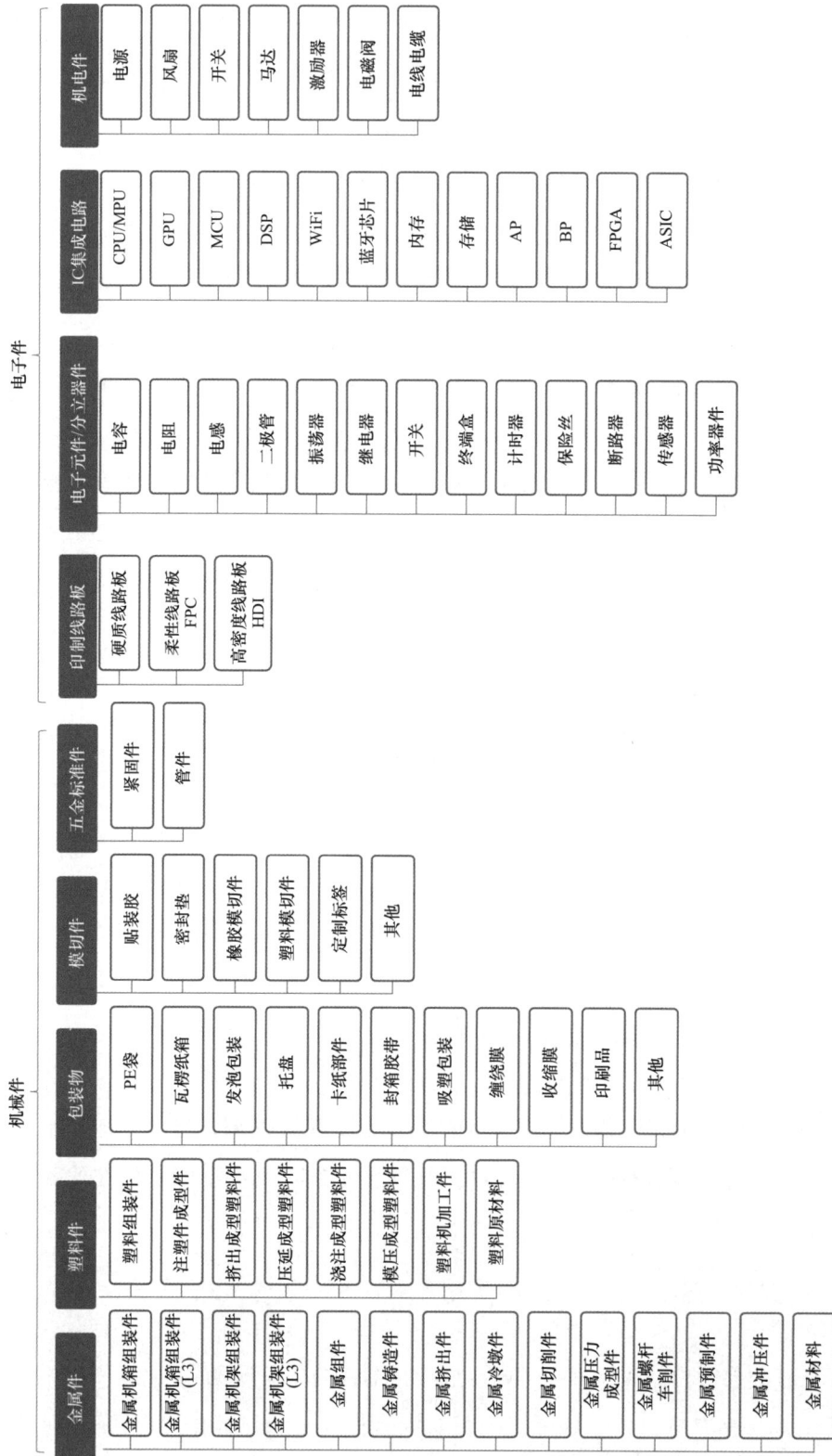

图1-2 品类树示例

4. 常规类

对于常规象限内的"长尾"采购需求，需要从交易流程的简化与优化入手，将原本属性各异的分散性需求进行恰当组合，找到合适的平台型供应商，用范围经济效应换取合理的采购价格和更低的交易及管理成本。

第二节 供应链需求与计划管理概述

在阐述完需求的概念和范畴，以及需要通过采购、外包、代工、第三方物流等手段获得实现的采购需求的三种分类方式后，这一节主要介绍需求管理的相关概念和管理过程。

一、供应链需求管理相关概念

下文首先参考国内外知名供应链管理协会对需求管理的定义，介绍供应链需求管理的基本概念，包括需求管理、需求预测、需求计划和需求实现的概念以及它们之间的关系；接下来再简述需求管理的四大核心策略。

（一）供应链需求管理的基本概念

供应链管理协会（ASCM）对"需求管理（Demand Management）"的定义是："需求管理是一个管理职能，旨在识别出支持市场所需的所有产品和服务的需求，并在供应不足时对需求做出优先级规划。恰当的需求管理使用到计划工具和各种资源，并带来盈利性的商业成果。"

美国供应管理学会（Institute for Supply Management，ISM）对"需求管理"给出的定义是："主动积极地编制来自客户、营销和财务管理端与需求有关的信息，以及来自包括供应、运营和物流管理等供给侧与组织能力有关的信息，并就需求和能力的匹配性达成共识，从而制订出一个在考虑到供应链能力有约束性的前提下、还能最有效地满足客户需求的、且被一致认可的综合性计划。"

中国物流与采购联合会即将正式出版的《供应链术语》中对需求管理给出的定义是："指识别和管理对产品的全部需求，并确保主生产计划反映这些需求的功能。需求管理包括：预测、订单录入、订单承诺、分库需求、非独立需求、厂际订单及维修件需求等。"

综合分析以上三个定义，在需求管理中看到了识别、预测、计划、满足等关键词，进而引出了需求识别、需求预测、需求计划和需求实现这几个需求管理过程中的关键概念，同时也是需求管理过程中的几个重要环节。

需求识别与需求预测密不可分。需求识别就是了解和把握外部、内部和采购在未来一段期间内所需要的具体产品/服务，以及所需数量及需求时间等信息，这些既可能从需求方获取，也可能通过预测技术来预见。所以，需求预测是需求识别活动中的一个重要手段。就国家电网公司而言，需求与计划管理活动中使用到的采购目录和项目中台等就是非常值得广为推广的需求识别管理方式。比如，从采购目录中可以一览无遗地看出国家电网公司在电网设备、通信设备、装置性材料、数字化项目、非电网类零星物资等各个需求类别；而通过项目中台❶则能够进一步对各类需求进行规格型号的具像化识别和需求量的定量预测。

按照美国运营管理学会的定义，需求计划就是"使用预测和经验来预估整条供应链中各个节点对各种产品/服务的需求。"另外，美国供应管理学会给出的定义是："识别出支持市场所需的所有产品和服务的需求的一个管理职能。需求计划包括需求预测、订单计划和确定外部仓储需求、生产均衡及备品备件在内的一系列活动。"从这两个定义可以看出，广义的需求计划包括了需求识别和需求预测这两个概念或活动。一般情况下，更倾向于将包含了需求预测在内的需求识别视为需求计划的前端或输入端，而将需求计划定义为"对识别出的整条供应链各个节点上在未来一段期间内对各种产品/服务的需求进行适当合并后，规划出合并后的需求的生产、采购和交付需求计划。"需要注意的是，需求计划既是一个过程，也是包括了生产、采购和交付在内的一个需求组合计划。与以上定义相对应，国家电网公司的需求计划是指满足公司基建、技改、营销、数字化、固定资产零购、电源项目以及其他正常生产经营所产生的物资和服务需求。可见，国家电网公司的需求计划是经过需求预测后，对识别出的各类型项目以及其他正常生产经营的物资和服务所需进行的合并规划。

需求实现则是分解并执行需求计划的阶段，涉及生产、采购和交付（出库物流）等各供应链管理活动的计划、组织和实施工作。这个阶段中存在着一个与需求计划相对应的重要计划过程，即供应计划。供应计划与需求计划是相向而行、相互对应的。需求计划是从供应链的下游往上游推演的过程，而供应计划则是从上游向下游推导。

---

❶ 项目管理业务中台：项目管理业务中台是企业中台的重要组成部分，通过沉淀项目全环节数据和共享服务，实现国家电网公司全口径项目模型统一、资源汇聚、同源维护和共建共享。

与需求计划保持一致、确定可行且并被严格遵守的供应计划，是完美"需求实现"的基石。

以上，对需求管理过程中需求识别、需求预测、需求计划和需求实现这几个重要概念及各个概念之间的关系给出了基础性介绍。后面还会就这几个概念所包含的几项需求管理活动的具体内容和要点做出解释。

（二）供应链需求管理的核心策略

在客户需求与供应链能力之间谋求平衡，是供应链需求管理的一个重要特征。基于此，有四中典型的需求管理核心策略可供选择，分别是：需求响应、需求引导、需求控制和需求创新。

1. 需求响应

需求响应策略就是努力打造一个高弹性、高韧性的供应链，在需求出现时，最大限度地去响应和满足。及时并完美地响应需求，离不开对需求有效的预测与预见，并以此为基础，提前做好供应链各个环节的布局，准备就绪，一触即发。例如，国家电网公司应用协议库存采购，根据物资需求单位❶未来一定时期内物资需求的预测，应用统一的物料编码及技术规范，将所需的物资分类汇总，通过招标或其他采购方式确定供应商，并与其签订框架采购协议。待具体物资需求申请产生后，直接按照协议分配供应商。采用协议库存后相当于采购货物已经提前在仓库备好，可以缩短采购供应周期，为工程建设争取时间，同时可减少需求方自身的库存，节约运营成本。

2. 需求引导

需求引导策略就是找出可行的需求替代方案，并引导外部客户或内部客户接受该替代方案。这一策略是需求响应策略的重要补充性策略，实施得当，在获得客户满意的同时，相对于需求响应策略更具成本效益。

国家电网公司基于物资"大、中、小"类的品类管理，结合物资标准化管理设置"两级三类"清单体系（"两级"指国家电网公司级、网省公司级，"三类"指优选物料❷、可选物料❸、限选物料❹），其中优选物料清单正是国家电网公司对需求单位需

---

❶ 需求单位：国家电网公司的物资"需求单位"根据生产需求提出采购物资或服务需求的单位或部门。

❷ 优选物料：国家电网公司优选物料清单涵盖需求单位数量大于 15 家的物料，建议推广使用。

❸ 可选物料：国家电网公司可选物料清单涵盖需求单位数量大于 5 家小于 15 家的物料，建议根据自身情况选择性使用。

❹ 限选物料：国家电网公司限选物料清单涵盖需求数量小于 5 家的物料，非特殊情况限制使用。

求引导的体现。在遵循最新国家标准的前提下，贯彻绿色环保设计理念，引导需求单位优先选择优选物料、节能设备、环保材料等。

3. 需求控制

需求控制在需求管理中常常没有得到足够的重视，但是对于企业的成本管控、规模效益，以及需求预测与引导的难易程度，都影响重大。例如，国家电网公司为解决零星物资履约过程中商品命名规则不规范，价格高低不一、难以比价选购等问题，创新开展国网商城电商化物资标准库建设，打造"一物一码"标准商品管理体系，实现商品身份精准认证，统一命名并赋予唯一身份"编码"，为内外部比价工作夯实根基。

4. 需求创新

需求创新策略则是通过产品、服务、技术、商业模式等方面的创新，以及资源的可得性、商品或服务对企业的价值贡献程度等因素，来创造既能赢得客户青睐又能给企业带来收益最大化的需求。

二、供应链需求管理过程

下文首先概述从需求识别（包括需求预测）、需求计划到需求实现的整个需求管理过程中的各个环节与工作内容，接着再分别对各个环节进行更加详细的阐述。

（一）供应链需求管理过程概述

回顾前文中引用的国内外知名供应链管理专业协会对需求及需求管理的定义，可以看到这些协会在需求管理中所关注的对象主要聚焦在外部客户需求上。因此，所谓普适性的需求管理过程主要是围绕着外部客户需求展开的。以美国运营管理协会对需求管理过程的阐述来看，他们认为需求管理主要包括了三项重要的业务过程：营销管理、客户关系管理（Customer Relationship Management，CRM）和需求计划（包括需求预测和订单管理）。

1. 营销管理

营销管理活动主要依据前文提及的营销组合管理理论，即 4P 理论，指从产品（Product）、价格（Price）、促销（Promotion）和渠道（Place）这四个方面来洞察和引导市场需求，旨在：①开发和推广具有市场竞争力的产品或服务；②适当地进行销售定价策略；③通过合适的价值定位进行有效促销；④利用恰当的分销渠道来实现交付。

从以 4P 营销理论为基础的营销管理活动内容就可以看出，所谓普适性的"需求管理过程"主要聚焦在外部对企业所提供的产品或服务需求管理领域。

2. 客户关系管理

客户关系管理就是理解和影响客户需求和偏好以及预估客户需求的子过程。显然这个子过程依然侧重在需求识别上。另外，客户关系管理围绕着与客户之间的人际互动展开，也更强调基于软件和数据来进行需求管理，提供以下两个方面的输入与分析：①使用企业资源计划系统（Enterprise Resource Planning，ERP）中的客户关系管理（Customer Relationship Management，CRM）模块从订单管理和销售系统中捕捉和分析客户数据，解析客户的订购历史和偏好；②通过销售人员与客户的接触，为客户长期需求趋势及短期内对具体产品或服务的需求提供洞见。

3. 需求计划

需求计划始于对需求的识别，识别需求有两种主要方法，分别是需求预测和来自外部及内部的客户订单管理。在国家电网公司的实践中，主要基于需求预测的识别方法在本书的第二章将会详细介绍。

做好需求预测，需要对独立需求和相关需求加以区别，一般来说，预测的对象以独立需求为主。还需要充分识别需求的各种来源，包括外部客户的、分销渠道中的库存部署与补充需求、公司内部调剂和调拨需求，以及如营销用样品和展品需求等。此外，稳态还是趋势性、抑或周期性的需求特征也是预测中的一个重要考量因素。订单管理就是接收、输入和处理来自外部和内部（包括客户、分销中心、跨厂调拨等）的需求订单，这个订单的标的物主要还是针对企业所提供的产品或服务的需求。

在完成需求识别的基础上，就会进入一个包括了从销售与运营计划（Sales and Operations Planning，S&OP）到主计划（Master Scheduling）再到物料需求和产能需求计划在内的多级需求计划过程。后文会对这几个计划给出简明扼要的介绍。

美国运营管理学会虽然并没有特别针对需求实现过程给出定义，而是从产能管理及生产作业控制、库存管理、采购和实物分销、精益管理、质量系统、约束理论等多个维度来阐述需求实现过程中林林总总的管理内容和要点。

借鉴但不受限于美国运营管理学会对需求管理过程活动及内容的界定，从具有中国特色的理解和实践出发，将需求管理全过程明确划分为三个阶段，分别是需求识别（包括需求预测）、需求计划过程和需求实现管理。另外，需求管理的对象中包括了内外部对企业自身产品或服务的需求，也包括了内部对企业生产经营活动中使用到的各种产品和服务的需求；既涉及从企业内部自制策略展开的生产需求，也包括企业从供应链上游外部获得的采购需求。其中，来源于内部的采购需求则是国家电网公司、中国移动这些以无形服务（能源电力服务或移动通信服务）为主营业务的企业里最重要的一种需求管理对象。而对于提供有形产品或交付物里包含了有形实物的各类服务提供商来说，也是越来越重要的一种需求管理对象。

（二）供应链需求识别与需求预测管理的过程、内容与要点

需求识别通常以识别外部客户需求为起点，而识别的方法有可能是被动式的，也就是在客户明确提出需求后加以识别；也可能是主动式的，即在客户没有提出某个特定需求之前，就已经预见到这种需求。要想有效地主动识别需求，就会用到各种需求预测的方法和技术。因此，需求预测是需求识别过程中的一个重要环节。

需求预测是对目标客户或潜在客户的需求进行预估，并设法满足这些需求。对于绝大多数的商品或服务，需求预测都是一项重要的管理活动。为了满足客户的需求、组织恰当的供应资源，企业无疑需要预测客户什么时候、需要哪些商品或服务。比如，国家电网公司的需求规模往往与年度投资规模和财务预算息息相关。而需求时间又与工程建设进度相关联。

需求预测主要采用定性和定量预测方法来识别客户在未来一段期间内对企业所提供的产品或服务的需求数量和时间节点，也可能是以货币单位对产品族进行合并预测。比如，国家电网公司将各网省公司的交流变压器作为一个中类进行预测。采用这种预测形式时，一般还需要通过主计划（Master Scheduling）过程将预测拆解，具体到每一个型号或单品（Stock-Keeping Unit，SKU）的采购额预测，进而可以转化成数量单位（每个产品的采购额预期除以该产品的平均单价）。

除了外部客户需求识别，为了满足外部客户需求以及确保企业正常运营所必需的，包括人力资源、财务资源、材料、物资、设备、服务等在内的各种内部需求，也是需要加以识别的对象。同样，这些需求可能经由内部需求部门提报后得以识别，更需要需求管理部门有能力事先洞察到这些需求。这又涉及需求预测的方法和技术。无论是外部需求还是内部需求，如果能够直接从供应链上游采购获得，则成为企业的采购需求；也有可能需要将这些需求分解成各个构成部分后，形成企业的采购需求。如果这种分解是可以根据确定的关系文件（如确定的材料清单）展开的，那么分解的过程就成为下一步——需求计划的内容之一；如果没有确定的关系文件，那么分解过程也会成为需求识别环节的一部分工作内容，也可能应用到预测的方法和技术。如前文

中提到的国家电网公司中广泛使用到的典型设计项目清册模板。

（三）供应链需求计划管理的过程、内容与要点

结合需求预测识别出各种需求后，就要做出满足这些需求的计划，即需求计划。这个计划过程主要是就每项独立需求及其分解而来的相关需求，安排出一个包含了重要时间节点和生产或交付数量方面的需求计划。这个计划可能是在没有考虑到产能、原材料、上游供应商完成交付所需的提前期（Lead-Time，LT）等各项约束条件下做出来的，但显然这样的计划并不能称其为需求管理下的需求计划，真正的需求计划一定是在充分考虑到各种约束条件、并努力尝试采用各种管理手段克服或缓解这些约束条件的前提下做出来的。

需求计划是一个自上而下的多级计划体系和过程，主要包括销售与运营计划、主需求计划、采购及生产需求计划。

销售与运营计划是基于业务计划、产品大类/产品线/产品系列需求预测和关键资源约束等输入，由企业中层制定、高层批准的一个以产品类别为对象的、时间跨度为1～3年的中期计划。

主需求计划是把综合生产计划分解成针对单品的、计划展望期通常为几个月的需求计划，可以详细到每周或每天对某个具体单品的需求数量，并用作制订详细的物料需求和产能需求计划的输入。

采购及生产需求计划的主要管理对象是物料和产能需求，是基于主计划、物料清单（BOM）及其他产能或物流有关的约束条件，进一步分解形成的对原材料、零组件或子系统的（对外）采购计划或（内部）生产计划，即物料需求和产能需求计划。

在国家电网公司，就是基于以需求计划储备库的形式体现出来的需求预测结果，通过需求计划的编制以及平衡利库后的采购需求的申报和审核等步骤，最终形成实施招标采购或其他采购方式的依据，即采购计划。

（四）供应链需求实现管理的过程、内容与要点

完成多级需求计划分解编制过程并最终形成（对外）采购计划或（内部）后，就是如何推动需求计划得以有效执行、保证需求得以实现的阶段。

这个阶段中通常涉及供应链管理的三大职能——采购、生产和物流。因此，需要采购、生产和物流三个方面在认可需求计划合理性的前提下，采用与采购需求计划保持高度一致的供应计划来实现需求满足。在现实环境下，包括来自供应商的交付计划、来自生产部门的排产计划以及来自第三方物流的运输计划在内的供应计划可能因为

各种原因而无法与需求计划保持绝对的一致性，这时通过恰当设立解耦点、建立合适的安全和缓冲库存水位、制订适时的库存监控及补货计划，就成了需求实现环节中的一个重要手段。

在使用生产手段完成需求实现时，需要就生产布局、设备产能、工作日历、轮班次数、岗位人数、标准工时、生产工序、加工排程等方面面加以统筹考虑和规划，做出排产计划，从而最大限度地保证需求计划需要内部自制的部分的顺利实现。

需要通过采购方式来完成需求实现时，则需要就供应来源的准入、评估、选择、签约和履约等一系列的供应商及合同管理活动进行事先规划。针对采购品类精准定位的供应商资源池的准备就绪，是保证需求实现的一个重要的采购战略要务；一份准确描述了某个具体产品、服务或工程项目采购需求的规格书或工作说明书则是保证具体需求得以实现的起点。此外，采用招标、询比价、或谈判方式选择出某个/某些具体需求的供应商；与供应商之间签署一次性交付合同或分批交付合同；供应商负责库存储备或由采购组织承担库存风险；需要采购方采用口头或书面方式提示供应商进行交付，还是通过采供协同管理模式由供应商负责主动性交付……不仅仅关乎需求实现的成本和时效性，也关乎需求实现的效果和合规性。国家电网公司的需求实现主要通过采购实施达成，因此所涉及的后续环节主要包括采购执行、采购后的合同与履约、质量管理及仓储配送等。

最后，则是企业完成对内外部客户所需产品和交付的物流计划管理。主要涉及包括分销渠道布局、多级仓库部署、仓库选择规划、运输线路规划等在内的具有战略性质的分销网络规划，以及就具体产品交付进行管理的分销资源计划。国家电网公司对仓储物流的管理主要聚焦物流过程的监控，特别是对大型重点设备的运输管理。

分销渠道的起点是生产者，终点是最终客户，可能是企业用户，也可能是最终消费者。由这个渠道引起的产品/服务的流通过程中，包含着信息的转移、产品/服务的实际交付或实施、所有权转移及资金的转移支付。分销渠道有直接分销渠道、间接分销渠道和混合分销渠道三种基本类型。分销渠道的设计和选择取决于产品性质、客户服务水平目标、企业财务能力、渠道管理能力、控制渠道的意愿、综合成本权衡等多重因素。

仓库分级（指中央仓库、区域仓库、配送点仓库等）、各级仓库建设的位置、运输方式（指空运、铁运、陆运、水运或管道运输等方式），都是以分销渠道策略为基础，实现分销渠道建设目标的重要战略计划组成部分。

国家电网公司的仓储管理包括实物资源管理、相应应急保障需求等，因此对于各级仓库之间的内部物流体系的管理也是重要的需求实现组成部分。

在国家电网公司，需求实现起始于需求计划经平衡利库后的结果，一种情况是通过利库实现需求，另一种情况是经平衡利库未果，继续编制、申报、审批形成采购计划，进而完成采购执行，以及对采购执行的管理。国家电网公司对需求实现的管理主要体现在采购目录❶管理、采购批次❷管理、采购结果执行管理等方面，在本书第四章会有详细介绍。

综上所述，整个需求管理的过程可以归纳为两大内核：即包括需求识别与需求实现这一头一尾的需求管理；以及以需求预测为基石的计划管理。在国家电网公司，整个需求管理体系也正是基于需求和计划这两个内核搭建而成的。

第三节　国家电网公司供应链需求与计划管理体系

"十四五"期间，国家电网公司全力推进绿色现代数智供应链建设，以迭代升级供应链总体架构为着力点、以采购需求导向为切入点，倡导绿色价值观念，发挥绿色低碳消费引领作用，加大人工智能、超级自动化、数字孪生等前沿数字化技术的融合应用，制定了供应链链主生态引领、规范透明化阳光采购、全寿命周期好中选优、建现代物流增效保供、绿色低碳可持续发展、创新固链保安全稳定、数智化运营塑链赋能、全面强基创国际领先 8 方面 29 项重点任务，实现供应链智能化作业、智慧化运营、绿色化转型。

本节将对国家电网公司绿色现代数智供应链建设背景下需求与计划管理的组织体系、业务体系、制度规范体系及管理特点等内容进行概述性介绍，为后续章节进行

❶ 采购目录：以物料主数据为基础，结合国家电网公司专业分类，涵盖公司安全生产、电网发展、营销和优质服务以及科技进步和信息化建设等方面所需的物资及服务。按照公司"一级平台管控、两级集中采购"的管理要求，分级、分类编制。采购目录实行动态调整、滚动修编。

❷ 采购批次：指国家电网公司在一定时期内，按照时间节点同步实施、完成的各类采购计划安排的总称。年度批次采购安排按照"两级集中采购"的原则，包括"总部直接组织实施"批次和"总部统一组织监控、省公司具体实施"批次。

铺垫。在后续章节中，将依托"需求识别与需求预测－需求计划－需求实现"逻辑线条，对国家电网公司绿链建设背景下的需求与计划管理实践进行展开，并将单列章节对国家电网公司需求与计划管理的数智化、绿色化实践做详细介绍。

一、组织体系

国家电网公司需求与计划管理组织体系涵盖总部、省、市（县）三个层级，形成"物资部统一管理，物资公司业务支撑、专业部门横向协同，以及总部、省、市（县）纵向贯通"的机关管理组织体系，推动业务高效运作，为需求与计划管理体系建设提供可靠的组织保障。国家电网公司需求与计划管理组织体系如图1-3所示。

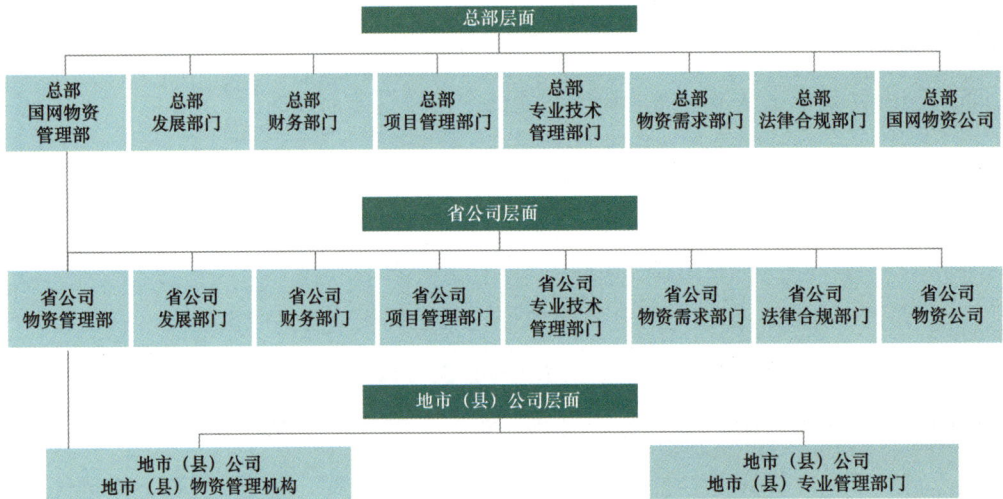

图1-3 国家电网公司需求与计划管理组织体系

（一）总部层面

国家电网有限公司物资管理部（国网招投标中心，简称国网物资部）是国家电网公司计划管理的归口管理部门，负责公司全面计划管理工作，包括制定公司计划管理的制度、标准和其他规范性文件，组织开展年度需求计划预测、公司年度一级集中采购❶目录清单制定工作，以及一级集中采购批次安排；负责组织公司一级集中采购目录清单内的需求计划编制、采购计划提报和审查工作，负责公司计划管理工作的协调

---

❶ 一级集中采购：国家电网公司采购实施模式主要为集中实施，包括"总部直接组织实施"（即一级集中采购）和"省公司/直属单位直接组织实施"（即二级集中采购）两种模式。国家电网公司依据采购规模、重要程度及通用性，将占比最大的物资需求规范为总部一级集中采购和二级集中采购的"两级制"。

与监控、采购数据统计分析管理工作。

国网物资有限公司（简称国网物资公司）在国网物资部的业务管理下，承担公司全面计划管理工作的具体实施，负责公司年度需求计划预测的收集、汇总与统计分析工作、公司一级集中采购目录清单内采购计划的收集、汇总与审查，负责公司采购数据统计分析及对外监管数据的收集、汇总、分析等工作。

（二）省公司层面

省（自治区、直辖市）公司（简称省公司）、直属单位物资管理部门是本单位物力资源投入以及供应链管理相关项目储备的归口管理部门，其主要职责是负责本单位全面计划管理工作，组织开展本单位年度需求计划储备、本单位需求计划编制及采购计划的审查和提报工作。制定本单位年度二级集中采购❶目录清单，安排二级采购批次；负责组织开展本单位采购数据统计分析管理工作。

省物资公司在省公司物资管理部的业务管理下，承担本单位计划管理业务的具体实施工作，负责省公司年度需求计划预测、全省需求计划的收集、汇总和初审、省公司采购数据统计分析及上报等工作。

（三）地市（县）层面

地市（区、州）供电公司（简称地市公司）物资部（物资供应中心）负责研究制定本单位物力投入计划，归口管理本单位面计划管理工作，组织开展本公司年度需求计划储备、需求计划收集、汇总、审查和提报、采购数据统计分析管理及上报等工作。

县（市、区）供电公司（简称县公司）物资供应分中心（或承担物资管理职能的部门）接受地市公司物资管理部的业务管理，负责本单位需求计划的收集、汇总、审查和提报并开展本单位采购数据统计分析工作。

二、业务体系

国家电网公司需求与计划管理业务体系包括业务管理目标、业务管理策略、业务管理流程。国家电网公司需求与计划管理业务体系如图1-4所示。

---

❶ 二级集中采购：国家电网公司采购实施模式主要为集中实施，包括"总部直接组织实施"（即一级集中采购）和"省公司/直属单位直接组织实施"（即二级集中采购）两种模式。国家电网公司依据采购规模、重要程度及通用性，将占比最大的物资需求规范为总部一级集中采购和二级集中采购的"两级制"。

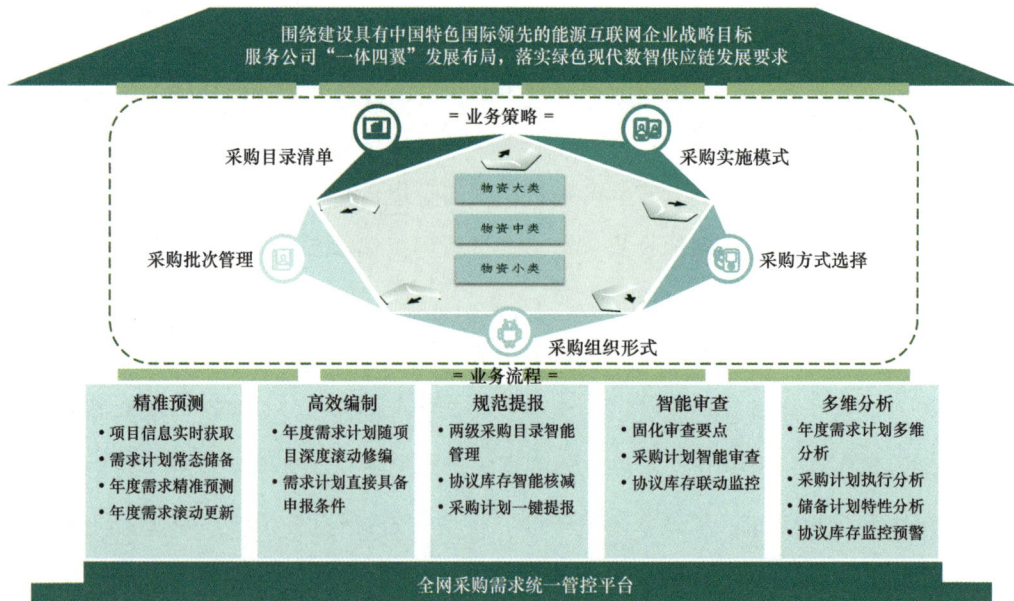

图 1-4 国家电网公司需求与计划管理业务体系

国家电网公司需求与计划管理以提出"全面计划管理"为特色，侧重于企业整体战略和运营的规划和管理，旨在确保企业所有部门和团队都参与到项目规划和实施中，从而实现整体协调和一致性。国家电网公司坚持全网采购需求统一管控、全网采购数据统计分析、数字化运营体系顶层设计的管理原则，实现全网需求精准预测与分析、采购计划智能安排与实施，供应链计划全面协同统领，全方位促进物资计划专业的管理提升、业务提升、价值提升。

在业务管理策略方面，国家电网公司需求与计划管理以物资与服务需求的"大、中、小"分类体系为管理基础，以采购目录清单为管理抓手，严格规定各类物资与服务的采购方式、采购组织形式、采购实施模式、采购批次等。在业务管理流程方面，国家电网公司的需求预测管理基本涵盖理论上的"需求识别与需求预测"，国家电网公司的需求计划编制、采购计划报送与审查基本对应理论上的"需求计划"管理，国家电网公司应用采购策略实施采购、完成交付的过程以及采购数据统计分析即对应了理论上的"需求实现"。

（一）体系基础

1. 需求管理范围

国家电网公司是全球最大的公用事业企业，建设运营着世界上输电能力最强、新能源并网规模最大的电网。作为系统集成商和运营商，国家电网公司连接能源电力产业链供应链上下游企业和用户，拥有丰富全面的行业应用场景和全寿命周期数据，自然处于产业链供应链核心企业地位。

从外部需求来看，国家电网公司主要面对和管理的是各类组织及个人的对电力供应的直接独立及相关需求。此外，国家电网公司还存在外部客户对配网建设的工程建设、现有电力设施迁改的工程建设的直接独立和相关需求。这类外部需求中不仅仅包括配网建设完成后向客户提供电力的需求，也包括了构成客户交付物、但大多由外部建设单位施工建设的电站工程建设独立需求，以及完成电站建设项目所必不可少、通过各种采购方式获得的设备、材料和服务在内的相关需求。由于建设好的电站以及电站中包含的各类物资和服务的所有权最终都会交付给客户，所以，这些需求属于生产性（与电力供给关系密切）直接采购需求。

关于内部需求，国家电网公司所面对的首先是从电力供应这种服务性外部独立需求衍生出来的、包括变电站及输变电线路基建工程、设备、装置性材料及其他配套设备与材料在内的相关内部需求。国家电网公司这类内部需求包括电网基建、电网小型基建、生产技改、生产大修、电网信息化、生产辅助技改、生产辅助大修这些产权归国家电网公司所有的资本类或成本类项目需求，并且基本上都是通过招标采购方式发包给外部单位来完成，所以这些需求都具备生产性间接采购需求的特征，是国家电网公司内部需求的主要构成部分。这些相关的、生产性间接采购需求与前面提到的生产性直接采购需求在内容和本质上存在同质性，但从需求管理的角度来看，依然存在细微的差异性。后文有关需求管理过程的介绍中，会给出说明。此外，和任何一家公司或组织一样，国家电网公司也存在为了维持整个公司正常运营所需要的非电网类独立或相关的非生产性间接采购需求，包括管理咨询、教育培训、零星购置等需求。这些需求大多数也是通过外部专业服务提供商或供应商提供和满足的，所以多具备非生产性间接采购需求特征。

从以上的介绍来看，国家电网公司的需求管理范围既有外部需求也有内部需求；既有直接需求也有间接需求；既有独立需求也有相关需求。但总体来说，国家电网公司用来满足这些需求的手段主要是外部供应，也就是说，国家电网公司的需求中采购需求占据了主导地位。电力需求对国家电网公司而言属于最直接的外部需求，但国家电网公司并非电力生产方，而是电力采购方，采购后再通过国家电网公司所拥有的变电、输电设施和网络交付到千家万户。归纳起来，除了占比很小的为最终用户度身定制并且产权最终归属用户的电站建设项目这类直接需求外，国家电网公司的需求主要集中于生产性（与电力供给关系密切）和非生产性（与电力供给关系较小）的间接（国家电网公司内部拥有和使用，而不会交付到客户手里）的采购需求上。

2. 需求分类体系

国家电网公司的主要需求，一方面包括其综合计划❶管理内的 16 类项目类型，即电网发展投入，另一方面是列入公司预算管理的专项成本投入。此外，还承担一部分外部市场化业务产生的物资与服务需求。由于售电是国家电网公司的核心业务，与此相关联的影响电网发展的需求是重点。

国家电网公司供应链需求分类体系首先从需求方视角划分出 16 个项目类型的需求，包括电网基建、电网小型基建、生产技改、生产大修、零星购置、电力营销投入、电网信息化、生产辅助技改、生产辅助大修、教育培训、产业基建、产业技改、产业大修、研究开发、管理咨询、股权投资类项目，以及专项成本和专项资本类型的需求。以上项目类型为国家电网公司纳入综合计划管理的项目类型，项目的储备、总控确定、计划编制、审批、下达、执行、检查、调整、考核与评价被综合计划全过程管理。

从这些类别上来看，很难精准地对应出一个供应商群体，比如"管理咨询"本身就涉及非常庞杂的管理领域，因此这 16 个项目类型的需求明显主要是从内部业务需求方的视角定义出来的。

由于上述 16 类项目中的需求从物资或服务品类的角度来看存在重叠，比如多个项目中都会出现电网类设备或物资，因此国家电网公司进一步从品类管理的角度将所有需求整合成"大、中、小"三类，共分 49 个大类 469 个中类 8009 个小类。品类管理视角同时兼顾需求和供应两端的属性，并基于两端属性的特征制订出品类采购策略。国家电网公司在需求管理中，也是基于这种逻辑，在其千亿元级庞大需求支出所拥有的普遍杠杆作用前提下，利用采购标识以供给方视角定义出需求的标准化和通用化程度，并形成"两级三类"清单体系（"两级"指国家电网公司级、网省公司级，"三类"指优选物料❷、可选物料❸、限选物料❹，"两级三类"清单是国家电网公司物资

---

❶ 综合计划：在对国家电网公司核心资源和发展需求进行综合平衡、统筹优化的基础上，形成的统领公司全局的年度经营发展目标，是全面落实公司战略和规划的系统实施方案。综合计划管理是对公司综合计划项目储备、总控确定、计划编制、审批、下达、执行、检查、调整、考核与评价全过程管理。

❷ 优选物料：国家电网公司优选物料清单涵盖需求单位数量大于 15 家的物料，建议推广使用。

❸ 可选物料：国家电网公司可选物料清单涵盖需求单位数量大于 5 家小于 15 家的物料，建议根据自身情况选择性使用。

❹ 限选物料：国家电网公司限选物料清单涵盖需求数量小于 5 家的物料，非特殊情况限制使用。

标准化管控的重要体现）及"总量+清单"双控管理模式，清晰地给出了国家电网公司采购需求管理的原则、策略和方法，为需求实现的效率、效果和合规性奠定了坚实的基础。

国家电网公司服务类需求划分主要基于服务项目的性质，如电网工程服务、数字化服务、综合服务等。图1-5示出了物资采购需求大、中、小类划分体系方面的内容。

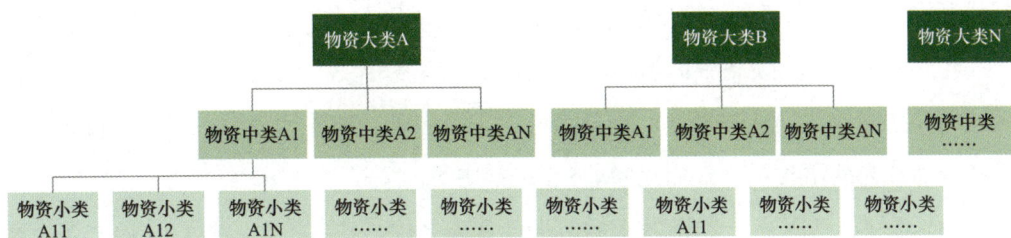

图1-5　国家电网公司物资"大、中、小"分类体系示意图

（1）需求大类。国家电网公司在进行物资需求大类划分时，首先以电力行业需求的专业为主线，即以电网构建中必不可少的电力设备、装置性材料、通信系统等专业性很强的需求来划分，包括电网一次设备、电网二次设备、智能变电站二次设备、装置性材料、通信设备等在内的采购需求。

此外，国家电网公司对非电网专业需求，则以业务主线及功能与价值为主线划分得到其他的需求大类。所谓业务主线，也就是与电网业务相关、但应用领域不仅仅局限于电网业务的关键类物资，包括导电类金属材料、建筑材料、燃料化工、输变电装置性材料、低压电器等采购需求。所谓"功能和价值"主线，则是从需求的主要功能和采购支出价值角度，将国家电网公司确保企业正常高效运营的辅助性需求划分为软件、信息设备、劳保类用品、办公类用品等，其中软件和信息设备具有资本类需求属性，而劳保用品和办公用品则更多呈现出消耗类需求属性。

（2）需求中类。国家电网公司在划分物资需求中类时，主要以功能为主线。

比如，在输变电系统中，直接与输电线路或变电所的主设备相连接，用于控制、保护、测量、计量、补偿等功能的电网一次设备中，按照具体的功能划分出交流断路器、交流隔离开关、交流电流互感器、交流电压互感器、开关柜（箱）、组合电器、避雷器、绝缘子等若干中类。这些功能性设备主要用来控制输电线路或变电所的电流、电压、功率等参数，以确保电力系统的安全、稳定和可靠运行。

再以输变电系统中用于将一次设备输出的电信号经过变换、放大、处理等操作后，输出供各种电气设备使用的电信号的二次设备为例，二次设备通常安装在变电站的控制室或自动化室内，发挥着控制、监测、保护、计量等功能。因此，根据具体功能的差别，二次设备被进一步划分为继电器、保护装置、控制器、计量装置、遥控遥信装置、数字化设备等中类。这些设备对一次设备输出的电信号进行处理和判断，根据预设的逻辑规则来控制和保护电力系统的安全运行。

此外，用于电力设备中的机械、电气、电子等各种功能性零部件和器件的装置性材料继续按照具体功能和用途，划分为杆塔、绝缘子、光缆等中类；而信息设备则按照功能划分为网络设备、存储设备、PC机等中类。

（3）需求小类。由于物资需求的多样性和庞杂性，几乎不可能仅仅按照一条主线来进行小类的划分。故而，国家电网公司采用了如下几条分类主线。

1）以功能划分。例如，将电抗器中类分为并联电抗器、限流电抗器、中性点电抗器；而电抗器配件中类则分为导电杆、电抗器套管、电抗器储油柜等小类；再如办公设备中类分为打印机、复印机、扫描仪等小类。

2）以结构形式划分。例如，将交流断路器分为瓷柱式交流断路器与罐式交流断路器；将电缆（导、地线）分为钢芯铝绞线、铝包钢芯铝绞线、铝合金芯铝绞线、碳纤维复合芯导线等；交流隔离开关中类则被分为交流三相隔离开关、交流单相隔离开关、交流接地开关等；PC机中类又细分为台式计算机与笔记本电脑等。

3）以物资本身的外形划分。例如，管状母线、槽形母线、矩形母线等小类。

4）为方便管理和统计原则划分。例如，铅笔、钢笔、圆珠笔；打印纸、复印纸、包装纸；文件夹、文件袋、文件盒等以及劳保类用品：防尘衣、雨衣、棉衣、棉裤；毛巾、袖套、口罩等。

（二）业务管理策略

国家电网公司需求与计划管理业务策略以物资与服务需求"大、中、小"分类为基础，依据采购清单管理机制，制定采购目录清单，明确各类物资的采购实施模式、采购组织形式、采购方式、采购批次等。以上业务管理策略在国家电网公司需求识别与预测、需求计划、需求实现等过程中发挥贯穿始终的作用，如图1-6所示。

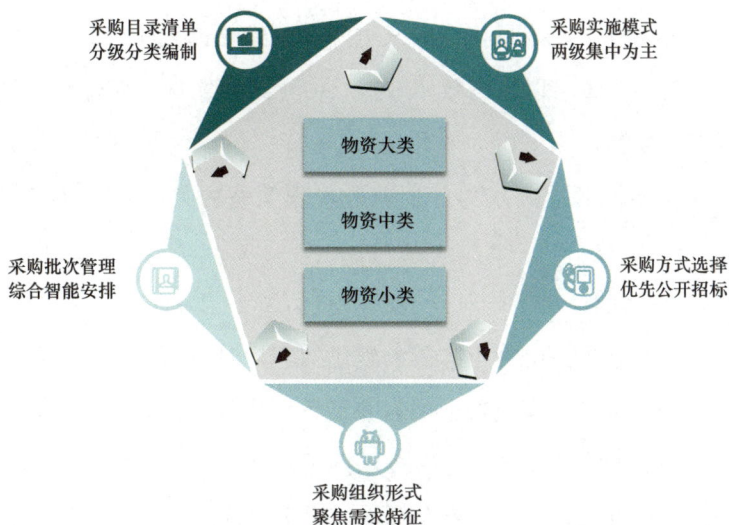

图1-6　国家电网公司需求与计划管理以物资分类为基础的主要业务策略

1. 采购目录管理

以需求分类体系为基础，国家电网公司需求管理实施采购目录管理机制。

采购目录以主数据为基础，按物料"大类、中类、小类"进行编制，主要包括采购范围、采购实施模式、采购方式及采购组织形式等内容，通过采购目录清单对物资采购进行统一管理。国家电网公司采购实施模式以集中为主，因此，国家电网公司总部和省公司、直属单位分别按年度分级、分类编制一级集中采购目录清单、二级集中采购目录清单。

2. 采购方式管理

采购方式是指采购人为达到采购目标而在采购活动中运用的方法。对不同的采购需求，应采取适合的采购方式进行采购。国家电网公司采购活动中适用的采购方式包括以公开和邀请方式进行的招标采购、谈判采购、竞价采购、询价采购、单一来源采购，以及国家法律法规、行政规章、国家标准等明确的其他采购方式。

国家电网公司严格采购方式的选择，属于依法必须招标范围的，选择公开招标方式进行采购。不属于依法必须招标范围但市场竞争充分、规模优势明显的，优先选择公开招标采购方式。不具备公开招标条件的，鼓励充分竞争，优先采用公开竞争性谈判采购方式。

3. 采购批次管理

为提高采购效率效益，国家电网公司对采购时间相近、具有同质性、能形成规模的采购计划进行汇总、归并，形成采购批次。批次内所有采购计划按照统一时间节点同步组织实施。采购批次安排是依据国家电网公司综合计划和预算，综合考虑物资属性、专业特点、资源配置，以提高效率效益、便于组织实施、保障有序供应为原则制定的采购时间节点安排。

以上关于国家电网公司需求与计划业务管理策略的具体内容将在本书第四章详细展开。

（三）业务管理流程

如前所述，国家电网公司供应链需求既包括客户对电力供应的外部需求，也包括为了满足电力供应需求及国家电网公司自身运营所需的直接或间接采购需求。

因此，在这一部分的描述中，首先对包括了从外部需求到内部需求的承接过程在内的需求管理全流程给出概述，接着介绍需求管理全流程中"测－编－报－审－分析"五个关键环节的主要内容，同时也体现了需求与计划管理的主要流程脉络。

1. 供应链需求与计划管理流程介绍

结合前文介绍，国家电网公司的全面计划管理坚持全网采购需求统一管理的原则，其整体流程管控图如图1－7所示，核心是以ERP系统为基础载体，结合原料价格、社会经济因素、物资采购数据等内外部数据，应用数据挖掘、深度学习、神经网络等数据分析与模型预测技术，智能分析采购价格及供应商中标价格差异，预测物资采购趋势，为项目的可研、初设、采购三个不同阶段分别存储的物资与服务需求计划及未来发展趋势提供数据支撑，科学指导经过需求计划编制、采购需求申报与审查并最终形成采购计划的管理流程，再走向需求实现（即采购实施）的阶段。在此过程中，体现了国家电网公司物资与服务需求与计划管理的主要内容，即需求计划预测管理、需求计划编制管理、采购计划实施管理，分别对应图1－7中的"测""编－报－审"和"析"。需求计划预测是指基于国家电网公司项目储备、综合计划和财务预算等，对公司基建、技改、营销、信息化、固定资产零星采购、电源项目以及其他正常生产经营所需求的物资和服务进行预测，包括年度需求计划预测，以及由年度需求计划预测产生的批次、协议库存、框架协议等专项需求计划预测。该部分内容将在本书第二章作详细介绍。采购计划是根据需求计划，结合仓储库存、未履约合同等资源，经综合平衡、平衡利库后所形成用于采购的计划；采购计划经申报和审查，直接用于指导采购实施，相关内容将在本书第三章详细介绍。国家电网公司依据采购目录清单、采购计划完成采购执行，并结合合同履约、仓储物流、采购数据分析等环节形成需求与计划实现的闭环管理，相关内容将在本书第四章详细介绍。

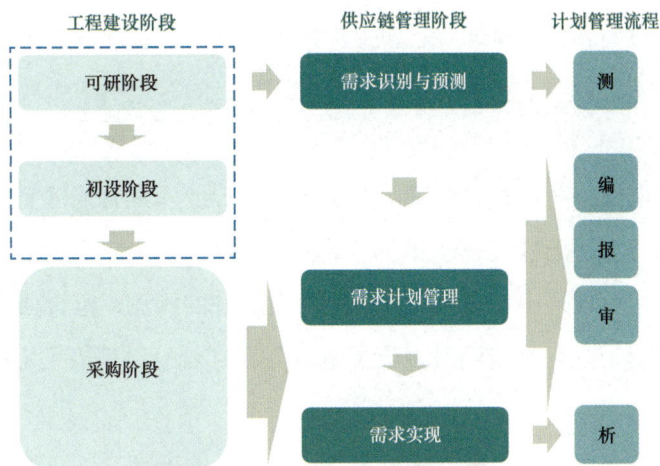

图 1-7　整体流程管控示意图

（1）国家电网供应链需求识别和需求预测管理。国家电网公司对外部客户电力需求的识别主要基于国家层面的电网发展政策和公司内部的电网发展规划，另外也会兼顾占比较小的用户自建电站需求展望。

对于前者，首先是由国家电网公司发展策划部门基于电力需求展望对电网建设需求进行需求预测，然后以综合计划之一的储备项目❶规划的形式输入业务"中台"。物资管理部门则在项目部门的支持下，通过挂接典型设计项目清册对项目中的物资需求进行高精确度的年度需求预测❷。这里的需求管理对象主要对应的正是前文中介绍的生产性间接采购需求。例如，电网基建项目的需求识别是根据已经预置好的基建项目典型设计项目清册模板开展的。根据国家电网公司发展策划部门对本年度电网建设所开展项目的规划情况，从项目中台中获取项目电压等级等信息，匹配合适的模板，并根据项目实际情况对模板做优化调整，形成项目的物资及服务采购需求预测结果。

对于综合计划外的、随机性较大的用户自建电站项目需求，以及不在典设项目清册中的装置性材料等物资和配套服务需求，物资管理部门则应用需求计划预测模型和人工智能算法等手段开展年度需求预测。这里的用户自建电站项目需求对应的就是前

---

❶ 储备项目：采购需求的项目信息源头为国家电网公司发展部项目管理业务中台，形成项目储备库，明确储备项目类型等关键数据信息。国家电网公司各省公司、直属单位通过计划中心与项目管理业务中台贯通，接收项目全口径信息。

❷ 年度需求预测：根据年度综合计划和预算，结合历年实际物资和服务需求进行预测，编制形成国家电网公司全年物资和服务总需求。

文中介绍的生产性直接采购需求。它和生产性间接采购需求在管理上的差异首先了就体现在预测手段上的差异。另外，用户自建电站项目的客户需求主要对接部门是营销部，这也是一个不同点。

当然，国家电网公司内部也会采用在工程项目行业非常普遍的另外一种做法，即以年度支出预算形式进行年度需求预测。这种方法仅仅框出一个项目支出概算，对于颗粒度更细的、建设项目中使用到的具体物资及服务的预测，留待项目可研或初设完成后再行细化。对于配网基建项目，国家电网公司目前也已积极采用科学预测模型，进行年度需求前瞻。

除了年度需求预测，为了提高需求预测、计划的准确性，以及需求实现的响应及时性，国家电网公司还会辅之以年度内滚动预测，如协议库存采购需求预测。

（2）国家电网供应链需求计划管理。国家电网公司的需求预测系统会采取多种预测方法，按照最新物料主数据❶生成需求预测计划❷后，反馈到项目管理部门，后者依据实际情况进行需求预测调整，接着系统再根据调整及确认后的需求预测结果，批量自动生成年度计划需求条目，经系统自动审查后存储在需求计划储备库中。

需求计划储备库内的需求会根据工程设计进度进行滚动更新。按照项目的可研、初设、采购这三个不同阶段，形成三层需求计划储备库，渐次完成需求的滚动修编完善。需要再次说明的是，国家电网公司的可研版需求计划实质是需求预测结果，初设版和采购版需求计划才对应着一般意义上的需求计划。通过三版计划的滚动修编，在需求实现（即采购）前只需补充采购批次等信息，即可在系统内"一键化"形成实际采购计划。

采购计划是根据可研版和初设版需求计划（即预测和计划），结合仓储库存、未履约合同等资源，经综合平衡、平衡利库后所形成的用于需求实现（即采购）的计划。采购计划实质上还是需求计划。采购计划要依据国家电网公司集中采购目录清单、工程里程碑计划和生产经营活动需要，参照物资供应合理周期，结合技术、商务采购标准制订，由国家电网公司需求单位（部门）通过 ERP 进行申报。经过审批后的申报

---

❶ 物料主数据：存在于国家电网公司物料主数据库中的物料条目，是工程建设所需的物资条目，分为国网标准物料、非标准物料、未标准化三类。

❷ 需求预测计划：需求单位（部门）根据项目实施内容、实施进度，安排制定某一时间段内预计产生的包括采购物料、采购数量、需求日期、估算价格、物料技术要求等内容的计划。

版采购需求计划❶成为最终进入"需求实现"过程的输入——"采购计划"。

（3）国家电网供应链需求实现管理。国家电网公司的需求实现方式主要是采购，具体做法就是在全面需求计划统一管理框架下，在前文所述以采购目录清单为核心的各项业务管理策略的指导下进行采购执行。国家电网公司针对采购环节规范确保采购计划得以达成的实践落地管理模式，主要包括采购实施模式、采购目录、采购批次、采购结果执行等内容。

国家电网公司采购实施模式主要为集中实施，包括"总部直接组织实施"和"省公司/直属单位直接组织实施"两种模式。针对需求零星、专业特殊或地域限制等原因，不具备集中实施条件，或集中实施不符合效率效益原则的采购需求，可授权下一级单位实施。国家电网公司依据采购规模、重要程度及通用性，将占比最大的物资需求规范为总部一级集中采购和二级集中采购的"两级制"。采购规模较大、重要程度较高、通用性较强的需求，纳入总部一级集中采购。对于零星物资及办公用品需求实行专区管理。按照两级采购主体不同，专区下设一级专区和二级专区。在"两级制"之外，国家电网公司还就需求实现过程中的采购方式及采购组织形式给出了指导建议。主要的采购方式有公开招标、邀请招标、竞争性谈判等；主要的采购组织形式有批次采购、协议库存、框架协议、选购专区（商城/目录）等。

为了提高效率效益、便于组织实施、保障有序供应国家电网公司的采购管理为按照批次的方式进行。其具体含义为依据国家电网公司综合计划和预算，综合考虑物资属性、专业特点、资源配置，对采购时间相近、具有同质性、能形成采购规模的采购计划进行汇总、合并，统一开展采购。制定的采购批次信息包括批次编号、批次名称、截止时间、拟定发布公告时间、拟定开标时间等信息。

在需求管理过程中，国家电网公司会对需求管理过程开展分析评价，分析内容包括业务数据指标、工作规范性分析、管理创新分析等方面。从年度发展总投入、综合计划下达规模、年度需求储备规模、完成初设需求规模与采购申请提报规模等维度全量展示、分析全年综合计划下达情况与各版本需求计划储备情况。国家电网公司物资需求计划储备思路如图 1-8 所示。以年度需求计划多维统计、多维分析和转化率功能为抓手，快速掌握各单体工程的项目储备及需求计划提报的及时性，对于到期未提

---

❶ 采购需求计划：主要包括年度需求计划和采购计划两部分，年度需求计划是指项目下的物资和服务需求储备，根据项目状态动态更新；采购计划是指项目物资和服务已纳入相应采购批次，准备实施采购的计划。采购需求计划的主要内容涵盖物料信息、需求数量、评估单价、项目名称、项目定义等。

报需求计划或未将需求计划转化为采购申请的工程进行预警。提前预警和通知各单位及时纠偏纠错，并为下一步工作安排提供决策依据。这里涉及业务数据的全寿命周期管理。计划管理对业务数据指标，依托电子商务平台（E-Commercial Platform，ECP）、供应链运营调控指挥中心（Enterprise Supply Chain Center，ESC）等信息系统，实现线上抽取、自动计算，推动绿色现代数智供应链赋能经营管理提升取得实效。在需求实现环节完成后，国家电网公司通过采购数据统计分析工作对需求识别－需求预测－需求计划－需求实现的管理结果进行复盘，形成管理闭环，将数据分析结果作为需求与计划管理工作改进的重要依据。

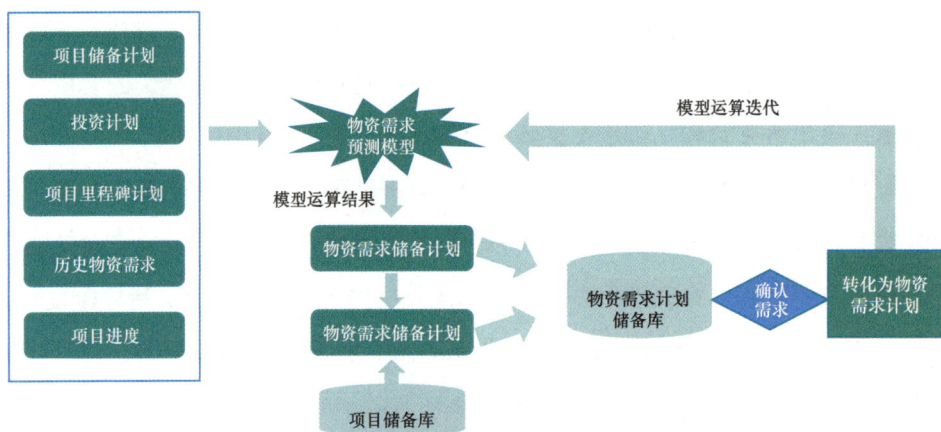

图1-8　国家电网公司物资需求计划储备思路图

2. 供应链需求管理流程主要环节

从以上对国家电网公司供应链需求与计划管理流程的介绍中可以看出，整个流程中存在"测－编－报－审－分析"五个关键环节，见图1-9。从这五个环节的工作内容实质来看，"测"对应着普适性需求管理过程第一阶段——需求识别、需求预测；而"编－报－审"则体现在第二阶段——需求计划的内容中；"分析"体现在第三阶段——需求实现的内容中。下面就这五个环节依次进行针对性的介绍。

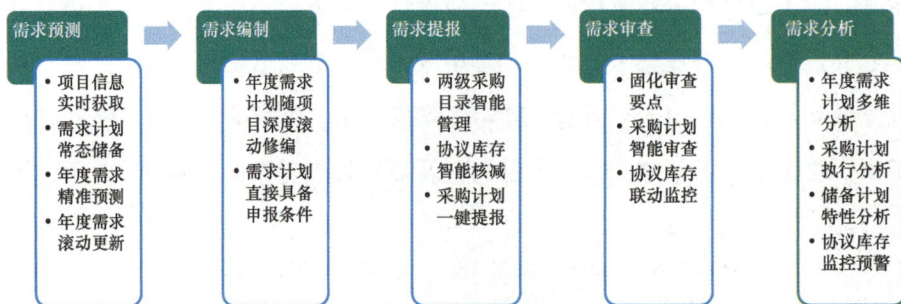

图1-9　国家电网公司需求管理业务流程图

（1）需求预测。需求计划预测是指对国家电网公司基建、技改、营销、信息化、固定资产零购、电源项目以及其他正常生产经营所需求的物资和服务进行预测，包括年度需求计划预测以及由年度需求计划预测产生的批次、协议库存、框架协议等专项需求计划预测。

1）年度需求计划预测。年度需求计划预测是物资部门综合考虑年度综合计划、通用设计信息、财务预算以及历史物资和服务需求等信息和数据，将需求管理工作前移，应用大数据技术分析项目需求规律，建立需求预测模型，编制形成的全年物资和服务总需求。年度需求计划预测是国家电网公司制定年度需求计划安排确定采购实施模式、采购批次、采购方式和采购组织形式的主要依据。年度需求预测流程如图1-10所示。

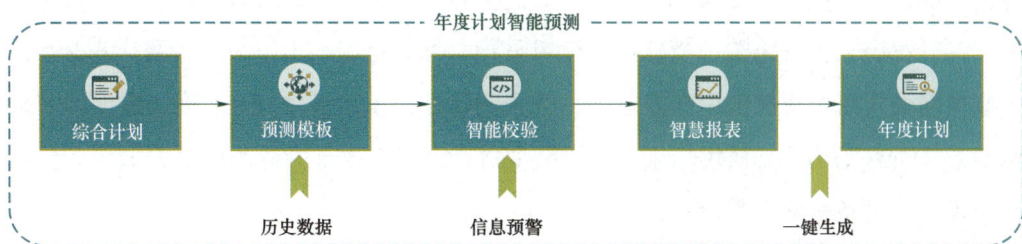

图1-10　年度需求预测流程

2）批次需求计划预测。批次需求计划预测是指依据采购目录清单确定的采购组织形式和批次计划安排，结合项目里程碑计划、生产经营情况和年度预算，对具体项目的物资和服务实际需求计划进行预测。

3）协议库存需求计划预测。协议库存需求计划预测是指依据采购目录清单中确定的采购组织形式、协议有效期和批次计划安排，结合年度综合计划、年度预算和历史采购信息等，对一定周期内的物资和服务需求计划进行预测。

4）框架协议需求计划预测。框架协议需求计划预测是指对难以确定采购计划的应急、零星需求采购或是需要频繁、重复组织采购同类工程、货物或服务的需求计划进行预测。

5）选购专区需求计划预测。选购专区需求计划预测是指对国家电网公司零星物资及办公用品开展的需求计划预测。所指零星物资是指单价低、品类多、需求确定的物资，其中直接用于构成电网组成部分的称为电网零星物资，其他的称为非电网零星物资。所指办公用品是指日常办公所需辅助用品。

（2）需求计划编制。需求计划编制是指通过构建标准化的需求计划通用模板和需求计划储备库，运用信息化技术，推进年度需求预测与需求计划提前储备相结合，项目规划设计与需求计划编制相适应，实现需求计划快速编制的工作。国家电网公司不断提升年度需求计划智能编制，物资需求预测模块自动完成物资需求预测运算操作，提升年度需求计划编制工作效率。建立需求预测模型自适应机制，根据数据的更新迭代，系统自动验证模型运算的准确性，从而自主优化模型参数，保持模型的持续有效，提升需求计划编制效率，为精准采购奠定基础。

需求计划经过平衡利库后，形成采购计划。

（3）采购计划申报。采购计划申报是指依据两级集中采购目录清单、工程里程碑计划和生产经营活动需要，参照物资供应合理周期，结合技术、商务采购标准提出，由需求单位（部门）通过 ERP 进行申报待审批的采购计划。采购计划包含协议库存（含跨省调剂）、授权采购、境外项目境内采购、框架协议、地方公共资源交易平台、国家电网公司组织实施的用户委托项目等采购计划，统一经由 ERP 进行提报。国家电网公司所有采购活动应用电子商务平台实施，可发挥电子商务平台公开透明、全程在线优势，规范采购工作流程。

（4）采购计划审查。采购计划审查是指由总部、省、地市三级物资管理部门组织开展，同级发展部门、财务部门、项目管理部门、专业管理部门和需求单位共同参加。一级采购批次内的采购计划集中审查由总部组织开展，国网物资公司具体实施，二级采购批次内的采购计划集中审查由省公司物资部组织开展，省物资公司具体实施。依据按照法律法规、国家电网公司通用制度相关规定以及总部统一发布的采购计划审查要点执行，采用现场或远程方式开展审查，审查通过后统一纳入电子商务平台实施采购。采购计划审查内容包括采购计划的规范性、准确性和合规性，重点对项目核准情况、采购目录清单执行情况、采购方式选择、物资标准化应用情况等进行审查。

（5）采购数据统计分析。国家电网公司是指在业务数据指标、工作规范性分析、管理创新分析等方面开展综合分析。对业务数据指标，依托电子商务平台、供应链运营调度指挥中心等信息系统，实现线上抽取、自动计算；对工作规范性分析、管理创新分析，采取加减分方式进行分析。以优化贯通计划、采购、合同、履约、结算等各个环节的全品类需求计划采购闭环管控机制，推动绿色现代数智供应链赋能经营管理提升取得实效，如图 1−11 所示。

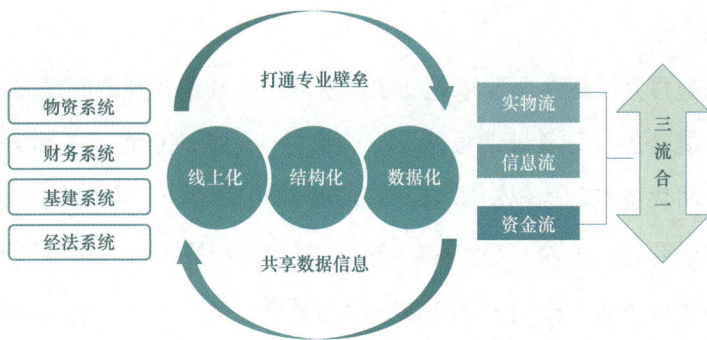

图 1-11 多维分析赋能"三流合一"

同时，国家电网公司着力打造"功能一级部署、体系规范高效、数据真实准确、分析高阶智能"的供应链采购数据运营分析体系，深挖数据价值、赋能成果应用，推进供应链数智化、绿色化转型。

三、制度规范体系

需求与计划管理标准制度体系既是计划管理建设的重点内容，也是供应链需求与计划管理的坚实基础和重要依据。国家电网公司持续从科学性、操作性、合规性的角度加强构建计划管理制度规范体系，已建成由管理制度、工作指导手册、审查要点等文件共同组成的多层次、多维度计划管理标准制度体系，如图 1-12 所示。在促进计划管理合法合规、保障物资采购高效及时、全面提升采购源头管控能力等方面发挥了重要作用。

图 1-12 国家电网公司需求与计划管理制度规范体系

（一）管理制度

国家电网公司为深化全面需求计划统一管理，落实审计整改管理要求，以采购目录为抓手，实施全面计划管理的思路，打造物资计划管理制度"一本通"。制定《国家电网有限公司物资管理通则》《国家电网有限公司采购计划管理办法》《国家电网有限公司供应链运营管理办法》等管理制度。同时，紧跟国家法规政策调整及国家电网公司下发管理文件要求，适时开展采购计划管理❶办法、供应链运营管理办法修编，规范采购目录管理、采购批次管理、需求计划预测、编制、提报、审查等全流程业务、完善采购数据统计分析专项内容，细化明确紧急与应急采购管理，确保计划全流程工作有法可依、有章可循。

（二）工作指导手册

《国家电网有限公司物资计划工作指导手册》《全网采购需求统一管理模块作业指导书》《国家电网有限公司单一来源采购工作任务指导书》等工作指导手册，细化需求与计划管理相关流程步骤，明确业务规范及要求，为需求计划测、编、报、审、分析提供清晰、准确的操作指南，可全面提升计划管理工作质效。

（三）计划审查要点

两级集中采购批次计划审查要点确保采购计划报、审工作的及时性、准确性、规范性。国家电网公司总部批次计划审查要点涵盖 35kV 及以上输变电项目设备和采购招标文件审查要点，各专业技术规范审核要点、各专业采购申请填报注意事项等内容，对专项批次采购范围、申报注意事项、管理要求做出明确要求；二级批次计划筛核要点严格明确二级采购目录清单范围内的物资和服务适用范围、申报流程，筛核方式等内容。两级集中采购批次计划审查要点兼具指导性、实用性、全面性和可操作性，进一步夯实计划管理标准化体系。

四、管理特点

综合对国家电网公司需求与计划管理体系的分析，尝试梳理出国家电网公司在供应链需求与计划管理领域的特点做法和可以作为同行业及其他行业学习借鉴的亮点。

---

❶ 采购计划管理：国家电网公司对采购计划编制、执行、分析、考评和反馈等管理活动的总称。

（一）主要管理对象的同质性

国家电网公司各省公司在物资需求方面表现出较强同质性。国家电网公司的需求管理对象以采购需求为主，而且其生产性间接需求、生产性直接需求都是电网类专业物资，具有高度的同质性。而对于大多数企业而言，生产性间接需求与生产性直接需求的范畴常常存在显著的差异。

（二）采购需求的规模性

国家电网公司作为全球最大的公用事业企业，建设运营着世界上输电能力最强、新能源并网规模最大的电网，具有超大规模采购需求，2023 年采购规模突破 7000 亿元。作为系统集成商和运营商，国家电网公司连接能源电力产业链供应链上下游企业和用户，处于产业链供应链核心企业地位。在推动跨行业、跨平台、跨企业的专业化协同整合，促进能源电力全产业链供应链绿色低碳、数字智能转型，以产业链供应链集成打造能源电力产业生态圈，在能源转型的大国竞争中占据领先地位，可积极带动产业链供应链现代化水平提升，保证产业链供应链安全稳定，辅助绿色低碳循环发展经济体系的建立健全、质量强国的建设、全国统一大市场的构建。

（三）流程管控的鲁棒性

国家电网公司在需求管理流程上的"刚"，体现在流程通过数字化系统进行固化，极大提升了需求预测、计划到实现过程的规范性和合规能力；"柔"则体现在不同需求管理流程的变通性。例如，针对协议库存批次，就跳过项目初设阶段，直接在可研批复后、根据随可研版上报的原始物料清册完成采购版需求计划编制。在计划提报和审查阶段，开发了智能联动核减和联动监控功能，与供应订单数据打通，已然可以实现协议库存计划精准预测、采购执行的强关联和硬管控。

（四）项目需求的可预测性

通过创建典型设计项目清册实现项目物资需求的准标准化，针对项目需求进行精准预测，形成年度采购需求计划，做实项目物资采购计划储备，以项目预算下达情况与物资计划的无缝对接推进项目和物资业务的融合贯通。

通过打通物资与项目管理各个专业之间数据传输壁垒，依托项目信息储备库，获取年度项目预算下达信息，基于项目信息实现跨专业、跨总部省市县的多层级协同超前需求预测。

国家电网公司在需求管理中通过需求计划预测模型和基于大数据的人工智能算法等手段，以"系统智能预测"代替"人工经验预估"，实现项目数据的源头管控，提高了年度需求的精准预测。

（五）计划提报的高效性

以全年招标采购批次安排为依据，结合演算模型测算的物资合理交货日期，系统自动将需求计划储备库中的需求按照所属采购范围和采购类型匹配到相应批次，并根据各批次计划提报节点推送至需求单位。需求单位根据实际情况调整后形成批次采购计划。物资采购计划提报模式由传统的"被动接收"转为"主动提醒"，解决传统模式中易出现错报、漏报、迟报的问题。

（六）计划审查的智能性

针对不同类别、不同级别的计划，按照结构化的审查规则，实现物资批次采购计划关键要点自动审查及全流程线上管理。将两级采购范围、标准物料清单等目录固化在系统中，以信息化手段严控采购目录执行，做到计划审查依法合规，做实设备选好选优的源头管控。在智能审查场景支持下，专家应用智能终端实现技术规范异地远程审查，节约时间、物力成本，提高工作效率。

（七）数据挖掘的充分性

通过对采购数据的多维度分析，跟踪监控采购需求计划推进情况，即时向需求部门反馈已完成采购需求的实施进度，合理安排未完成采购的需求采购时间，形成全网采购需求闭环管理，助力国家电网公司资金投资计划执行管控更精准。聚焦关键环节，发挥计划管理"事前管控、事中监督、事后闭环"作用，警示各单位及时纠偏纠错，并对供应链后端工作提供指导，提升全链条工作质效。

国家电网公司将分析预警融合到业务开展进程中，通过对业务数据的实时统计分析，警示各单位及时纠偏纠错，并为下一步工作安排提供决策依据。在完成常规统计分析的基础上，针对关键特性钻取分析，进一步挖掘数据资产价值，实现采购批次智能安排、物料智能精简、采购技术规范固化 ID 动态更新与精准应用等功能，充分发挥计划作为供应链开端环节的作用，引领全链业务智慧高效开展。

（八）计划管控的协同性

供应链内外部涉及多种计划，如需求计划、采购计划和后端采购实施计划❶、生产制造计划❷、配送运输计划❸、施工运维计划❹、融资计划❺等，国家电网公司在供应链管理过程中以需求计划为桥梁，从源端加强采购需求计划和后端各类型计划的协同闭环管控。一方面推动计划、招标、履约等内部业务紧密对接，强化内部协同，全面提高服务保障水平；另一方面，秉承"开放、共享"的理念，构建物资专业与规划、建设、营销、设备、人资、财务等跨专业实物管理及运作机制，实现了跨专业数据共享融合、计划协同管控，以需求计划管理源头驱动供应链精益运营。

---

❶ 采购实施计划：指采购需求计划按照既定的时间节点实施采购的计划，主要包括年度采购批次安排和采购执行情况。采购实施计划的主要内容涵盖批次编码、批次描述、采购需求计划申报截止时间、发布公告时间、开标时间、中标结果发布时间、采购订单信息、合同签订信息等。

❷ 生产制造计划：指采购需求中标结果发布后，供应商根据订单信息开展物资生产、制造的时间节点计划。生产制造计划的主要内容涵盖图纸交付及确认计划、排产计划、生产计划等。

❸ 配送运输计划：供应商生产完毕后，对物资的配送运输计划。配送运输计划的主要内容涵盖运输方案计划、发运计划、到货计划、质量监督计划等。

❹ 施工运维计划：国家电网公司项目实施过程的施工计划、运维计划等。施工运维计划的主要内容涵盖项目建设计划、项目施工计划、运维检修计划、停电计划等。上述计划主要影响物资到货计划。

❺ 融资计划：主要包括资金预算计划、付款计划等，主要影响采购需求计划、付款进度等。

第二章

供应链需求预测管理

为了更加及时准时、准确高效地满足来自内外部客户的各种需求，供应管理组织和部门积极主动地使用各种预测手段对可能的需求获得前瞻性的识别和洞见，是非常重要的一个环节。在这一章中，将聚焦于从时间和数量两个主要维度对需求进行识别的典型预测方法。

本章结合需求预测的前沿理论介绍了需求预测的概念、方式、流程步骤、准确性验证，并选取典型的定性和定量需求预测方法进行了展开。而后，结合外部理论深入分析了国家电网公司年度需求预测、协议库存需求预测的流程与方法应用。同时，分别深入剖析了国家电网公司主网和配网项目预测模型的优秀实践案例。

国家电网公司的需求预测综合应用了典型的定性和定量预测方法，并结合先进的数智化系统有所创新。在配网项目物资需求的预测实践案例中，国家电网公司进行品类需求金额预测，并将预测需求数据与实际需求数据量进行对比，评估预测准确率。从其主网和配网项目预测模型的开发与应用案例可以看出，与通用型知识中的需求预测一般流程基本相同。

第一节　供应链需求预测概述

一般来说，预测会存在偏差，但是通过各种定性、定量、恰当的预测方法，来提高预测准确率，是每个做预测的供应管理人员所需要学习和掌握的。

一、供应链需求预测相关概念

首先，从供应链需求预测的定义、对象、种类、依据、目的和意义等方面进行概括性描述。

（一）供应链需求预测的概念

美国供应链管理协会（ASCM）对预测给出的定义是："一项业务职能，旨在尝试对产品销售量和使用量进行预估，从而可以提前采购或制造合适数量的产品。"

美国供应管理学会（ISM）对预测给出的定义是："基于定量（数值的）或定性（非数值的）数据的预测。预测者试图足够准确地预测未来的活动，比如需求，以作为计划的基础。"

中国物流与采购联合会对预测的定义是："基于定量（数值）或定性（非数值）数据的科学推测。预测者试图根据事物发展变化的客观过程和内在规律，以足够的准确性来推测事物未来可能出现的趋势和可能达到的水平。企业可以通过预测来分析销售额、市场份额、供应可得性等因素对自身的影响。"

综上，预测就是对未来进行前瞻性的判断，并作为商业决策的基础。预测的依据包括各种历史数据以及对客户及市场的知识与经验。预测的根本目的是在看似具有无限多的不确定性中，基于各种定量、定性、合乎逻辑的分析，将这些不确定性最小化，从而做到决策过程的优化，并提高决策的有效性。

预测的对象范围很广，主要包括需求预测、技术预测、产能预测、价格预测、政策导向预测、经济走势预测、消费行为模式预测、气候预测等。从供应链的角度来看，可以把这些各色各样的预测归纳为需求预测和供应预测两个大类。

需求预测，就是基于对某项产品/服务的历史需求量、变化趋势、未来市场走势、客户偏好、供求关系等方方面面数据进行的分析判断，进而对未来一段时期内该项产品/服务的需求量做出预估。

供应预测，就是从某个具体采购品类出发，对供应这些品类的供应群体的能力及产能、成本和价格、技术与创新等方方面面做出预测。比如，关键物资的供应会发生短缺、供应周期会变长吗？大宗原物料的供应价格会上涨还是会下跌？专用设备的核心技术会有什么样的创新或变化趋势吗？现有供应商是否还是满足需求的最佳供应来源吗？诸如此类，对于真正落地实施了采购品类管理的企业来说，都是必须要定期进行展望和预测的。

本章聚焦于需求预测，而需求预测的对象首先是外部客户的需求，因为从本质上来说，企业存在的价值以及所有内部需求的发生，都是基于满足外部客户需求这一根本性前提。对外部客户需求的预测包括了对客户所需产品或服务品类范畴、具体产品型号、需求数量、需求时间和需求地点等。对于一个处于正常运作状态的企业而言，为了满足外部客户需求所必须从上游供应来源获取的各种采购需求、以及服务于这些需求的整体供应市场现状与趋势、成本和价格、技术及创新等方方面面，也是预测所要覆盖的范畴。

再具体一点，本章介绍的预测方法主要是针对以下两种场景：

（1）在已知企业正在向外部客户提供的产品或服务组合，或是正在开发、即将向外部客户提供的产品或服务组合的前提下，从销售的角度对未来一段时期内的外部客户需求进行分时需求数量预测。

（2）基于历史采购支出记录，产品或服务的材料清单、工程清册、服务作业分解结构等关系型数据表，或是基于从内部各使用单位被动接收或主动沟通获得的潜在采购需求，从采购的角度对未来一段时期内的自制或采购需求进行分时需求数量预测。

国家电网公司的需求预测基本属于上述第二种情况，结合历史采购支出记录、各类型项目的物资清册，以及各地市公司、省公司逐级上报的采购需求预测，形成年度需求计划预测、协议库存需求计划预测。

（二）供应链需求预测的意义

尽管预测不能保证绝对的准确性，但供应链需求预测对供应链整体运营管理的意义重大。

供应链需求预测对企业整体运营的意义具体表现在以下几个方面。

1. 市场营销离不开预测

市场营销部门的一项重要职能就是针对企业提供的产品和服务筹划和实施推广促销活动。在制订推广促销活动计划时，首先必须要了解市场和客户需求，这就离不开需求预测；另外，推广促销活动的预算，也是需要以需求规模为参考系的。

市场营销部门所需要的需求预测通常是产品系列，时间跨度也多数以年为单位，而预测时间间隔则以月度、季度或半年度为主。

2. 销售离不开预测

销售部门背负着企业的销售重担，也面临着销售业绩的考核。销售计划和销售目标的设定及分解，不会毫无根据的。以历史销售数据为基数来设定时，本身就蕴含着预测的过程；通过市场调研的方式来预估未来的需求，也是定性预测中的一种典型方式。

3. 生产运营离不开预测

生产的能力通常都不是无限产能，如果生产的策略是简单地跟随忽高忽低的真实需求，那么就大概率地会出现有些期间产能无法满足需求、有些期间产能严重闲置的情况。因此，生产运营部门需要需求预测来指导产能和产线平衡的合理计划。另外，企业中往往需要安排出时间对设施设备进行定期的预防性维护工作，通过需求预测和计划，腾出适当的时间窗口来实施维护保养，对企业来说是十分必要的。再者，如果需求出现了持续性的大幅增加，生产基础设施和设备的增加往往需要数月甚至数年的时间来准备和完工，没有前瞻性的需求是不可想象的。

生产运营部门缩需的预测层级是最丰富的，既需要产品系列层级上的预测来制订长期固定投入和建设计划，也需要细致到具体单品（SKU）层级的预测来制订平衡合理的生产执行计划。预测的时间跨度也会因此而长短不一，长则3～5年，短至1～6个月。

4. 采购物流离不开预测

内部生产能力是有限的，外部供应资源也存在约束性，不论是材料还仓储或运输物流服务的供应能力。因此，采购物流需要预测，用来和供应商提前沟通所需能力，或者用来开发新的供应资源，或新建新增仓储和运输设施与设备。

在预测层级、时间跨度和时间间隔上，采购部门的要求与生产运营通常是同步的。对于物流，产品层级的预测是必要的，而预测时间跨度和时间间隔上，则基本与生产一致。

5. 财务与人力资源离不开预测

从某种意义上来说，财务和人力资源与采购具有相同性质，即都是为企业的经营活动获取所需的资源，财务要获取的是资金供应，人力资源需要招揽人才或劳动力资源。这些资金或劳动力资源的需求量取决于生产、采购和物流的活动量，就其本质都是内外部需求。

在预测层级上，财务和人力资源通常所要的颗粒度比较粗。产品系列或产品线层级上的需求，对财务和人力资源做资金和劳动力预算来说，通常是足够的。预测时间跨度一般需要展望未来的1～5年，而预测时间间隔方面，往往也会精确到季度或月度。综上，企业的各个部门的运作都离不开预测。很多认为没必要进行预测的企业或个人，本意多数是没必要采用定量的科学预测方法去做预测，而只要凭借自己的主观估算判断就够了。事实是，随着现代人工智能和商业智能技术的发展，定量预测的实施既不困难，也更精准。

二、供应链需求预测方式

接着，从预测的总体视角，来介绍宏观与微观、长期与短期、自上而下与自下而上、定量与定性等几种预测方式分类法及各种预测方式的内涵。

（一）宏观与微观预测

以预测过程中对预测对象进行考察覆盖的范围来区分，通常分为宏观预测和微观预测两种预测方式。

1. 宏观预测

宏观预测对象的考察范围是覆盖了某个品类或单品在全球、某个国家或地理区域内或者是在某个行业领域内的整体需求量级与趋势。比如，某种大宗商品在全球范围内的需求预测，或是某类芯片在汽车行业的需求量级和变化趋势。

由于宏观预测对象考察范围的广角性，预测过程中更多的是从全球或区域性政治政策、经济景气、社会结构、技术发展、法律法规和自然环境这些宏观要素方面入手考察。

宏观预测是对某个品类进行的一种高屋建瓴的预测，为预测的受众提供了一个广角全景图，从整体上树立某种特定需求的大局观，为企业的需求管理给出一个总体指南。

国家电网公司虽然不需要直接进行某类物资的宏观预测，但在进行一些特别品类物资供应链韧性与安全的研究，或是在进行典型物资品类价格预测的过程中，均会引用到物资、原材料等的宏观预测数据。

2. 微观预测

微观预测则是从某一个企业自身的视角出发，考察自己向外部市场提供的产品或服务、以及自身对某种经营所必需产品或服务的需求支出规模和变化发展趋势。

虽然一家企业对自身需求的微观预测是构成宏观预测的组成部分，但显然每家企业的微观需求预测并不一定与宏观预测的变化趋势保持一致，甚至有可能是截然相反的。

因此，宏观预测与微观预测是"树林"与"树木"的关系，企业同时做好或者获取这两种预测结果都是十分必要的。当宏观预测显示出需求衰退、微观预测表现出需求增加时，企业可以从中洞见自身在市场上的某种优势；反之亦然。这样，企业在制定供应链管理战略组合时，可以做出更加恰当的策略定位和选择。

国家电网公司的年度需求预测、协议库存需求预测均从企业自身需要出发，对未来一段时间的采购规模进行预测，属于微观预测的典型案例。

（二）长期与短期预测

以预测向未来展望的时间跨度的长短来看，通常可以分为长期预测和短期预测两种方式。

1. 长期预测

长期预测是指对某个品类或单品在未来 1 年以上、通常可能长达 3～5 年的需求前景进行量级和变化趋势的预测。

从采购角度而言，资本类、资源类、瓶颈类的需求更加适合采用长期预测这一方式，以便做到提前准备，有备无患。

2. 短期预测

短期预测是对某个品类或单品在一年以内的需求数量和需求时间进行预测，并作为调整生产能力、采购部署、安排生产作业计划等具体生产经营活动的依据。

短期预测相对于长期预测来说，一般具有准确性更高的特点。因此，绝大多数企业在长期预测的基础上，用短期预测来对长期预测进行修正和调整，从而提高预测的准确性和可用性。

国网电网公司年度需求预测是从企业一年内的物资、服务需要出发，属于较为典型的短期预测。

（三）自上而下与自下而上预测

以初始预测数据来源处在企业或地区或产品的层级关系的具体位置来考察，一般可以分为自上而下与自下而上这两种预测方式。

1. 自上而下预测

自上而下的预测方式首先对企业全球范围内的某种需求进行综合预测，再分解到某个区域、某个国别、某个工厂或分销中心、某个产品线、最后到某个单品，从高到低依次完成预测；也可能首先从最高阶的产品族、产品大类、产品系列着手进行需求预测，再依次向下分解到某个具体单品上。

一般来说，从较高层级的需求开始进行预测，预测的准确性较高。原因是较低层级的实际需求相较于预测需求大概率存在正负预测误差，正负预测误差相互抵消后，往往会使得较高层级的综合预测误差变得小一些。自上而下预测方式的不足之处在于：预测更容易受到高层领导的个人经验和能力的制约。对于寿命周期长、标准化程度高的产品，建议采用此种方法。

2. 自下而上预测

自下而上的预测方式与自上而下的预测方式正好相反，首先是从单品开始预测，再累加合并到上层的产品系列、产品大类或产品族上；或从某个具体的销售点、工厂、销售区域、分销中心开始预测，再汇总到整个公司或整个集团层级上。这种预测方式的优点是基层参与程度高，而基层人员往往更贴近市场更了解客户，也更易于准确地从单品层级上进行预测；不足之处则是，预测成本高、预测准确性较低。这种方法更加适用于寿命周期短、定制化程度高的产品。

国家电网公司每年 12 月会组织各单位开展下一年度需求计划预测工作，各单位根据自身项目储备情况结合历史采购信息对下一年度采购情况进行预测，国家电网公司汇总各单位需求通过数据分析，最终形成度年度需求计划。上述预测既采用了自上而下预测、又采用了自下而上到预测方式。

（四）定性与定量预测

根据预测过程中使用到的主要依据来区分，可以分为定性预测和定量预测两种方法。

1. 定性预测

定性预测是根据已有的历史资料和现实资料，依靠个人或集体的综合分析与主观判断能力，对某个品类或单品在未来一段时期内的需求及变化趋势给出定性判断或量化数值预估。

定性预测主要依据个人的行业经验，通常不需要太多的历史数据，具有耗时少、简便易行、成本较低的优点；但预测准确性的不确定性高，也就是说可能很准确也可能不准确，与个人经验与判断力关系密切。

2. 定量预测

定量预测是基于历史数据或其他与需求存在相关关系的变量，应用各种数理统计方法或更先进的科学算法，通过计算获得未来一段时期内的量化需求预测结果。

定量预测所需的数据量一般较大，选用的预测方法越复杂，所需数据量通常也越大。因此，定量预测方式一般具有复杂性较高、耗时较多、成本也较高的特点或不足，但是随着计算机的普及和人工智能的应用，这些不足在很大程度上会有所改善。定量预测方式对人或行业经验的依赖性较小，总体而言，预测结果一致性较高，平均准确性也较高。国家电网公司的年度需求预测和协议库存需求预测一般采用定量预测的方式。

基于预测依据划分出来的定性与定量预测方法，是预测实践中最常使用到的预测分类方法。在本章后文中将继续展开介绍应用广泛的各种定性及定量预测方法。

三、供应链需求预测流程与步骤

需求预测流程各色各样，这里以典型的包含了五个主要步骤的预测流程为代表来介绍预测活动中的主要内容和任务，国家电网公司需求预测也采用了类似的预测流程，如图 2-1 所示。

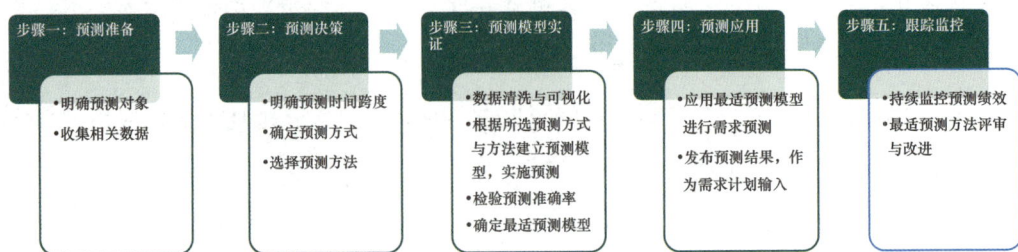

图 2-1 需求预测过程

（一）预测准备阶段及管理要点

预测准备阶段就是要明确预测对象，并收集预测中所需的各种数据和信息，包括需求历史数据、与需求存在相关性的变量、新品上市计划、老品退出计划、市场动态等。

首先需要明确预测对象。根据最终产品或服务的标准性和可配置性程度的不同，来决定预测对象被定位在产品或服务的不同层级上。不同行业往往会有产品层级选择的侧重点上的差异。例如，对于日用消费品、标准工业品而言，预测对象常常定位在单品（SKU）上；对于非标类工业品而言，预测对象一般要定在较高的层级上，如产品大类、产品系列上，进而获得原材料、标准件和工艺产能等方面的需求预测；针对配置型产品而言，预测对象一般定在各种配置的比例分配上，或者定位在原材料、模块组件层级上进行预测。在预测前，需要对各款可配置品类进行大量的分解和聚合处理。

在确定了预测对象之后，就需要收集对预测有用的各种数据，包括时间序列历史数据、销售团队的销售预估、管理层的销售目标、针对目标市场和消费者的市场调研资讯等。

在数据收集方面，获取需求历史数据时，不能简单使用需求提出时间节点或采购收货时间节点的记录，而是要精细化地获取内部实际发生使用时或交付给外部客户时的需求数据，如客户的需求数据。除了需求历史数据，还需要尽可能获取与需求相关的各种数据，包括各级仓库的库存数据、仓库间调拨数据；各类宏观经济数据；天气数据及其他偶发事件等信息。这些数据和信息在第三步的数据清理中会发挥重要作用。

（二）预测决策阶段及管理要点

对于多数需求管理部门来说，从企业自身出发进行微观需求预测是最常规且重要的工作，因此，预测决策的第一个方面，就是要明确预测的时间跨度，即一年以上的长期预测还是一年以内的短期预测。预测决策的第二个方面就是选择恰当的预测方法，而预测方法的选择一般会与产品属性及需求特征有关。

从产品属性来看，对于消费者数量众多、需求弹性较大的日用消费品而言，在预测方法的选择上，多采用预测统计技术、快速波动的预测方法、因果回归模型、产品寿命周期分析法、自上而下为主与自下而上为辅的双向预测等；而对于消费者数量较少、需求弹性较小的工业品和高档奢侈消费品而言，一般更偏向采用销售人员组合法、趋势分析法、因果回归模型等；对于产品更新快、寿命周期很短的时尚产品而言，则更多地会采用特征值预测法、德尔菲法、管理层集体评议法、市场调研等定性预测法；对于新产品/服务，则通常选择市场调研、管理层集体评议法、德尔菲法、类比法、因果回归模型等预测方法。

从需求特征，即需求的模式和波动程度看，对于需求稳定的产品/服务，可以选择最朴素的预测方法、一次移动平均法、一次指数平滑法、差分整合移动平均自回归法（Autoregressive Integrated Moving Average，ARIMA）、销售人员组合法等预测方法；对于需求带有趋势变化的产品/服务，可以选择带趋势的朴素预测法、霍尔特（Holt）指数平滑法、Holt 法、因果回归模型等定量预测方法；对于既有趋势变化又有季节变化的产品/服务，可以选择温特斯（Winters）指数平滑、因果回归模型、时间序列分解法、鲍克斯–詹金斯（Box-Jenkins）等定量预测方法。国家电网公司在配网项目物资需求的预测实践中，已在应用 ARIMA 模型进行品类需求金额预测。

在进行预测方法选择时，不单单只选择某一种方法，而是在可供选择的方法里，选择几种，进行试错，并通过下一步骤"预测模型实证"中的预测准确率验证手段，找到最适预测方法和模型。作为一般性原则，建议首先采用适当的时间序列定量预测方法进行初步预测，然后再使用因果回归模型改善初步预测，最后再采用适当的定性预测方法做出最终调整和确认预测。

（三）预测模型实证阶段与管理要点

这一步骤是需求预测流程中最重要的一个环节。准备阶段收集到的相关资料在这里加以使用之前，对于收集到的数据，需要进行适当分类，全面分析，识别产品/服务的属性、需求模式、波动程度、客户重要性等，并要对数据进行审查和校验，找出不准确、不合理、不完整、不规范、重复的数据或字段，并进行纠正或清洗。完成清洗的数据通常会按照时间序列进行可视化，以便从中观察出历史数据可能呈现出来的需求特征，进而可以依据可能的需求特征应用适当的预测方法进行预测。

在这个阶段，通常需要将历史数据中最近几期的数据保留用来实施预测验证。例如，若有 24 个月的历史数据，可以使用前 20 个月的历史数据作为建立预测模型的输入数据，然后再应用预测模型模拟预测最后四期的需求数量，并将这 4 个用预测模型生成的需求预测与最后 4 个月的实际需求数据进行比较计算，得到预测误差率或准确率。

基于若干种预测方法得出的若干种预测模型生成的预测准确率一般不会完全一样，这时通常就会选择出总体准确率较高的模型，即最适预测模型，应用到未来需求的预测过程中。

做好这一步至关重要的是输入数据的清洗工作。包括利用排序算法清洗重复数据；按照数据表结构字段的重要性登记表进行判断，对不完整的数据进行补足；对不符合规定的格式及内容进行清洗；用统计方法识别错误值和异常值，并进行妥善处理；通过关联性验证，对多来源数据进行清洗。

（四）预测应用阶段与管理要点

这一步相对简单，就是应用上一步找到的最适预测模型按照步骤（二）中的决策，对未来一定期间内的需求做出预测，并将之作为需求计划的输入数据。

该阶段的要点是要在应用过程中采用多模型并举，再利用人工判断或加权平均等方法，做出最终预测结果。

（五）跟踪监控阶段与管理要点

预测完成后，需要持续跟踪在未来到来时、实际发生的需求，并将之与预测数据进行比较，计算出预测误差率或准确率。如果准确率出现持续恶化，或超出预先设定的一个阈值时，需要分析原因并修正预测模型或其中的关键参数，或是适时改变预测方法和相应的预测模型。

跟踪监控的重点在于对预测误差进行原因分析，识别出既有模型中可能缺失的影响因素和变量，旨在不断优化和完善预测模型。

四、供应链需求预测准确性验证

下文介绍几种典型的评估预测准确度的方法，包括平均绝对误差百分比、平均绝对误差、均方误差等方法，以及用来持续跟踪监控预测效果的重要指标——跟踪信号

（Tracking Signal，TS）。

（一）供应链需求预测准确性衡量指标

预测的效果一般通过计算预测误差指标来进行评估。预测误差 E_t 是指实际值 A_t 与预测值 F_t 之间的差异，表达式为

$$E_t = A_t - F_t$$

式中，下标 t 代表任意一个预测期。

常用的评估预测误差的指标有平均误差（Mean Error，ME）、平均绝对误偏差（Mean Absolute Deviation，MAD 或 Mean Absolute Error，MAE）、平均绝对误差百分比（Mean Absolute Percentage Error，MAPE）、均方误差（Mean-Squared Error，MSE）等。

（二）供应链需求预测准确性衡量指标应用

上文中介绍的预测准确性衡量指标中，如平均误差（ME）、平均绝对误差（MAD/MAE）、平均绝对误差百分比（MAPE）和均方误差（MSE）的计算公式中，存在两个微妙的问题：①该用预测值减实际值还是用实际值减预测值？②该用预测值还是实际值做分母？

对这两个问题的答案，往往存在差异和辩论。对第一个问题的处理是使用实际值减去预测值，出发点是以预测值作为参考点，来考察实际情况与预测之间的偏离程度。有业内专家学者建议使用预测值减实际值，这样可以更加直观地解读预测高了还是低了。当然，对于平均绝对误差、平均绝对误差百分比和均方误差，由于取绝对值或平方的原因，两种方法之间没有本质性的差异。而平均预测误差则会有方向性，可以看到一段时间内预测是多了还是少了，从而对了解实际需求的趋势有所裨益。但由于平均前的求和会导致正负相抵，预测与实际值之间的偏离程度会发生扭曲。

对于第二个问题，以实际值为分母，用意是以实际值为基准，考察预测误差相对于实际情况的偏离幅度。如果使用预测值作分母，则是考察预测误差相对于预测值的偏离幅度。相比较而言，考察预测误差相对于实际情况的偏离程度更有意义。

跟踪信号（TS）公式中的分子——累积预测误差，没有经过绝对值化，也没有平方，因而具有与平均误差一样的作用，可以看到预测偏离的方向；分母用的是平均绝对误差，没有正负误差相抵的问题。两者的比值用来考察一段时间内正负抵消后的累积预测误差是否朝着一个方向不断扩大，即预测是否存在一直过多或过少的问题，是否超过了为两个方向设定好的控制线。因此，这个指标对于持续监控预测误差和库存冗余或不足都十分有用。

监测预测准确性的根本目的是为了改善预测准确性。在此，总计出八条改善预测准确性的建议，供大家参考：①正确做好历史数据的清洗工作，对异常值要十分谨慎，合理处置；②在公司、区域或产品的较高层级上做预测后再分解；③尽量使用终端的使用数据或销售数据（POS）做预测；④结合使用自上而下，自下而上并进行协同的方法；⑤可能时，先用时间序列数据进行预测，再使用恰当自变量进行回归预测，组合用定性分析判断来完善；⑥将需求预测作为专业职能部门和岗位；⑦建立完善的需求预测管理流程，高层参与与支持；⑧正确理解需求预测冲突的成因建立激励性而非惩罚性的考核机制。

第二节 供应链需求预测方法概述

在第一节中主要介绍了需求预测方法分类的四种方式，本节中将进一步展开介绍预测实践中最典型、最常见的各种定性及定量预测方法。

一、供应链定性需求预测方法

（一）管理层判断法

管理层集体评议法是主要由高层管理人员组成，并可能包括部分外部伙伴，如关键客户及供应商高管在内的管理层团队，倚赖他们的经验、知识、判断力，而进行集体预测的一种定性预测方法。

这种方法常常应用于对关键问题的预测，包括在没有历史数据、因果关系不明、竞争对手有重大变化举措、国内或国际形势发生重大变化、或高管掌握着一些普通预测者所不具备的信息等情形。如针对没有历史销售记录的新产品或服务的需求预测，或者是针对由于某个国家或地区的经济政策突变而可能带来的、某类产品或服务在未来的需求变化的预测，就常常会使用这种预测方法。

这种方法的优点是简单易行、完成预测效率较高、预测成本相对较低，是目前最常使用的预测方法之一。它的不足之处在于，预测常常受限于预测者中最有影响力的高管或专家的历史经验、知识面和主观判断，造成预测结果的离散程度较大，容易出现极端情况，即可能非常的准，也可能相当不准。

（二）市场调研法

市场调研法，就是指企业通过现场调查、电话访问、邮件往来、网络在线、信件沟通等方式，让受访者针对事先设计好的调查问卷作答，从而获得目标消费者对某类产品或服务的兴趣、购买欲望、功能预期、心理价位等信息，并应用统计手段及分析判断能力，形成该类产品或服务的需求预测。对于国家电网公司而言，对该种方法的应用主要是通过对用户的需求进行调研，分析售电量的增长趋势，决定电网建设的投资规模，从而预测采购需求。

（三）销售综合法

销售人员综合法是一种自下而上的预测方法。即由国家电网公司各省公司对其负责区域未来一定时期内的售电量进行预测，制订电网工程投资计划，再逐层汇总上报，最后形成国家电网公司电网工程投资计划，从而预估未来一段时间的采购规模。

（四）专家意见法

德尔菲法就是为了降低管理层集体评议法时可能出现的个别影响力极大的高管或专家对预测结果产生左右、造成偏离过大的潜在不足，而采用的一种结构化预测方法。这种方法是通过组成一个5～10人的预测专家团队来进行预测，每个专家的预测结果对于其他预测者而言，都是匿名，从而可以保证每位专家畅所欲言、直抒己见，而几乎不受到某一个公认的权威想法的限制或左右。德尔菲法的实施，通常需要一个协调员，负责预测调查问卷的发放、回收、数据汇总、预测结果反馈分发、最终预测共识确认和公布等工作。

德尔菲法的适用领域，包括针对产品和服务的长期需求或销售收入的预测，对缺乏历史资料的新产品或服务的需求预测，以及对不可预测因素较多的技术发展趋势的预测等。

（五）历史类比法

在缺乏历史数据的情况下预测新产品（以及市场或产品扩展）和新兴技术的市场需求时，历史类比法非常有用。预测者可以直观地比较类似产品的历史需求模式，并从这种比较中推断出新产品的需求走势。例如，可结合本年国家电网公司综合计划及财务预算的项目信息，类比同类项目的历史需求，预测本年需求。

图2-2显示了两个产品族，以及每个产品族中若干个具体型号从新产品导入到早期市场的历史增长模式。从图中可以看出产品族A与产品族B的历史趋势似乎是相似的，但从每个产品家族内部若干款具体型号的变化趋势图来看，产品族A中各款具体型号的产品的趋势线变化范围相对更小一些。因此，预测者更有信心采用历史对

比法对隶属于产品族 A 中的新产品进行预测。

(a)

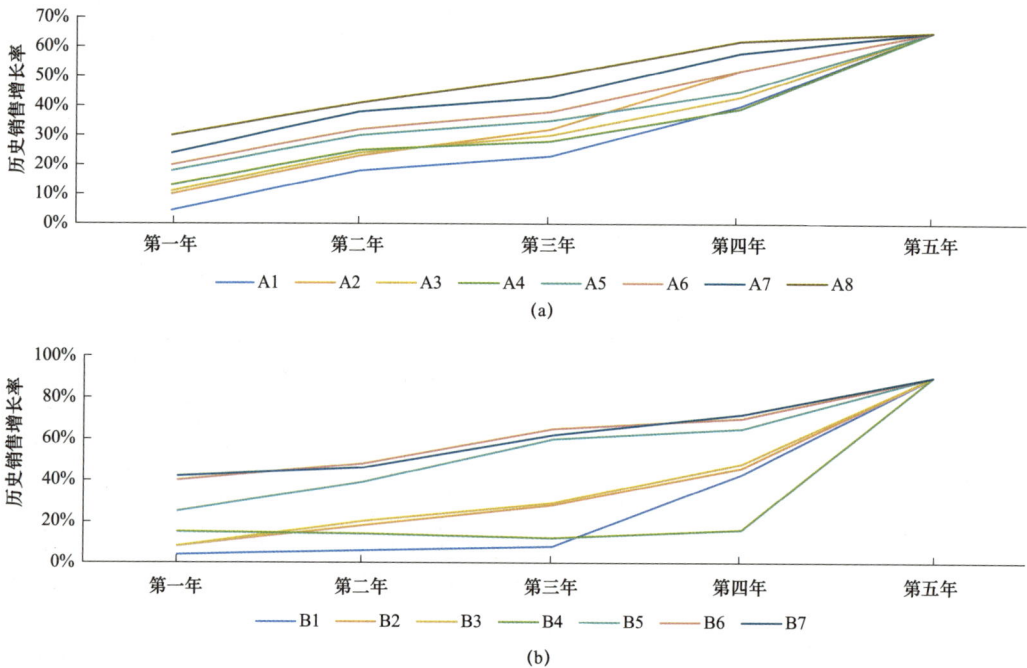

(b)

图 2-2　两产品组市场增长模式

（a）产品族 A；（b）产品族 B

使用历史类比法进行预测时，可以进行参考和类比的数据包括销售数据、市场趋势、市场渗透率/传播速度、人口构成和变化趋势等。

二、供应链定性需求预测方法应用

定性预测是预测者根据经验和洞察力通过判断做出的预测，预测本身所需要的数据、耗费的时间和成本一般较少，通常也不需要采用数学建模的方法来完成，具有快速简便的特点，而且在某些场景下，可能是必须使用的预测方法，有时准确率也不一定比定量预测方法低。下面介绍几种定性预测方法适用性较高的场景，并给出成功案例，再总结一下这类方法所具有的优势与可能存在的缺失。

（一）应用场景

当预测者认为或相信某种需求的历史模式或特征对未来的需求走势没有很强的相关性，或者仅仅具有一定的参考价值时，就可采用定性需求预测方法。

首先，正如前文中介绍到的，当对即将上市的新品的市场需求进行预测时，因为不存在绝对意义上的历史数据，就常常用到前述各种定性预测方法。即使可能存在近似产品的历史数据，往往也是参考借用这些历史数据所呈现出来的寿命周期模型，定性地进行相互比较，依然用的是历史对比法。此外，究竟使用哪款老产品的历史需求特征作为参考基准，以及再多大程度上进行借鉴，也要依赖预测者的经验判断或商业洞察力。

再者，当预测者观察或觉察到某个新技术或事件的出现，很可能对现有产品的市场需求产生实质性的影响时，基于历史数据之上的定量预测方法的准确率显然会差强人意，这时定性预测方法就成了必要的手段。例如，当出现了某种流行疾病时，某些药物的需求可能较正常的历史需求有显著增加的趋势；而某个突发事件的报道，可能让广大消费者对某种消费品产生疑问，从而影响到后续的市场需求；再如，数字化技术、低碳环保政策等外部变化，都可能对不同的企业的产品或服务的市场需求带来或重或轻程度不一的实质性影响。

最后，某些产品或服务的性质决定了未来需求与历史需求的相关性较低，因此使用历史需求来定量预测未来需求的效果可想而知。比如很多项目类采购需求或者必须通过招投标获胜才能继续维系的客户需求，都呈现出这种特征。比如一个新厂房设施的建设需求，很难进行定量预测，而是典型的基于对未来市场需求的洞察以及对自身在未来市场上地位的判断来做定性分析与预测。

（二）优势与缺陷

从介绍定性需求预测伊始，就已经涉及如成本低、时间少、所需数据少等定性预测方法的优势。在这里特别强调的是定性预测方法更加得天独厚的两大优势。

首先，定量预测方法是基于历史数据以及根据历史数据观察出来的需求模式特征来完成的，而在需求模式特征本身发生剧烈变化时，就显得无能为力了。而基于人的认知和判断能力之上的定性预测在需求模式特征变化方面的识别能力，是定性需求预测的一个很有价值的优势。

其次，定性预测不受限于历史数据，而会充分利用经验丰富的管理者、营销和其他各职能的专家团队，以及供应商或客户的认知、判断和洞察力，并能够通过解读政策、经济周期、自然环境气候等外部环境变化因素，对未来的需求给出多维度、更丰满、也可能更接近于未来发展实际走向的预测。当然，未来应用越来越广的、基于大数据和人工智能算法之上的数智化预测方法，有可能在某种程度上模仿甚至替代人类的定性预测方法，并结合定量预测方法，给出更加精准的各类预测。

定性预测方法的缺陷也是显而易见的。首先，在未来需求与历史需求存在较高的相关性时，不使用数理统计方法对历史数据进行分析挖掘的定性预测方法，在判断的精准度上通常更逊色一些；其次，对于各种突发事件、政策法规、经济走势、自然环境变化等外部因素的解读，往往会因人而异。即使是同一个人，在不同时间和场合给出的解读也容易缺乏一致性，进而给预测结果的共识与一致性带来困扰。

因此，定量预测方法的应用在很多业务场景中是必不可少的。下文介绍典型的、被诸多企业广泛接纳和使用的各类定量预测方法。

三、供应链定量需求预测方法

下面介绍预测者必须具备的统计技术基础知识，以及应用较为广泛的常见定量预测方法。

（一）实施定量预测所需的基础知识

现代统计学中存在描述统计和推断统计两大方法体系。描述统计就是收集全体或样本数据资料，进行总结概括，再用各种特征数值、表格、图形等来予以表示，以方便使用者阅读理解；而推断统计则多为采取抽样的方法，通过对样本数据资料的概括总结，获得对全部数据的特征的估计，并加以检验。比如，收集某产品在过去一年里每天的销售数据，进而获得该产品的日均销售量，采用的就是典型的描述统计方法；而在一批产品中随机抽出 50 件样品，就某特征尺寸（如外径）进行测量分析，获得外径均值为 10mm，并进一步运用概率统计原理，推断出在 99.9% 的置信水平下，该批全部产品的外径均值的区间估计为 9.8～10.2mm，采用的就是典型的推断统计方法。

对一组统计数据进行特征描述的指标有很多，比较常见的有集中趋势、离散程度、西格玛水平、相关系数与判定系数、置信水平与置信区间。

（二）常见定量预测方法

1. 时间序列分解法

基于连续的具有固定时间间隔的历史数据之上的典型传统定量预测方法包括加性及乘性分解法。

时间序列分解法，是指将过去的历史资料及数据，以时间为基准顺序排列后形成一个数据集，再运用统计分析工具，揭示出历史数据随时间变化而可能存在的一定关系或规律，最后再基于被揭示的关系或规律，对未来的变动趋势做出预测的方法。时间序列预测法中有四个重要的因素需要加以考量，分别是：①趋势性变动；②季节变动，在一年以内完成整个上下起伏波动过程的规律性变动；③周期性变动，与季节变动类似，只是完成整个上下波动规律的周期长于一年至数年；④不规则变动，又称随机变动，是指偶发事件导致时间序列的无规律的变动。

2. 指数平滑法

指数平滑法包括简单指数平滑法、带趋势调整的指数平滑法、Holt-Winters'季节调整指数平滑法。

指数平滑法是一种更为复杂的专业预测方法，在零售批发等行业中被广泛应用。常用的指数平滑法包括一次指数平滑法、二次指数平滑法（Holt 法）和三次指数平滑法（Winter's 法）等三种。

3. 回归预测法

回归预测法包括线性回归、非线性回归、相关回归、因果回归法、动态回归法等。

4. 其他预测方法

主要包括 ARIMA 法、Croston 法、决策树法、蒙特卡洛法，以及基于机器学习和人工智能的其他新兴预测方法等。

四、供应链定量需求预测方法应用

针对几类主流定量预测方法的应用场景进行实例分析，剖析各种方法应用的优劣。

（一）应用场景

定量需求预测方法是基于数理统计基础之上的科学预测方法，应用前提是需要存在历史数据，从这些历史数据中可以观察发现一定的需求模式特征，并且不存在政策法律、自然环境、科学技术、市场趋势等外部因素发生显著变化的场合。

因此，基于需求模式特征、历史数据丰富度和预测时间跨度等三个方面，表 2-1列出了典型预测方法的适用场景。

表 2-1 典型预测方法的适用场景

典型预测方法	适用场景		
	需求模式特征	数据丰富度	时间跨度
时间序列分解法	各种模式特征均可	具有两个周期以上的数据	长中短期均可
一次指数平滑法	稳态需求	5~10 个历史数据	短期预测
二次指数平滑法（Holt 法）	趋势性需求	10~15 个历史数据	中短期预测
三次指数平滑法（Winters'法）	趋势及季节性需求	每个季节至少 4 个数据	中短期预测
相关回归法	线性或非线性；带或不带季节性	至少 10 个以上历史数据；每个季节至少 4 个数据	中短期预测
因果回归模型	各种模式特征均可	每个自变量至少 10 个数据	长中短期均可
ARIMA 法（Box-Jenkins）	稳态需求	至少 50 个数据	长中短期均可

（二）优势与缺陷

定量需求预测方法的优势为：典型的定量需求预测不受人的倾向性左右，比较客观中立。基于数据的定量需求预测，易于利用计算机系统采用多种方法建模，从而大大提高数据处理和预测的效率。

定量需求预测的缺陷也是显而易见的，首先就是未来与历史之间不一定高度相关，定量需求预测方法忽略了人的认知和判断，在诸多外部因素发生变化时，往往无法做到实时的响应和调整。

第三节　国家电网公司需求预测管理实践

国家电网公司需求计划预测是指对公司电网基建、生产技改、电力营销投入、电网数字化、零星购置、研究开发等以及其他正常生产经营所需求的物资和服务进行预测，包括年度需求计划预测以及由年度需求计划预测产生的批次、协议库存、框架协议等专项需求计划预测。

国家电网公司需求计划预测基于全网采购需求统一管理模块开展。全网采购需求统一管理模块通过构建精准预测、高效编制、规范提报、智能审查和多维分析的需求计划管理体系，全业务覆盖国家电网公司需求与计划"测、编、报、审、析"全流程，以项目中台为枢纽，对接发展、基建管控平台❶等专业系统，与综合计划、项目里程碑等数据联动，实现所有采购需求数据"一个源"，采购需求与执行"一条线"，本节主要介绍国家电网公司需求与计划管理中"测"的做法。

一、年度需求预测管理

国家电网公司年度需求计划预测的是全年物资和服务的总需求，根据年度综合计划和财务预算，结合历年实际物资和服务需求，进行科学预测、编制形成。

（一）管理概述

年度需求计划预测是国家电网公司制定年度需求计划安排，确定采购实施模式、采购批次、采购方式和采购组织形式的主要依据。

国家电网公司年度需求计划预测坚持从源头带动绿色数智现代供应链各项业务提升，通过全网采购需求统一平台管理，推动所有采购活动由业务驱动向数据驱动转型升级。以 ERP 和项目中台为基础载体，贯通系统数据接口，并将其应用延伸至全资公司、控股公司、产业单位等，承载全网采购需求。前端以项目中台为枢纽，对接发展、建设、运检等专业系统，与项目储备、综合计划、里程碑计划等系统数据联动，将需求管理工作前移，应用大数据技术分析项目需求规律；根据综合计划和财务预算下达情况，结合历年实际物资和服务需求，构建差异化年度需求计划预测分析模型，利用大数据分析技术，智能预测全年采购规模，动态调整需求计划的预测过程，以提升信息化预测的有效性建立需求预测模型，提高年度需求计划的准确性。年度需求计划预测实现国家电网公司全年物资和服务总需求数据的科学预测，是推动全面需求计划统一管理、保障计划源头精准管控的手段。

（二）管理内容与关键流程

1. 年度需求预测管理内容

国家电网公司年度需求计划预测内容以内部需求为主，按照"科学统筹、精益编制"的原则，以采购目录清单为依据，以"大类、中类、小类"物资与服务为对象，结合综合计划和各类型项目建设进度实际情况，应用基于项目投资和工程建设构建

---

❶ 基建管控平台：以数据要素和数字技术为驱动，围绕管理、设计、建造、协同四个方向转型升级打造的统一数字化基建管控平台，发挥基建承上启下价值作用。

的需求精准预测模型，针对固定资产投资及基建（电网基建、产业基建、小型基建）、技改（生产技改、非生产性技改、产业技改）、零星购置、营销投入、信息化投入、大修（生产大修、非生产大修、产业大修）、研究开发、管理咨询、教育培训、股权投资等16个专项类型及综合计划外财务预算的物资类和服务类编制年度需求计划。年度需求计划预测输出信息主要包括项目名称、物料编码、技术规范 ID、需求数量、单位、估算金额、交货时间、交货地点、交货方式、联系人及联系方式等信息，见表2－2。

表2－2 年度需求计划预测情况统计表

项目	综合计划内			计划外	合计			占比		
	物资	服务	小计	物资	物资	服务	小计	物资	服务	小计
两级采购										
一级采购										
二级采购										

2. 年度需求预测关键流程

基于本章第一节中所叙述的供应链需求预测流程，国家电网公司年度需求计划预测流程可以概括成如图2－3所示的五个典型步骤。

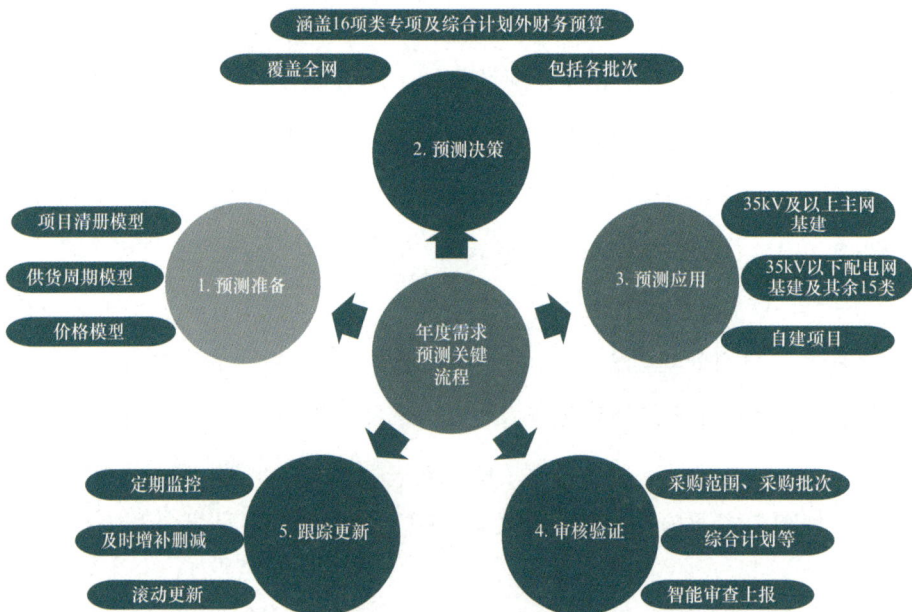

图2－3 国家电网公司年度需求计划预测流程图

（1）预测准备。国家电网公司通过全网采购需求统一管控平台跨专业多维协同与综合计划形成数据联动，确保所有采购需求数据"一个源"。同时根据历年采购情况，分析项目投资，构建采购需求项目储备库，完善项目清册模型、供货周期模型和价格模型，形成精准预测的年度需求计划管理体系。

电网工程项目可研和设计阶段的清册编制和审查质效，会影响到物资采购阶段进程，因此项目设计阶段的物料标准化应用程度对于项目建设的整体进度非常重要，国家电网公司项目的可研编审充分融入了物资标准化成果。国家电网公司物资、发展、建设、营销等专业部门协同配合，建立了覆盖各电压等级的输变电工程与业扩工程典型设计物资清册模板，同步开展项目可研物资清册智能辅助系统、初设物资清册智能辅助系统的建设。设计单位/需求部门根据通用设计图号，电压等级等关键参数，快速生成输变电工程、业扩配套工程项目物资清册（包括物料清单和对应的技术规范书 ID）。可研编制单位在编制方案时根据典设物资清册模版进行参考，根据现行物资标准和实际情况确定设备物资选型，针对非典设物料、非优选物料、非标物料、固化未应用物料进行标记，并快速选择物资类型，输出项目物资清册，提升可研编制深度。

提高了物资标准化应用水平，减少非优选、非标物料选型的概率，提升重点物资、通用程度较高物资的选用率，保障物资供应和项目进度。

典型设计物资清册模板的出现，改变了此前物资清册缺乏标准化的问题。在物资清册模板出现前，由国家电网公司发展、建设、营销、调控、通信等专业部门所发布的通用设计、通用设备中只描述设备的通用名称和参数，并没有详细对应到物料编码，而业扩典型设计根据用户需求差异无法直接参考设计标准，因此可研编制人员、设计人员更多依靠业务经验编制物资清册，导致选用非标准化程度、错误物料的概率较高。而物资清册模板的出现，提高了需求计划编制的效率和准确率，同时也使项目可研、初设方案的审查效率与准确性得到了提升。

通过收集历史项目及对应物资需求信息，依据典设方案和需求计划编制习惯，针对不同项目类别、项目规模等信息编制项目清册通用模板。项目清册模型会结合根据采购数据变化情况和典设方案变化情况被及时更新，以确保精准性。

通过收集采购周期、生产周期及交货周期等信息，根据不同物资特点差异化制定每一类物资的供货周期模型。

价格模型通过已经积累的历史交易数据，结合价格波动特征预测未来阶段物料招采参考价格，为预测提供价格依据。

国家电网公司年度需求计划预测准备模型如图 2-4 所示。

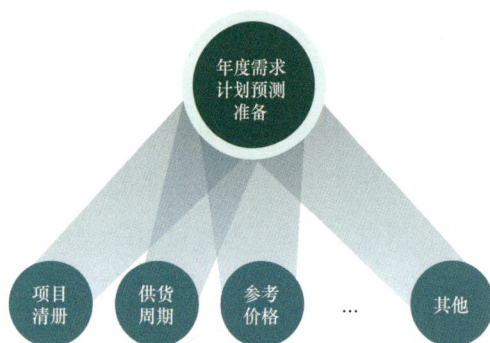

图 2-4　国家电网公司年度需求计划
预测准备模型图

（2）预测决策。国家电网公司年度需求计划预测以一年内的短期预测为主，每年年底国家电网公司会启动下一年度的年度需求计划预测编制工作。预测工作针对不同项目类型和规模采用自上而下和自下而上相结合等方式开展。年度需求计划预测覆盖全网 65 家单位，涵盖综合计划 16 类专项类型及综合计划外财务预算，包括两级采购各类批次采购的全部需求。

（3）预测应用。各单位以综合计划为源头，以项目储备为基础，以全网采购需求统一管控平台应用为手段，从 ERP "项目储备库" 功能平台获取项目信息，组织专业部门对所获取项目类型下所有项目信息按专业条线审核、维护与确认，形成完整的储备项目信息。单位专业部门基于储备项目，结合综合计划与财务预算，应用 ERP "年度需求计划" 功能平台中所预制的项目清册模板，按物料维度编制本单位年度需求计划。35kV 及以上主网电网基建项目，依据通用设计、历史采购，应用平台中 "设备材料清册模板" 功能，对每个储备项目生成对应的年度需求计划。35kV 以下配网电网基建及综合计划管理中的其余 15 类项目，对于模板覆盖范围广、应用程度深的项目类型，可对每个储备项目应用 "设备材料清册模板" 功能生成对应的年度需求计划。对于模板应用程度不高的项目类型，可对一个专项类型（如：电网数字化类）专门创建一个 "自建项目"，应用平台中 "设备材料清册挂接" 功能导入具体的物料清单，再以这个物料清单为依据，生成该专项类型下全部物资和服务的年度需求计划预测。

（4）审核验证。各单位物资部门收集本单位年度需求计划预测申报，主要以采购目录与审查要点为基础，通过系统固化审查逻辑，完成对采购范围、采购批次、投资规模等年度需求计划申报信息的智能审查，实现信息化强管控，硬约束，确保年度需求计划预测申报的准确性，审核通过后将年度需求计划预测提报至总部，形成国家电网公司年度需求计划总预测。

（5）跟踪更新。国家电网公司年度需求计划预测为计划源头精准管控提供了强有力的项目参考，为确保数据准确性，年度需求计划实行全年需求全量入库、滚动更新的原则。各单位后期应定期监控储备项目的更新及下达情况，及时在 ERP 进行相应的更新。对于下达项目需要进行采购时，由年度需求计划生成采购申请，对于未纳入项目储备库的新下达综合计划，应及时维护并提报总部，并完成项目对应的年度需求计划编报工作，保证年度需求计划储备的时效性。对于已纳入项目储备库的，发现项目延后或取消，应及时对储备项目进行关闭并提报总部。

（三）主要管理做法

年度需求计划预测，需要结合国家电网公司各专业项目及综合计划的批复情况和背景，使预测模型更加完整、真实、灵活，进而也使预测结果更加准确，为采购决策提供重要的数据和技术支撑。预测主要做法如下。

1. 储备库项目创建

电网基建、生产技改、生产大修、零星购置类项目通过项目中台获取项目信息，实现全流程在线贯通。各省公司物资部门组织各专业部门，在 ERP 中将从项目中台获取的四个项目类型所有项目信息导出，按专业条线开展审核。对于项目中台传输字段存在缺失的，各专业部门根据项目及单体工程编码收集、维护必填字段，形成完整的储备项目信息，确保必填字段信息均填写完整，项目储备库结构如图 2-5 所示。

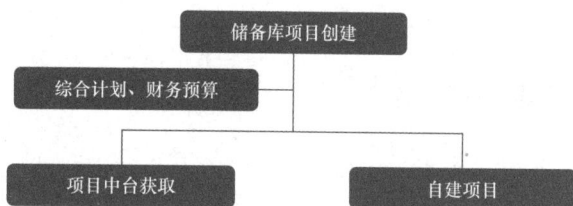

图 2-5 项目储备库结构图

属于电网基建、生产技改、生产大修、零星购置类但项目中台未储备的项目，在确保项目纳入年度综合计划的前提下，以"自建项目"导入的方式创建。各省公司物资部门组织各专业部门，在全面计划管控模块中，根据自建模板收集整理相应项目信息，以"自建项目"方式导入项目信息；各省公司物资部门在 ERP 收集整理相应项目信息后，传输至总分部 ERP。

其他项目类型，由各省公司物资部门组织各专业部门，根据综合计划和财务预算安排，参照以上步骤进行录入。

2. 年度需求计划编制与提报

各省公司基于项目中台获取和自建的储备项目，结合综合计划与财务预算，应用供货周期模型、参考价格模型编制本单位年度需求计划。各项目类型需求均按照物料维度生成年度需求计划预测版和需求版并提报总部，其中预测版仅可生成预测采购申请，如可以生成协议库存采购申请，但不能生成批次采购申请，需求版可以生成预测采购申请和批次采购申请。未完成初设批复的项目，依据通用设计、历史采购，应用模块中"物资清册选型"功能，生成"预测版年度需求计划"。已完成初设批复的项目，直接依据初步设计，应用模块中"设备材料清册模板导入"功能，生成"需求版年度需求计划"，由系统同步生成"预测版年度需求计划"。两级专区等无需可研及初设的项目，依据预算、历史经验，应用模块中"设备材料清册模板导入"功能，生成"预测版年度需求计划"。

针对配网项目，由各地市公司根据本年所需建设的配网项目进行项目储备及年度需求提报，省公司物资部以"自建项目"形式创建配网项目包，并在收集需求后自动汇总生成该项目下"预测版年度需求"（可修改数量金额）。若配网需求含生产技改、生产大修、电网基建等多种项目类型时，可按项目类型创建多个配网项目包。

3. 年度需求计划汇总与审核

各单位物资部门汇总年度需求计划后，以物料描述与采购规模为基本单位，以历史采购数据为依据，针对不同物料类别、不同项目类别根据审查要求开展审查工作，严格审核需求计划编报质量，年度需求计划各项数据在确保准确无误后提报。

二、协议库存需求预测管理

国家电网公司的协议库存需求计划预测，依据采购目录清单中确定的采购组织形式、协议有效期和批次安排周期，结合年度综合计划、年度预算和历史采购信息等，对一定周期内的物资需求计划进行预测。

（一）管理概述

协议库存预测主要适用于需求频度高、响应时间短、技术标准统一、年度需求数量较大的物资。协议库存需求预测综合考虑不同需求特征对不同物资类别影响的权重，构建差异化批次预测分析模型，利用大数据分析技术，统筹考虑协议库存物资采购周期、参考价格、生产周期、现有库存余量等因素，智能预测协议库存需求规模，提高需求计划预测的精准性。

（二）管理内容及关键流程

1. 协议库存需求计划预测管理内容

国家电网公司各单位根据采购目录确定的范围，对未来一段时间内工程所需的物资型号、数量、估算价格等信息进行预测。各级物资部门参与项目前期等工作，从规划和设计源头应用标准化成果，主动对接工程建设计划和需求，确保需求计划合规、准确、及时，实现需求计划的闭环管控。国家电网公司总部、各省公司开展协议执行情况与需求计划预测联动，执行份额进度未达到一定比例且项目部门对剩余份额无法明确需求时间和具体项目的，相应物资暂停申报协议库存需求计划预测。国家电网公司总部、各省公司物资部组织各级物资公司依据年度需求计划预测，结合滚动更新修编、库存资源、未履约合同等，经平衡利库、综合平衡后，形成年度需求协议库存预测采购量。协议库存需求计划预测一般以定量预测为主。

2. 协议库存需求计划预测关键流程

根据上述理论部分阐述，国家电网公司协议库存需求计划预测流程可以概括成以下五个典型步骤。

（1）前期准备。国家电网公司结合两级采购目录清单确定协议库存需求计划预测物料范围，根据历年采购情况和项目投资情况，构建全品类物料组清单、参考价格、两级三类清单等模型，形成高效预测的协议库存预测体系。

物料组清单模型融合配网标准化要求、物资采购标准要求和近年历史采购数据，形成"物料+ID 全品类物料组清单"模型。

供货周期模型收集采购周期、生产周期及交货周期等信息，根据不同物资特点差异化制定每一类物资的供货周期模型。

参考价格模型通过已经积累的历史交易数据，结合价格波动特征预测未来阶段物料招采参考价格，为预测提供价格依据。

国家电网公司协议库存预测准备模型如图 2-6 所示。

图 2-6　国家电网公司协议库存预测准备模型图

（2）预测决策。国家电网公司根据采购批次安排周期组织各单位开展协议库存需求计划预测，预测时间范围以一年内的短期预测为准。预测依托年度综合计划、财务预算及各类项目建设进度等，应用项目可研及典型设计成果开展编制工作，采用自上而下和自下而上相结合等方式，在充分消纳现有存量协议的基础上，通过国家电网公司各省公司和总部两级存量协议核减后，形成最终的协议库存预测需求计划。

（3）预测应用。协议库存需求计划预测申报工作由物资管理部门牵头，各专业管理部门组织开展，需求部门和设计单位结合典型设计成果、历史采购数据、可研批复、综合计划下达情况，运用全品类物料组清单、参考价格、两级三类清单等模型开展线上线下预测工作，汇总预测结果，审核协议库存需求计划预测的合理性并修改，确认无误后提报物资部门。

（4）审核验证。国家电网公司根据前期协议库存执行情况，结合年度综合计划、预算和历史采购数据开展审核工作，主要针对采购范围、预测规模、数据准确性、项目合规性等信息进行审查。审核通过后将协议库存需求计划提报至总部，形成协议库存预测需求计划。

（5）跟踪更新。国家电网公司及时开展协议匹配执行情况与需求计划预测联动，执行份额进度未达到一定比例且项目部门对剩余份额无法明确需求时间和具体项目的，相应品类暂停申报协议库存需求计划预测。

（三）预测模型

需求预测模型采用自上而下与自下而上融合的方式。主要包括自上而下预测、自下而上预测、预测结果融合计算等过程。

1. 自上而下预测

自上而下主要是运用项目投资计划、历史项目物资出库数据，分析项目类型、电压等级与主要设备材料的相关性，梳理项目类型与物资需求的对应规律；并综合考虑年度增长率、项目批复率等要素，分解得出各物资小类的预计使用数量及金额。

自上而下预测逻辑说明图如图2-7所示。

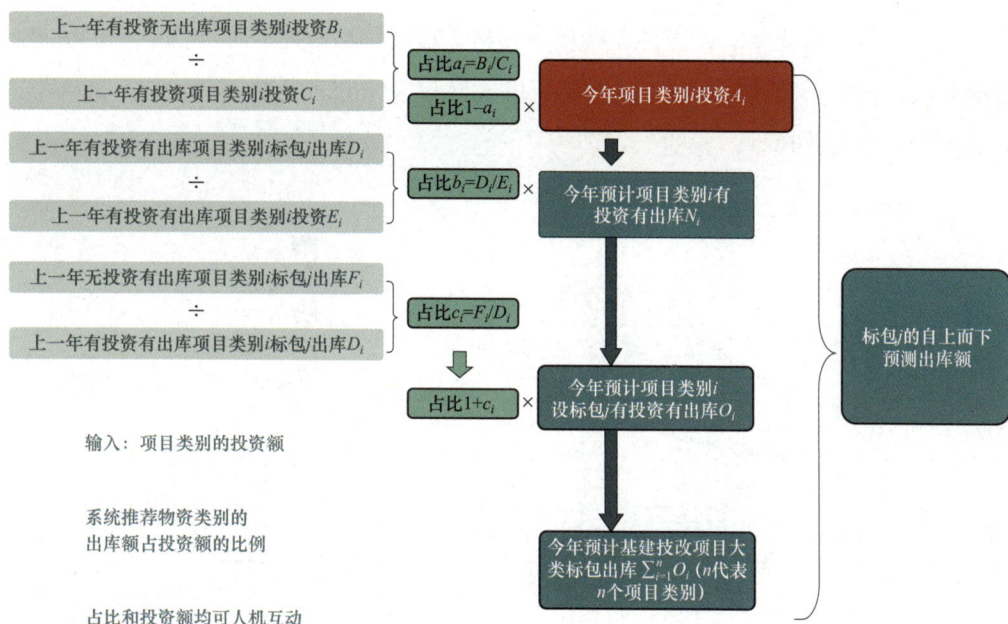

上一年有投资无出库项目类别i投资B_i
÷
上一年有投资项目类别i投资C_i

占比$a_i=B_i/C_i$
占比$1-a_i$×

今年项目类别i投资A_i

上一年有投资有出库项目类别i标包j出库D_i
÷
上一年有投资有出库项目类别i投资E_i

占比$b_i=D_i/E_i$×

今年预计项目类别i有投资有出库N_i

上一年无投资有出库项目类别i标包j出库F_i
÷
上一年有投资有出库项目类别i标包j出库D_i

占比$c_i=F_i/D_i$

占比$1+c_i$

今年预计项目类别i设标包j有投资有出库O_i

标包j的自上而下预测出库额

输入：项目类别的投资额

系统推荐物资类别的出库额占投资额的比例

占比和投资额均可人机互动

今年预计基建技改项目大类标包出库$\sum_{i=1}^{n}O_i$（n代表n个项目类别）

图 2-7　自上而下预测逻辑说明

2. 自下而上预测模型

采用可以同时处理连续性需求和间断性需求的多个机器学习预测模型和统计学模型进行组合预测，以实现预测模型选择的自动化和智能化。组合预测模型包括机器学习与时间序列的组合模型，线性与非线性的季节组合模型，趋势性与季节性的自回归组合模型，间断与季节性组合模型等，都是经过长期电力物资需求特性和消耗规律验证过的有效模型，且组合预测模型都具备自动寻优算法，可以对于不同预测模型的预测结果进行智能赋权，有效提升需求预测模型的精度。自下而上预测逻辑如图 2-8 所示。

3. 预测结果融合计算

系统接收到实际出库结果的更新，模型会自动调整，系统会自动选择最优的一个或几个模型，并根据预测结果赋予相应的权重。模型根据接收到的信息每个月做一次更新，不断提升预测结果的拟合度，从而提高预测准确率。最终，将自上而下与自下而上在小类层面上进行智能赋权，得到最终的物料层面的需求预测结果。

（1）全品类物料组清单模型。通过分析各物料技术特性、价格特性，将特性相近或存在关联关系的多个物料进行分类归并形成的一组具体物资集合。每一物料组内物料，覆盖所有型号、参数，形成"全品类物料组"。"全品类物料组"内物料融合了配网、物资专业标准化要求，符合采购标准物料、优选物料、建改标准物料、定制物料四项要求，包括当期预测物料、近三年已购物料以及未来可能使用的物料，最终形成全品类物料组清单模型，见图2-9。

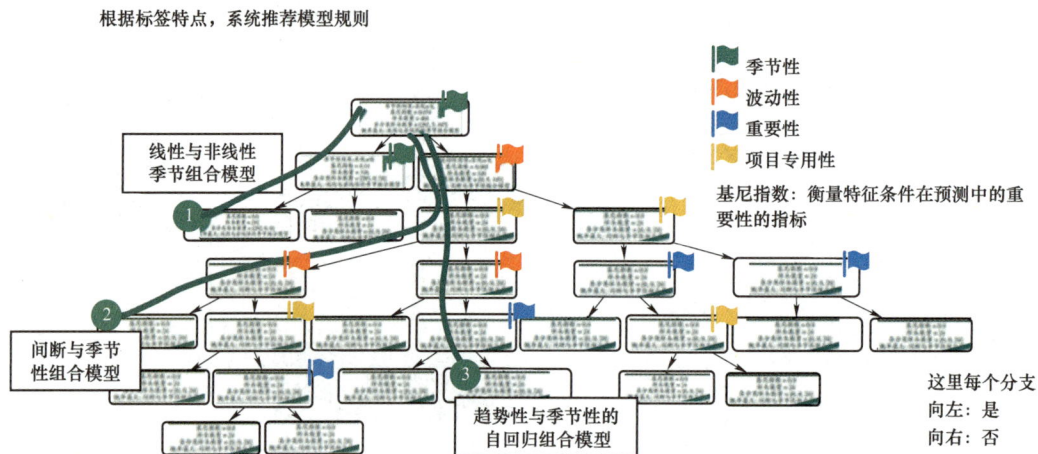

根据标签特点，系统推荐模型规则

季节性
波动性
重要性
项目专用性

基尼指数：衡量特征条件在预测中的重要性的指标

这里每个分支
向左：是
向右：否

规则示例：
1. If季节性=中，高；then模型选择=线性与非线性季节组合模型
2. If连续性=无；波动性=中，高；项目专用性=低，中；then模型选择=间断与季节性组合模型
3. If季节性=无；波动性=中；项目专业性=高；重要性=低；then模型选择=趋势性与季节性的自回归组合模型
4. ……

图2-8 自下而上预测逻辑图

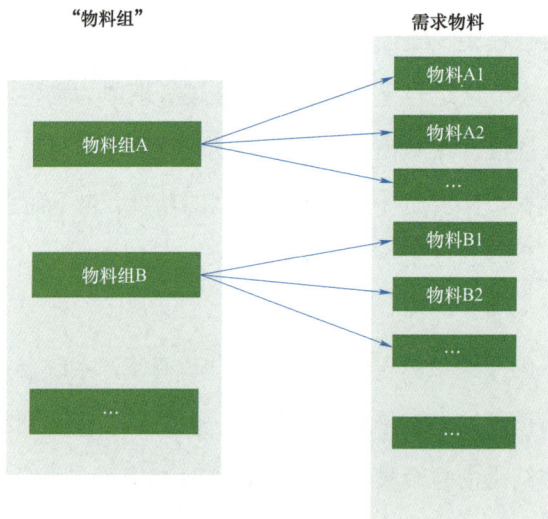

图2-9 物料组与需求物料对应关系

（2）模型落地应用。通过对比分析需求预测结果与实际出库数据，统计计算预测偏差进行准确率分析。依据预测偏差指标与置信度等级的对应关系，将需求预测结果

进行落地应用。

三、需求预测管理案例

（一）主网项目预测模型的研究与应用

预测模型是在原始数据的基础上建立的，主要针对构建电力物资采购中的采购数量、采购金额（单价）、物资品类、采购（交货）时间等进行预测。电力物资需求计划预测，需要结合电力行业中各专业及相关经济环境和背景，使预测模型更加完整、真实、灵活，进而也使预测结果更加准确，为电力物资采购预测提供重要的数据和技术支撑。

1. 基建案例

（1）案例背景。国家电网公司规定，项目纳入综合计划管理是任何项目物资采购计划审查通过和采购实施的前提。

主网基建项目由于工程规模较大，性质特殊，其具体项目与综合计划的内容契合度较高，而且，网上电网❶系统作为综合计划管理系统，已实现了综合计划编制、下达、调整等信息的全面线上管控，可为综合计划与物资计划的衔接提供有力支撑。主网输变电工程项目可研报告深度基本可以达到初设水平，工程所需的主要设备型号、规格及技术数据、数量、价格等信息均能在可研阶段确定，具备应用物资标准化成果将主要设备材料细化到物料层级的基础，推进跨专业标准融合。

（2）创新实践做法。国家电网公司某省公司基于与发展、数字化等专业部门及物资公司、信通公司、经研院、设计院、地市公司等用户或运维单位，以及与项目中台、网上电网、ERP项目组的深度沟通，依托充分的数据共享和业务协同，进一步深度梳理发展和物资两个专业在主网工程物资需求预测方面的衔接点、共用数据等，探索出参考《项目可行性研究投资估算书》中的《甲供设备材料估算表》，自动编制和储备每项工程预测版需求计划的实践路径。

在项目储备阶段，建立各专业项目与物资需求的关联，掌握项目全量物资历史采购明细；在项目计划阶段，结合综合计划项目上报明细，进行项目物资采购需求精准预测。

---

❶ 网上电网：国家电网公司集成项目前期设计、规划、审批、投资计划下达、项目进度管控于一体的电网规划管控平台。

在可研估算书编制环节，基于可研估算书中的甲供设备材料清册与物资标准化要求的融合，设计人员以单体工程维度基于模板录入甲供物资采购需求信息，形成《甲供物资需求计划》，然后再按发展专业的现有要求上传网上电网，以保障设计人员编制物资清册时可以实现以物资标准物料体系为主体的转换。

国家电网公司某省公司在全网平台内，先行实践了需求计划精准预测功能，主要实现了工程物资清册一键转为需求计划，并结合两级采购目录、招标批次安排、项目里程碑节点等关键信息推荐招标批次。

网上电网系统作为主网基建项目的源头数据系统，具备实现建立项目与物资关联关系的条件。目前网上电网系统"项目可研评审模块"要求提供《安装（建筑）甲供设备/主材估算表》，表中包含甲供设备材料清册数据，主要包括设备名称、需求数量和采购价格信息。

通过优化《安装（建筑）甲供设备/主材估算表》格式，深化物资标准化成果及设备材料清册模板在可研阶段的应用，在估算表编制环节增加"物料编码"信息，以单体工程维度、基于模板录入甲供物资采购信息，并以 Excel 格式上传至网上电网系统（数据存储于非结构化平台），项目中台从非结构化平台接收《安装（建筑）甲供设备/主材估算表》并进行结构化解析，将解析后的数据通过两级项目中台传输至全网需求统一管控平台，从而实现每项工程预测版年度需求计划的自动编制和精准储备，避免基层单位分别提报综合计划和年度需求计划的重复工作，可大幅降低发展及物资工作人员线下核对项目信息的工作量，通过数字化手段从根本上实现跨专业的协同联动和提质增效。可研信息精准储备架构如图 2 – 10 所示。

网上电网系统作为综合计划管理系统，已实现了综合计划编制、下达、调整等信息的全面线上管控，可为综合计划与物资计划的衔接提供有力支撑。目前网上电网系统"综合计划模块"的项目信息中，可全量存储并展示项目编码、项目名称、下达金额、计划年度、下达时间、调整情况等信息，相关数据通过中台化改造已全量存储于项目中台。通过进一步强化项目中台与平台的协同管控，将上述信息通过两级项目中台传输至全网需求统一管控平台，平台根据综合计划遴选储备库中的项目信息及物料数据，将纳入综合计划的物资需求筛选上报，直接生成工程物资年度需求计划预测清单，用于开展全网年度需求计划的精准预测，便于采购批次的智能安排和精益化管控，可大幅提升工程采购时效，助力提升基于综合计划的物资精准采购水平。物资精准采购优化流程如图 2-11 所示。

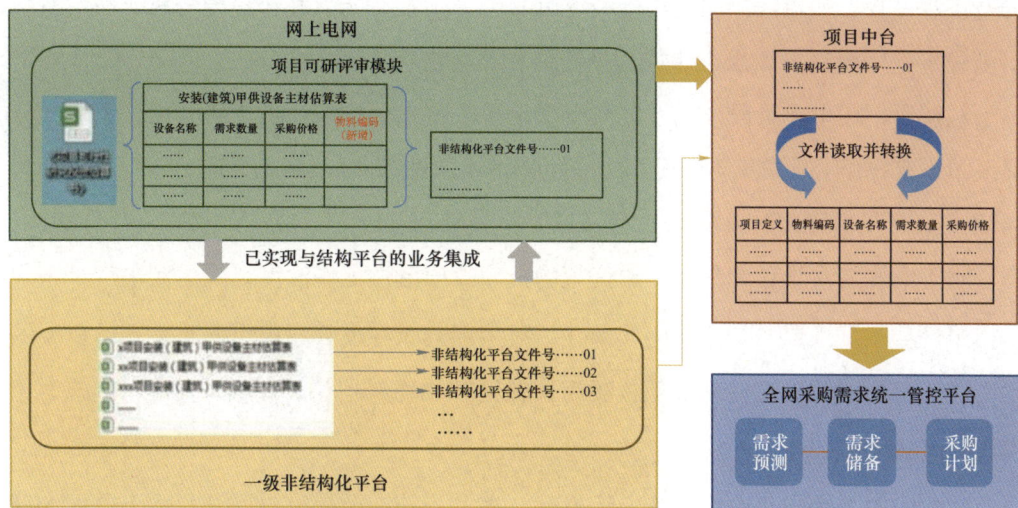

图 2-10　可研信息精准储备架构图

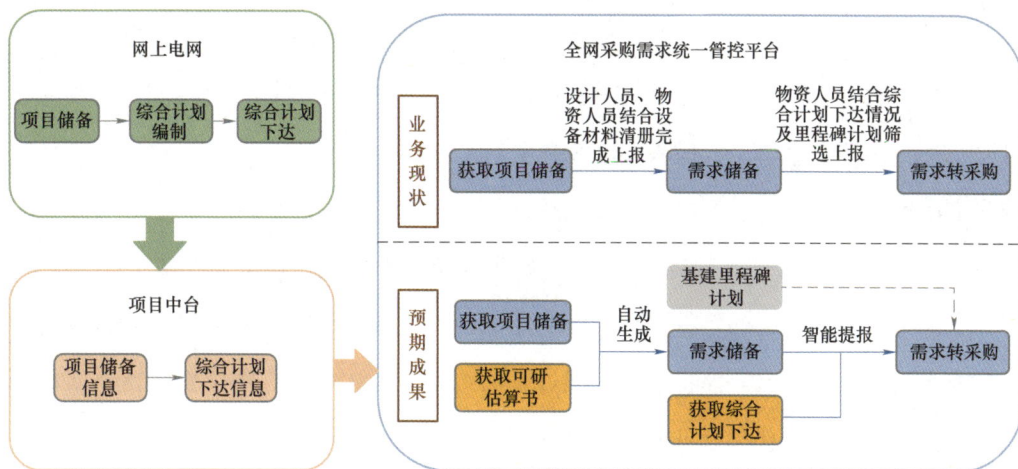

图 2-11　物资精准采购优化流程

（3）实施方案。完善《安装（建筑）甲供设备/主材估算表》格式。随着电网建设标准化工作不断推进，目前，主网输变电工程项目可研报告深度基本可以达到初设水平，工程所需的主要设备型号、规格及技术数据、数量、价格等信息均能在可研阶段确定，具备应用物资标准化成果，将主要设备材料细化到物料层级的基础，推进跨专业标准融合。具体建议规范统一《安装（建筑）甲供设备/主材估算表》格式，增加"物料编码"列作为必填项。

在可研阶段编制上传《安装（建筑）甲供设备/主材估算表》。以 220kV 及 110kV

输变电工程为例，可行性研究报告包含电力系统一次、电力系统二次、变电站站址选择及工程设想、输电线路路径选择及工程设想、节能分析、社会稳定分析、防灾减灾措施分析、环境保护和水土保持、投资估算及经济评价等内容。

经调研，在可研阶段，对于电气一次设备等技术标准统一的工程物资，可研设计深度可以支撑细化至物料层级，设计单位编制可研报告时，按照目前工作标准，即可完成《安装（建筑）甲供设备/主材估算表》编制。

对于电气二次设备和线路、通信等物资，部分单位工作深度已经达到电气一次设备水平，具备直接填写物料编码的条件。对于部分颗粒度较粗的可研设计，可以应用物资专业已形成的设备材料清册模板库，辅助转化物料信息，完成《安装（建筑）甲供设备/主材估算表》编制。

完成相关系统的适应性改造。经梳理，相关系统涉及国家电网公司网上电网、项目中台、全网采购需求统一管控平台，分两个阶段开展系统功能完善。

第一阶段，不改变基层单位可研报告编制习惯，仍以附件方式在网上电网系统上传《安装（建筑）甲供设备/主材估算表》。网上电网在可研编制阶段规范《安装（建筑）甲供设备/主材估算表》格式，设置必填项，将 Excel 版估算表作为必选附件上传；按照全量改造要求，将估算表存储数据接入项目中台。项目中台对接收到的估算表进行结构化解析，随项目信息传输至全网采购需求统一管控平台需求计划储备库。同时，进一步扩充数据传输链路，将综合计划二上版编制、下达数据及后续调整信息传输至全网需求统一管控平台，并将采购时间、采购结果等采购执行进度信息反馈至项目中台，完成数据的双向传导和业务的融通共促。

第二阶段，基于成熟的业务模式，完善物资设备材料清册模板，实现项目可行报告中《安装（建筑）甲供设备/主材估算表》的全量结构化填写和提报，通过前后端业务平台之间结构化数据传输，推动采购结果反馈投资执行额量化评价体系构建，促进物资精准采购和电网精准投资的协同发展。

（4）特色亮点。

1）主动服务需求编制，推进标准融合。研制标准化物资清册模板，将项目物资清册编制时间前置到可研阶段。对接工程三维设计软件，及时推送最新物料主数据、标准化成果和参考价格信息，推动工程设计和清册编制同步完成。将清册纳入可研评审，源头提升物资质量标准。针对基建通用设计方案编制配套物资模板，建立年度动态更新机制，为设计人员物资选型提供参考。

2）积极对接项目前期，推进业务融合。推动与网上电网对接，识别并提取项目可研投资估算书中的甲供物资需求，自动储备在模块中。贯通项目中台，获取综合计划年度项目下达信息，结合已储备的项目物资需求，整合形成年度需求预测清单，科学预测全年采购需求。实际采购计划根据年度预测结果修编生成，保证物资需求来源唯一，助力项目管理更精准。

3）科学结合里程碑节点，推进数据融合。对接基建全过程综合数字化管理平台，获取里程碑计划内 6 类关键时间节点，构建供应导期模型，计算项目物资合理采购时间。统筹项目整体情况，按照物资品类优化采购策略，结合两级采购目录和年度批次安排，为储备的需求逐条推荐最佳采购批次，实现需求申报自动提醒，助力项目管理部门掌握最佳采购时机。

2. 技改、大修案例

（1）案例背景。通过对不同地域的技改大修项目的简单分析，发现项目类型、电压等级、专业类别、专业细分、改造目的等维度的采购数据能够直接或者间接影响物资需求预测。为了更精准进行需求预测，可以应用上述维度深入构建多层次需求预测模型。

（2）创新实践做法。

1）开展技改大修物资采购数据分析。主要从总体预算、年度预算、项目数量、项目开工时间与需求计划、采购订单、物资到货时间等方面，选择 2019—2021 年的实际业务数据进行统计分析。总体分析思路如图 2–12 所示。

通过数据分析发现，不同地域的技改大修项目物资采购需求存在差异，主要表现在技改大修的项目类型、电压等级、专业类别、专业细分、改造目的等维度的采购数据呈现出不同的需求规律，例如东北地区采购 66kV 设备材料，华北地区和华东地区采购 35kV 设备材料。因此，将项目类型、电压等级、专业类别、专业细分、改造目的等列为对需求预测有关联关系的因子，并以此为基础开展技改大修项目需求预测模型的构建。

2）建立技改大修项目需求预测模型。需求预测模型的适用性和准确性需以实际业务数据为标尺进行测定，一方面以跨专业的多维数据分析结果作为模型因子的选择依据，并通过相关性分析，去除负面因子，选用关键因子进行采购规模和项目精准预测。另一方面通过数据分析发现不同年度的异常数据情况，为模型数据清洗及转换规则的设定奠定基础。

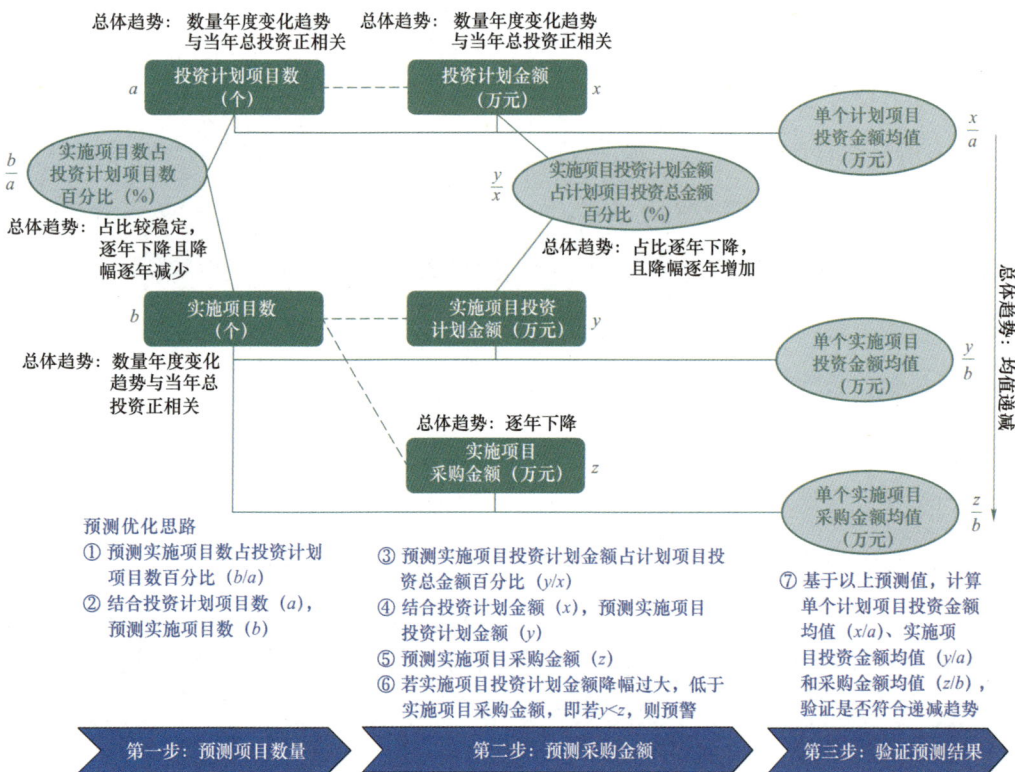

图 2-12 技改大修项目物资需求数据分析思路

a. 模型构建思路。以跨专业协同和精益管理为原则，以国家电网公司数据中台为依托，以大数据分析为手段，从项目、计划、采购、履约等多个业务维度出发，通过历史数据自动获取、预测模型构建、模型仿真优化等步骤，针对生产技改和大修两类项目，实现对发展、设备、物资、财务跨专业数据分析，最终实现物资需求及到货情况的精准预测。以技改大修项目为例，需求预测模型构建思路如图 2-13 所示。

b. 历史数据自动获取。

（a）梳理模型数据来源。依据技改大修项目采购数据分析的数据需求，结合采购到付款端到端管理流程，梳理需求预测模型构建所需的数据来源，见表2-3。

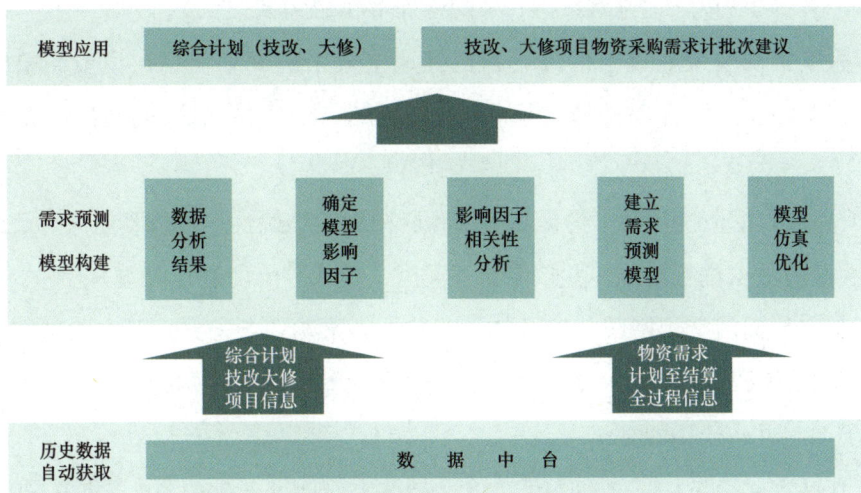

图2-13 技改大修项目需求预测模型构建思路

表2-3 需求预测模型数据需求

信息分类	来源系统	信息需求	负责部门
储备项目	PMS	项目编码、名称，计划开工、完工时间等	设备、调控
综合计划	网上电网	项目年度、编码、总投资、年度投资计划等	发展部
采购历史	ERP	采购申请、物料编码、采购数量、总价、所属项目、入库时间、领料时间、发票报账时间、付款时间等	物资、财务
批次计划	ERP	计划编号、批次计划名称、拟定开标时间等	物资
供应计划	ERP	订单、物料编码、到货时间、确定交货期等	物资
采购目录	ERP	品类、实施范围、采购方式、采购组织方式	物资

a）明确技改大修项目信息。近3年的技改大修项目，除基本的项目编码、项目类型、项目名称、技改（大修）目的、所属专业、电压等级、项目规模等信息外，为开展批次、到货时间与项目里程碑计划的相关性分析，项目的计划开工时间、计划竣工时间、实际开工时间、实际竣工时间也需要提供。

b）明确项目物资采购信息。为满足跨专业融合管理需要，按照采购到付款端到端管理流程，技改大修项目相关的物资需求计划、采购计划、采购申请、采购订单、入库、领料、发票报账、付款申请、采购入库等信息需要提供。

c）采购批次及采购目录信息。为更好地生成采购计划信息，模型需根据采购批次和采购目录，结合项目的里程碑计划，得出具体项目的采购批次和采购模式信息。

（b）完成数据清洗转换。为提高需求预测模型的准确性，需按照业务分析结果通过技术手段对数据进行清洗，并按专业、类型、模式等维度进行归集。

a）制定数据清洗规则。从项目信息完整性、采购业务一致性两方面制定清洗规则，包括项目编码、投资金额、里程碑计划必需完整，物资采购金额与项目投资金额占比大于10%并小于100%等。

b）开展数据清洗。针对近三年7558个技改大修项目以及41584条物资采购需求，编制数据抽取转换程序，进行数据清理，避免数据缺失或不合理对模型的预测结果造成影响。

c）建立项目物资需求映射标准。基于2019—2021年三年的技改大修项目数据和采购历史明细数据，建立项目类型、电压等级、专业分类、专业细类和物资需求大类、小类、物料组、数量的对应标准，作为根据项目信息生成物资采购需求的标准。共建立技改项目物资需求映射标准2万条，大修项目物资需求映射标准1万条。

（c）建立需求预测模型。

a）确定大数据分析方法。目前常用的模型算法有时间序列分析法、神经网络预测法、随机森林预测法、回归分析预测法、灰色预测法、季节变动预测法、干预分析预测法、指数平滑预测法等。综合考虑模型算法的复杂性、适用性、稳定性等因素，并比较各算法与电力物资采购业务的数据匹配性、适用性后，本次研究选择了随机森林预测法。

b）确定预测模型因子。确定因子选取原则。按照80/20原则进行因子选取，避免非关键因素干扰，提升关键因素的权重，在保证预测准确性的前提下尽可能降低模型复杂度。

确定模型因子范围。根据数据分析中的项目类型、电压等级等专业维度，确定模型采取的因子包括项目类型、项目所属单位、电压等级、专业类别、专业细分、改造目的等。

开展因子与物资需求的相关性分析。利用相关性分析算法，分别计算 32 种物资的关键影响因子，去除负面因子，选用关键因子。以水泥杆为例，与项目类型、改造目的的相关性高，约 0.4。

c）开展模型准确性验证。以近三年综合计划里的技改大修项目作为模型的输入参数，并将模型输出结果与实际物资需求计划进行对比发现，58 种物资需求计划预测准确率为 63%～97%，其中杆塔类、低压电器、高压熔断器、开关柜（箱）、交流变压器、电气仪器仪表、电缆附件、低压屏（柜）、箱、交流电流互感器、自动化系统及设备预测准确率达到 80%～98%。以锥形水泥杆为例，相关系数如表 2-4 所示。

表 2-4　　　　　　　　　　　　　锥形水泥杆相关系数

项目	年度	项目类别	专业细分	电压等级	改造目的	所属单位	水泥杆
年度	1	−0.063	0.13	−0.16	0.072	1	0.017
项目类别	−0.063	1	−0.1	0.11	0.24	−0.07	0.44
专业细分	0.13	−0.18	1	−0.29	0.1	0.13	0.17
电压等级	−0.16	0.11	−0.29	1	−0.044	−0.16	0.14
改造目的	0.072	0.24	0.1	−0.044	1	0.06	0.38
所属单位	1	−0.078	0.13	−0.16	0.06	1	0.0071
水泥杆	0.0071	0.44	−0.17	0.14	0.38	0.0071	1

（二）配网项目预测模型的研究与应用

1. 案例背景

在基层配网项目的实施过程中，物资需求预测一般依赖综合计划及人工经验判断，由于缺乏大数据分析手段和科学预测模型，导致需求计划与实际需要偏差较大，造成后续供应阶段协议匹配执行率过高或者过低，在一定程度上影响了物资供应保障工作。为实现配网需求的精准预测以提高工作质效，目前，国家电网公司已重点开展配网项目物资需求预测模型研究工作。

2. 创新实践做法

运用大数据手段开展配网物资需求预测，探索物资需求计划的专业数据变化趋势、特征及规律，为配网物资计划精细化和集约化管理水平的提高和物资的主动配送打下坚实基础。同时，进一步探索基于前端项目管理业务，开展自上而下的需求预测应用，引入机器学习等人工智能算法，动态更新物资的月度需求预测，形成全面完整的物资需求预测模型库、算法和规则库；在管理机制上，建立物资计划管理与前端项目需求单位的互联融合机制、与后端供应的协同管控机制，实现物资需求计划的精准计算、辅助批次采购提报和对框架协议执行供应的统筹协同，提升需求计划准确性。

（1）预测前模型输入数据维护检查。基于配网物资需求预测的输入要素，维护物料主数据、物料对照表（用于新旧物料更替时关联历史数据）、项目主数据、仓库主数据、历史出库数据、采购订单、综合计划等。数据的颗粒度细化到物料-扩展码维度、仓库维度、地市公司维度，便于在此基础上进行查询、分析与统计历史物资月度消耗的数量、金额，项目物资的结构化消耗规律。

（2）预测前模型输入数据预处理。在配网物资基础数据维护的基础上，通过"一站式"的重复缺失数据处理、冲销处理、异常值处理、去除负值处理等进行数据处理，确保模型训练数据的完整性和准确性。预测前模型输入数据问题类型及预处理方法如表 2-5 所示。

表 2-5 　　　　　　　预测前模型输入数据问题类型及预处理方法

问题类型	情况说明	预处理方法
冲销处理	对历史数据在出库数据的基础上，进行冲销处理	1. ERP 系统库存操作的移动类型代码为 261（有关订单的发货）、281（为网络发货）、963（大修的发货）时，数量和金额取绝对值；移动类型：移动类型代码为 262（订单的收货）、282（为网络发货）、964（大修的收货）时，数量和金额取负值； 2. 通过「参考凭证的凭证号」「参考凭证项目」和「参考凭证年份」三个字段与原始的出库数据进行关联，将对应的出库「数量」与冲销「数量」，出库「金额」与冲销「金额」进行行冲销
去负值	月度物料出库数据，可能存在负值，需要做负值处理	1. 去负值处理，若数据没有做「出库凭证」行级别冲销，在「物料编码-年月」和「标包-年月」维度会存在负值，需要做去负值处理； 2. 从负值的年月开始，逐月向前冲销负值，直至负值被处理完（备注：电力因为单物资出库量不大，出现的负值往往较大，所以，建议做行冲销，不建议做如上规则的负值处理，会破坏物资正常的需求曲线）
异常值	对出库金额过大值进行判断，异常值判断的前提是「出库数据」以及「出库金额」做过去负值处理，并考虑了物料对照关系	逐月进行异常判断，判断计算公式：若该月出库量大于前后 N（可配置，默认 6）个月的平均值 + N（可配置，默认 3）倍标准差，则判断为该月有异常（若前后不满 N 个月，按实际月份数量计算）

（3）预测前配网物资标签特性分析。通过配网物资标签特性分析，通过设定分类边界参数，对配网物资进行分级分类，如 ABC 分类、连续性分析（判断需求是否连续）、波动性分析（判断需求的预测难度）、季节性分析（判断需求是否具备显著季节

性特征）、寿命周期分析（判断对象是否具备显著寿命周期特点）、特殊类（如某一年后无出库记录或某一年开始出库）、领用频率高低分析、有无异常值等。在此基础上，进行模型选择推荐，提高模型的适用性与预测精度。

（4）配网物资需求预测算法及应用。整体按照"物料集处理 – 需求预测模型构建 – 模型应用场景建设"三个步骤分步建设（见图 2 – 14）。为适应品类的变动性、新旧物料更替等业务方面的使用需求，通过分析各品类需求变化规律，构建科学智能的物资需求预测模型。首先，通过数据中台抽取历年标包数据、剩余框架份额、综合计划等数据。其次，对抽取数据进行数据预处理（含物料归类、清洗加工、数据校验）并完成建模指标和特征选取。最后，构建 ARIMA、SVR 复合模型，对各品类进行差异化模型调参，并根据模型评价指标最优化原则自动匹配预测模型，实现预测周期内各品类需求金额精准预测，为品类采购金额编排、物料采购数量分解等业务精细化管理奠定坚实基础。

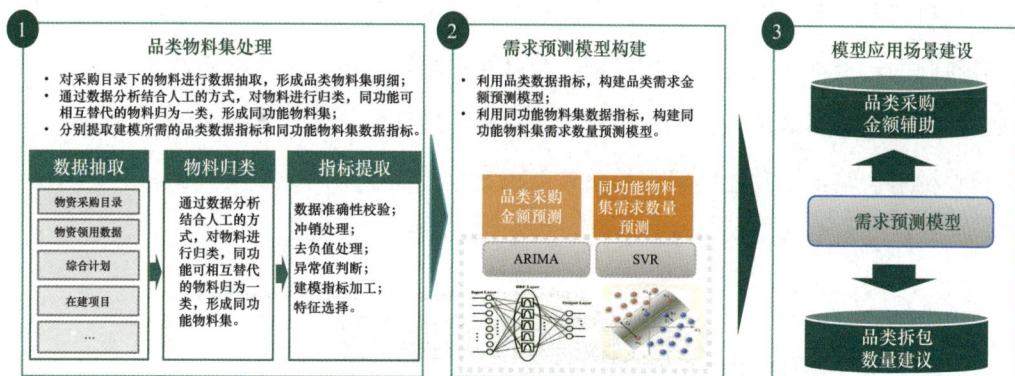

图 2 – 14　配网物资需求预测算法及应用步骤

1）品类需求金额预测（ARIMA）。品类金额预测建模思路分为三个部分，分别为品类数据处理、品类金额预测模型建立和场景应用。

品类数据处理：分析各品类需求变化规律，构建科学的物资需求预测模型，辅助物资部门制定配网协议库存采购计划，提升需求计划准确性，从而减少协议库存与业务执行偏差。

品类金额预测模型建立：首先对品类内物料的数据进行预处理，处理数据主要包含领用金额数据、综合计划数据、在建项目数据等，综合计划和在建项目，与领用金额数据的显著性关系，待根据数据情况进行提炼。

品类金额预测模型场景应用：将提炼后的数据，以领用金额为目标，进行 ARIMA 模型训练，最终选择评价指标较好的模型作为金额需求预测模型。

ARIMA 算法模型如图 2-15 所示。

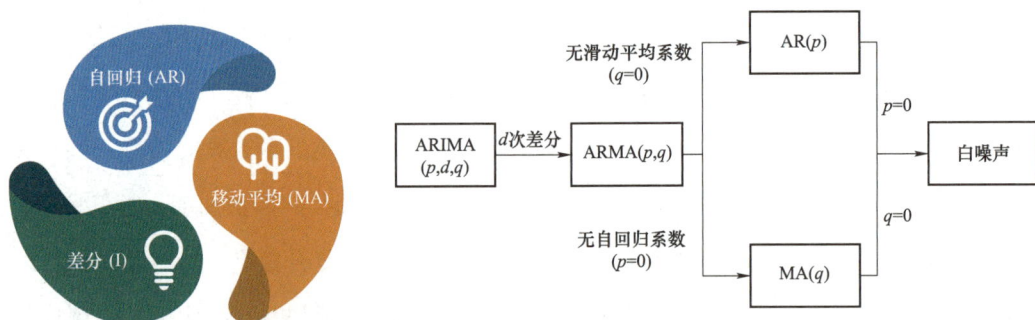

图 2-15   ARIMA 算法模型

2）同功能物料集需求数量预测模型（SVR）构建与应用。首先由历年采购目录抽取物料清单，通过数据分析结合人工的方式，对物料进行归类，同功能可相互替代的物料归为一类，形成同功能物料集。针对同功能物料集，进行指标设计，后以历年同功能物料的领用数量为目标，计算这些指标的显著性，挑选显著性较强的指标，进行模型构建，输出同功能物料集的总体需求数量，用于采购数量建议。

同功能物料集需求数量预测算法过程如图 2-16 所示。

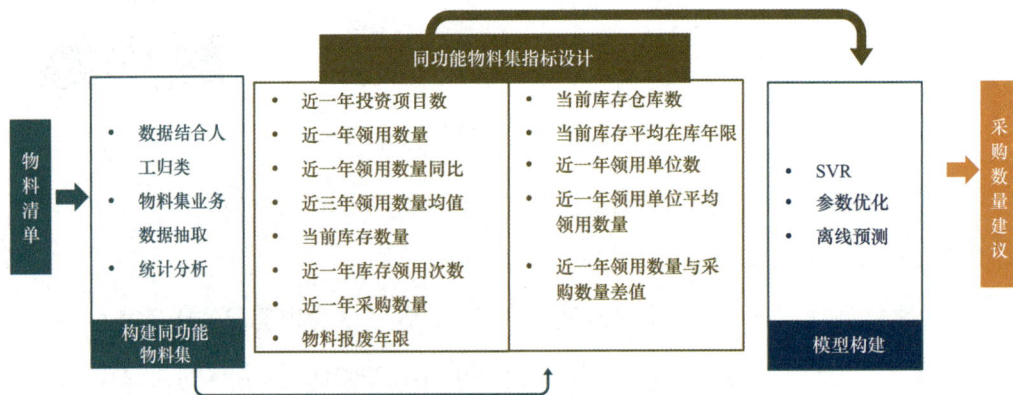

图 2-16   同功能物料集需求数量预测算法过程

（5）框架协议采购计划智能推荐。基于需求预测结果的基础上，结合协议库存采购批次掌握采购覆盖时间的需求，进一步通过判断供应资源的情况，包括框架协议预计剩余份额、在途库存数量以及仓库预计剩余等，计算不同批次不同物资类别下的批次采购计划的数量和金额，展示物资类别、物料编码、物料描述、协议起始、结束时间、框架协议最低和最高金额满足需求的起始和结束时间等信息。进一步支撑协议库存采购计划的智能推荐。

（6）需求预测精准度分析。利用历史数据提出未来一段时间的需求预测量，并与该时间的实际需求量进行对比以计算预测准确率（如 MAPE），有效分析需求预测精准情况，同时通过预测模型的误差学习，自动优化模型参数，提升预测精度，为准确预测协议库存物资需求提供科学依据和及时纠偏的有力技术支撑。

（7）协议库存剩余份额。协议库存预计剩余份额是指在采购前，协议库存物料在当前有效协议中的剩余份额，包括物料类别、物料单位、预计剩余份额、协议库存物料类别、物料编码、物料描述等信息。预计剩余份额是根据协议库存总份额和已分配金额计算得出。最终形成所需数据，并按照物料、单位、协议剩余数量、金额展示界面。主要进行以下内容开发：①协议库存已分配数量、已分配金额；②协议库存行项目的总份额（中标金额）；③剩余份额的计算与调整；④预计采购时间点的剩余份额。

（8）协议库存执行分析。借助大数据处理分析技术，通过分析框架协议表、框架匹配表、项目单位表、项目分类表、供应商信息表、订单表、物料表等在内的数据信息，掌握总金额、已分配金额、剩余份额、执行比例、执行快慢与均衡度、协议有效期开始、有效期截止日期等信息，为优化协议库存分配策略、及时发现协议库存执行问题提供指导性建议与帮助。

3. 特色亮点

（1）建立"智慧"需求预测模式。通过配网项目协议库存采购物资的特性分析，抓取配网项目的物资消耗规律和配网项目的类型与投资规模，应用大数据的技术与理念，致力于形成配网物资的"智慧"需求预测体系，利用自主研发的机器学习预测和组合预测可以自动识别出数据中的模式和趋势，从而自动生成准确的统计报告。这种方式可以极大地减少人力投入，提高工作效率，而且还可以提高报告的准确性和可信度。另外还可以识别出不同物资的采购周期、需求量等特征，从而自动预测未来的需求量，帮助采购计划编排更加合理。

（2）实现数据精益治理。通过开发冲销验证、负值验证、金额超范围判断等数据校核方法，对 ERP 中 672 万余条项目物资移动凭证类型进行异常数据治理，对 171 类物资移动凭证应用场景进行规范，出入库凭证源端数据有效率提升至95%以上，确保需求预测模块测算结果的精准度。

（3）优化计划申报模式。通过将需求预测模块的分析结果反哺到配网物资协议采购环节中辅助平衡利库、采购量制定等决策制定，提升计划提报效率和准确性，实现从地市公司人工分散提报到省公司统一系统预测的配网项目物资采购模式转型，推动计划申报周期由 10 天以上缩减至 4 天以内。

第三章

供应链需求计划管理

完成了需求识别和需求预测，仅仅是需求管理的起点。需求计划的管理是将需求预测转变为可实施的采购计划乃至需求实现的重要桥梁。

本章延续有关需求管理的理论脉络，对应性介绍了一般性的供应链直接需求计划和间接需求计划管理模式，以及需求计划管理的重要基础即数据治理，同时重点介绍企业需求计划管理过程中把握供需平衡的内部和外部策略。与外部理论相呼应，本章阐述了国家电网公司为了提供优质稳定的"电力"输送，保障电力工程、电网线路的可研、建设、运维等重要环节以及企业管理运维的日常需求采购中需求计划编制、采购计划申报与审查的"编、报、审"三大步骤工作流程与工作内容。

本章的一个重点内容是国家电网公司供应链管理对需求计划与采购计划概念的明确区别。与通用型知识相同，国家电网公司的物资主数据是需求计划管理的基础。国家电网公司需求计划的编制管理在兼具资本类、项目类需求计划编制特同时规避了其项目计划不准确的弊端。国家电网公司的主要需求计划评价指标围绕通用型知识中的响应性、敏捷性及计划的准确率展开。

第一节　供应链需求计划管理概述

尽管从严格意义上来说，国家电网公司面对的需求绝大多数都属于间接需求，但其中电网建设项目涉及的设备、物资和服务需求，在管理模式上与制造型企业的直接需求管理非常相似。因而，本节首先介绍直接需求和间接需求的计划管理模式，接着依据广为人知的供应链运营参考（Supply Chain Operations Reference，SCOR）模型给出计划管理评价体系的思路和指标建议，最后针对需求计划中的数据治理问题进行讨论。

一、供应链直接需求计划管理模式

基于本书第一章供应链需求与需求管理基础，直接需求包括下游客户对企业自身产品或服务的外部需求，以及由这些需求展开后得到的、构成这些需求一部分的、企业通过自制或采购获得的相关需求。因此，直接需求计划管理模式，通常是自上而下地首先针对外部需求做出计划，再利用物料清单（BOM）和项目工作分解结构（WBS）文件层层剥笋般地完成各种相关需求的计划工作。下文介绍具有普适性的、直接材料独立需求计划管理模式，主要包括集成业务计划（Integrated Business Planning，IBP）和主生产计划（Master Production Scheduling，MPS）两个计划过程的概念与应用。

（一）集成业务计划的编制

按照中物联的供应链术语定义，集成业务计划是"一种旨在通过提前且快速响应市场环境变化，使战略目标、财务目标与运营可行性保持一致的前瞻性机制。"

业务集成计划是将销售与运营计划（S&OP）和协同式供应链库存管理（Collaborative Planning Forecasting and Replenishment，CPFR）这两种协同计划模式的原则加以发扬光大而形成的一种更新颖、更具整合性的计划模式，它将诸如客户需求、产品组合、客户群体、战略计划等各项要素统统整合到一个无缝结合的计划管理流程之中。国家电网公司以这种计划模式为核心的需求与计划管理相关的数字化平台系统也纷纷上线应用，后文中也会对此给予介绍。

按照中物联供应链术语定义，销售与运营计划是"与内部业务部门合作，根据销售预测、实际需求、产能预测和组织的业务目标，预测预期的需求、库存、供应和客户交货时间的跨职能流程。"而协同计划、预测与补货则是"应用一系列的信息处理技术和模型技术，提供覆盖整个供应链的合作过程，通过共同管理业务过程和共享信息来改善零售商和供应商之间的技术协调性，提高预测精度，最终达到提高供应链效率、减少库存和提高客户满意程度为目的的供应链库存管理策略。"因此，集成业务计划实际上是企业内外部一起合作，综合考虑到需求规模与供应约束条件并达成一致，形成内外部多方均认可接受的需求计划的管理过程。

（二）主计划与物料需求计划的编制

1. 主计划的编制

在通过集成业务计划得到的以产品线或产品族为计划对象的 12～36 个月度计划后，企业一般会利用主计划过程，将月度的需求分解成每个具体单品在某个月、该月中的每一周、甚或该月中每一天的需求量。

2. 物料需求计划的编制

集成业务计划和主计划的计划对象都是外部对企业所提供的产品或服务，物料需求计划的典型计划对象则是构成这些产品或服务的组成部分。

MRP 是基于主生产计划、物料清单、库存记录，以及预设的计划参数来展开计算，确定企业需要哪些物资类需求、服务类需求、需求数量、供货周期等。

二、供应链间接需求计划管理模式

间接需求是企业为了保障公司正常开展经营活动而通过自制或采购方式获得的

各类企业内部自用的产品或服务，一般不构成交付给客户的产品或服务的一部分。由于企业类型繁多，在某类企业中属于间接需求的产品或服务，在另一类企业中却可能属于直接需求。虽然如此，对于一家具体企业来说，分属于直接需求和间接需求的产品或服务，在需求管理上通常还是存在一定的区别，毕竟间接需求相较于直接需求缺乏需求的连续性，且更具有固定成本的性质，这种成本需要通过销售规模的增加来摊薄。因此，没有一定的、稳定的销售规模的增长，在间接需求的支出上更需谨慎。而直接需求是由客户需求推动的成本，为了满足客户需求，直接需求一般是必不可少的。因此，在直接需求的投入和管理上，更具有直观性。换言之，间接需求管理的难度更大。对于国家电网公司而言，不属于电网建设项目范围的基建项目、服务需求和零星物资等，在管理模式上更接近一般意义上的间接需求。但值得注意的是，本质上属于间接需求的国家电网公司电网建设中的各类基建、设备、物资和服务，同时也会应用到下面介绍到的三种间接需求计划的编制方法。

由于间接需求要求对成本进行谨慎管控的特点，因此根据成本投入对企业的影响程度或支出重要性划分出来的消耗类需求、资本类需求或项目类需求的计划管理也就呈现出不同的特点和管理模式。

（一）消耗类需求计划的编制

消耗类需求通常指价值较低的生产性及非生产性需求，包括生产经营中常见的水电气能源动力消耗、劳保用品、办公用品、润滑油脂、化学品、低值备品备件、非连续性单笔订单价值较低的服务类需求等。

对于消耗类需求，多数企业中的使用部门负责识别和预估需求的时间节点和数量，并以月、季和年为时间单位统一提报给企业中各类需求的归口管理部门。接收到这些需求的归口管理部门则会在采购及财务部门的协助下，制定出月度、季度和年度的需求预算，并最终汇总成为企业对消耗类需求的年度总预算。因此，对于消耗类需求，需求计划的编制不仅仅是用于满足使用部门的预估需求，也是服务于企业预算管理的目的。

由于消耗类需求主要是为企业的日常运营服务的，在计划性质上一般不具有直接需求或资本类和项目间接类需求所具有的战略属性，因此计划前瞻期较短，通常以年度为限。对于连续性的消耗类需求，计划时间单位一般精确到月度即可；对于非连续性的消耗类需求，计划时间单位可能宽泛到季度、半年度或年度，辅之以需求可能发生的预估时间节点，以提高需求计划管理的精细化程度。

（二）资本类需求计划的编制

资本类需求通常指价值较高的用于保障企业正常生产经营活动的生产性或非生产性需求，一般都具有非连续性需求特征。主要包括各类设备及高价值维修维护用备品备件、物资和服务。

资本类需求虽然与消耗类需求一样服务于企业的日常生产经营活动，但是由于其价值较高，使用时限较长（一年以上），因此资本类需求的计划具有战略计划的特征，往往可以提前对未来若干年的需求制订出粗计划和预算。换言之，资本类需求计划的前瞻计划期间可能长于一年。

资本类需求计划通常会以各类设备的有效寿命周期作为基准，对此，国家电网公司持续深化电网资产全寿命周期分析及总拥有成本管理工作。因此，资本类需求计划也相应地由维修维护需求和设备更新需求两部分组成。

（三）项目类需求计划的编制

项目类需求通常指为了实现企业特定的战略或战术目标、经过前期可行性研究分析并批准立项的项目中产生的各类需求。这些需求既包括了高价值的资本类需求，也包括了各种低价值的消耗类需求。因此，项目类需求计划的编制表现出独特性和复杂性。项目管理过程中存在多轮识别和确认需求的环节，且精细化程度逐渐增加，这一点上与直接需求自上而下的逐级分解细化过程存在相似性，但又不是完全一样，不一样的地方主要在于：项目类需求除了存在一个自上而下分解、对下级中的构成部分逐渐明确化的过程，其中最上级的需求本身也存在一个从模糊到确定的过程；而直接需求中除了与项目类需求性质相同或近似的工程定制类需求外，基本上交付到客户手里的最上级需求从一开始就具有较高的确定性，后面从主计划到 MRP 的计划过程，只是一个沿着 BOM 表逐渐展开下级构成部分需求的过程。

项目需求源于一个自下而上推动或自下而上建议的项目创意。项目管理五个过程组中的第一个，即启动过程中就开始对整个项目最上级的需求——总体项目范围和主要交付成果进行概念性的设计与规划，并形成项目的初步概算。在完成了可行性研究和商业论证及批准立项后，第二个过程组，即计划过程阶段，是项目从上级到下级需求分解和计划，并形成确定性更高的项目预算的重要阶段。这一阶段中，通常会利用工作分解结构（WBS）来明确项目的主要交付成果，然后将项目划分为几个阶段，再以每个阶段为基准，将主要交付成果分解成各个构成主要交付成果一部分的可交付成果，最后再进一步将可交付成果细化分解成若干个工作包。这个过程本质上就是需求识别和分解过程，其中阶段的划分描述了整个项目中各种需求的大时间节点，而可交付成果和工作包则描述出不同层级的交付需求，将每个工作包继续展开，则可以识别出更基础的物资、设备或服务的需求。不同可交付成果及工作包中可能包含了相同的物资设备和服务需求。多数企业会将这些通过 WBS 展开得到的具有时间要求的各种采购和外包服务需求信息传递给物资管理部门，后者则可以根据这些信息制订出汇总后的采购需求计划。

在项目管理的第三个过程组，即项目执行阶段，项目中各类需求及时间节点会发生变化，总体上是越来越细化、越来越清晰。因此，采购需求计划也会随之进行调整并确定。中国的企业更加追求时间效益，因此，以工程建设类项目为代表的各种项目类需求，往往存在"边设计、边采购、边施工"的"三边工程"现象。这种情况下，需求计划的不确定性增加，需要采用更加灵活多变的需求实现手段来应对。这个方面的内容则在下一章阐述。

项目管理的第四个过程组是项目监控阶段，这与执行阶段相伴相随，用以确保项目按照计划有序推进，并在必要时进行适当调整。最后一个过程组则是项目收尾阶段，即对已经完工的项目进行竣工验收、付款、转移、归档等扫尾管理，通常还会伴以项目后审和经验教训总结等工作内容。

国家电网公司的需求计划编制特征与资本类、项目类需求计划编制的特征均具有相似性。一方面，与资本类需求计划编制过程中以各类设备有效寿命周期作为基准的特征相似，在电网资产全寿命周期内，主要以输电、变电、配电、营销设备维修维护作为计划的主要管理对象，包括备品备件、物资和相关服务，在周期结束后，需求管理涉及期设备的更换和升级选型和废旧物资处置。另一方面，与项目类需求计划编制过程中从项目概算到需求分解与计划的流程相似，但国家电网公司的需求计划经平衡利库后形成采购计划，经过申报和审查的采购计划确定性较强，不存在一般情况下的"三边工程"现象。

三、供应链需求计划管理评价体系

此处以供应链管理领域普遍认可的"供应链运营参考模型"为开端，介绍供应链绩效体系的构建思路，再引申出与需求计划管理有关的绩效指标体系、评价流程及结果应用几个方面的问题。

（一）评价指标

按照 SCOR 的建议，绩效评价应侧重于对供应链流程执行的结果进行衡量和评估。因此，对供应链绩效进行评估和诊断时需要考虑绩效属性，指标体系和过程/实践成熟度三个要素。

（1）绩效属性。反映了供应链绩效的战略特征，本身无法被衡量，而是需要使用一组绩效指标体系来描述。组织通常根据业务战略将这些供应链绩效特征进行优先级排序和调整。

（2）指标体系。具有层级关系的、衡量绩效结果的离散指标架构。

（3）过程/实践成熟度。以最佳实践模型和前沿管理实践为参考基准，使用客观和具体的描述来评估供应链流程和实践处在何种水平或程度。

在 SCOR 体系中，给出了可靠性、响应性、敏捷性、成本和资产管理效率五个绩效属性。

（1）可靠性。反映按照既定的共识性要求完成任务的能力，关注的重点是过程的稳定性和输出结果的可预见性。通常会使用交付准时率、数量准确率、文件完好率等绩效指标进行评价。在 SCOR 关键绩效指标（Key Performance Indicator，KPI）中，描述这一绩效属性的一级指标是"完美订单交付率"。显然这是一个关注客户服务水平的绩效属性。

（2）响应性。用来描述执行任务的速度，通常指执行某个过程的重复性速率。常用的指标是完成某个过程的周期时间。在 SCOR 关键绩效指标（KPI）中，描述这一绩效属性的一级指标是"订单交付周期时间"，这也是一个关注客户服务水平的绩效属性。

（3）敏捷性。描述对外部环境变化的反应能力和速度，外部环境包括：无法预测的需求增加或减少，供应商或合作伙伴因故突然断供、发生自然灾害、财务危机、劳工危机等。在 SCOR 关键绩效指标（KPI）中，描述这一绩效属性的一级指标是"上行供应链适应性""下行供应链适应性"和"处于危险状态的总价值"，这也是一个关注客户服务水平的绩效属性。

（4）成本。描述的是供应链过程运营管理成本。典型的成本包括：劳动力成本、材料成本、系统成本、运输成本等。在 SCOR 关键绩效指标（KPI）中，描述这一绩效属性的一级指标是"供应链管理总成本"和"销货成本（Cost Of Goods Sold，COGS）"。这是一个聚焦于内部管理效率的绩效属性。

（5）资产管理效率。描述的是资产使用效率。供应链管理中涉及库存降低、内部自制还是外部采购之类的资产管理策略。常用的指标包括库存可用天数和产能使用率等。在 SCOR 关键绩效指标（KPI）中，描述这一绩效属性的一级指标是"现金流转周期时间（cash-to-cash，C2C）""固定资产回报率"和"周转资金回报率"。这也是一个聚焦于内部管理效率的绩效属性。

以 SCOR 绩效指标建设思路为基础，计划绩效指标体系可以从客户服务水平和内部管理效率两个维度展开架构。

1. 计划服务质效

从客户服务水平这一维度来看，可以将"计划准确率"和"计划周期时间"两个指标对应"可靠性"和"响应性"两类重要战略绩效属性。

（1）计划准确率。对于某一单品来说，计划准确率可以采用某个绩效评价期间内该单品的计划需求数量与实际需求数量的差异绝对值百分比来衡量。计算式为

计划准确率 = 1 - |计划需求数量 - 实际需求数量|/实际需求数量

评价某一个期间内所有单品的平均计划准确率时，可以使用加权平均法计算得到，计算式为

平均计划准确率 = SUM（单品计划准确率 × 单品金额占期间总需求金额的%）

上面的计算式中，选择金额占比作为权重，是因为不同的单品的单位往往不一致，有件数、有套数、有吨数，因此统一转化成货币单位衡量，可以从财务视角来考察当实际需求与计划需求数量之间发生差异时，对客户、供应商或企业自身的影响有多大。

（2）计划周期时间。计划周期时间是考察企业需求计划部门完成一项计划任务所需耗费的时间，即从计划工作日开始算起，到计划批准日为止，之间一共花费的时间，通常以天计。

计划周期时间构成了满足内外部客户所需的总周期时间的一部分，这个指标值越小，表示对客户的响应性越高。

2. 内部管理效率

从内部管理效率维度来看，可以将"计划相关成本"和"总资产周转率"两个指标对应"成本"和"资产管理效率"这两个战略绩效属性。

（1）计划相关成本。计划相关成本可以理解为可以合理归集到计划部门的所有人工成本、固定成本和其他期间费用成本。人工成本很好理解，就是计划部门所有员工

在某个期间（月度、季度或年度）工资和福利总额；固定成本则是计划部门专属的一些正常运营所需的各类办公设施设备、系统软件等成本在同一期间内的折旧摊销总额；而期间费用则包括同一期间内发生在计划部门的差旅、培训、能耗、办公和劳保用品等非资本性支出的费用总额。

（2）总资产周转率。对于企业而言，总资产周转率是一个综合性指标，计划部门不能单独负责，但是绝大多数企业依然会将计划部门视为"库存周转率"或"总资产周转率"的责任部门，因为计划部门是日常经营活动中的中枢和"大脑"。

总资产周转率作为一个财务效率指标，其计算方法是众所周知的，即用某一期间内（通常以年计）企业的总营业额除以同期内平均总资产。而平均总资产可以用资产负债表上得到的"期初总资产"与"期末总资产"的平均值表示。

一般来说，总资产周转率越高，企业内部管理效率越高。

国家电网公司需求与计划管理相关的关键评价指标是全面计划管理指数，其中涵盖对需求计划预测准确性、采购统计分析规范性及需求计划采购及时性的评价，即前文所属的响应性、敏捷性，并特别关注计划的准确率。

（二）评价流程

需求计划管理评价流程与所有的绩效评价流程都具有高度相似性，主要包括如图 3-1 所示的四个步骤。

成立绩效评估小组 ➡ 制定绩效评估计划 ➡ 实施评估 ➡ 评估结果分析与反馈

图 3-1　管理绩效评价流程

1. 成立绩效评估小组

需求计划管理职能在企业中与产品研发、市场营销、生产运维、采购仓储、运输物流、基建工程、财务、人力资源等各个职能部门都有十分紧密的工作关系，因此，计划管理绩效评估小组的组成也会更多元化和复杂。也许很多企业并不会让所有相关部门来参与到需求计划管理绩效的评价小组中，但出于对持续改进计划可行性和准确性的诉求，多数企业的评价小组中通常会包括来自企业执行层高管、市场营销、生产运维、供应链管理和财务等职能的关键人员。这样做，既可以提高评价的全面性和真实性，也能增进评价的透明度，更容易给予作为被评价方的需求计划管理人员与各相关部门增加互动的机会。

2. 制订绩效评估计划

在绩效评估过程的第二步，就是要制订评估计划，用以明确需求计划管理评价的主要内容和标准，以及实施评价的频率，即哪些指标需要进行月度考核，哪些指标需要进行季度或年度考核。

制订绩效评估计划既是实施评价的一个起点，也是计划管理部门在接收到评价结果反馈后确定改善方向、制订改进计划的一个重要参考系。

3. 实施评估

这一步骤即按照评估计划实施评估。对于客观定量指标的评估，重点是要确保基础数据的完整性和真实性；对于主观定性指标的评估，首先取决于评估人员的专业性和公正性，也强烈建议要求每个评估者针对自己的评估用实例进行陈述和解释，而不是仅凭主观感受含糊其词。

4. 评估结果分析与反馈

对于评估结果，评估小组需要集体对结果的可靠性、可信度，以及产生当下评估结果的可能原因进行分析，并将评估结果及分析结论一并反馈给作为被评价方的需求计划管理部门，供后者针对结果中可能存在的不足之处分析制订改善方向和行动计划。

（三）评价结果应用

任何绩效评价的首要宗旨都是为了促进绩效的维持与改进，需求计划管理绩效评价亦不例外。

绩效改进首先从现有流程的分析入手，发现流程中是否存在输入信息、接口关系或处理方法上存在需要改进的地方。

四、供应链需求计划管理数据治理

准确及时的需求计划离不开各种数据的支撑，此处介绍了供应链需求计划过程中常常使用到的关键性主数据，包括物料主数据、组织主数据、客户主数据、供应商主数据、销售主数据、生产主数据、物流主数据、采购主数据、财务主数据等。

（一）物料主数据

物料是需求计划的对象，包括产成品、半成品、原材料和服务等，物料主数据是需求计划中最重要的主数据之一。物料主数据描述了物料的基本信息，包括物料类别、物料代码、物料描述、计量单位、物料类型等。这些信息对于准确地计算需求和安排采购和生产非常重要。

（二）其他主数据

组织主数据是与企业的组织架构有关的信息，包括企业中的各个职能部门，生产基地，员工的姓名、工号、岗位职务、权限职责、联系方式等信息。企业内部的各个部门都可能是需求的主体，这些信息对于需求信息接收和反馈时的准确性和完整性十分重要。

客户主数据包含有关客户的基本信息，如客户名称、地址、联系人等。在销售和分销方面，了解客户的需求和喜好是制定需求计划的重要因素之一。

财务主数据是与成本预算有关的基本信息，包括成本中心、成本类别、标准成本核算、资产折旧、费用分摊、产品定价等信息。这些是制订成本效益最大化需求计划时的重要输入信息。

营销主数据是与销售活动有关的基本信息，包括销售的区域、渠道、价格和折扣等条件条款等。尤其是要在具有制约条件下制订出对企业及客户效益最大化的需求计划时，这些信息非常有价值。

生产主数据往往又被称为计划主数据，是包含了有关重要计划参数的基本信息，如计划类别、计划时间、计划前瞻期、生产地点、作业中心、加工工序、加工能力、生产产能和制造周期等。计划信息对于确保需求计划的准确性和可靠性非常重要。

供应商采购主数据是与供应商及采购有关的基本信息，如供应商的名称、地址、联系人、产品或服务、产能、最小订货量和价格等。这些信息对于通过采购来实现的需求计划的可行性和准确性非常重要。

物流主数据包含有关仓库的基本信息，如仓库层级、地址、仓容、存储条件等，以及运输配送基础信息，如运输模式、能力、半径、线路、时间、费用等。物流主数据对于制定物料存储和安排交货计划非常重要。

在国家电网公司的需求计划中，应用到包括物资分类、物料主数据及采购标识等在内的物资主数据，将在第三节中详细介绍。

第二节 供应链需求计划管理供需平衡

需求计划是保证需求实现的重要手段，必须具备高度的可行性和落地性。而要做到这一点，就需要充分识别出需求实现过程中的供应瓶颈，并加以分析和解决，最终制订出一个确保供需平衡的完善计划。

一、供应链供应瓶颈的识别与分析

（一）供应瓶颈的概念

供应瓶颈就是产品或服务在从供应链的上游向下游传递的过程中，任何可能造成交付延误或供应不畅的生产或物流环节，如产能不足、仓容不够、运输线路堵塞等。

这些供应瓶颈是供应链的薄弱环节，并降低整条供应链的效率和有效性，必须加以识别分析，并采取恰当措施来减少或消除。

（二）识别供应瓶颈的主要方法

识别供应瓶颈的主要方法就是针对供应链的每个环节，应用供应能力计划，来发现资源或能力方面的约束性。

供应能力计划是资源需求和产能需求计划的总称。

具体来说，供应能力计划包括以下几个本质相似、详细程度不同的几个层级。

1. 资源需求计划

资源需求计划主要是针对 S&OP 过程输出的综合生产计划进行的、长期产能资源需求做出的计划过程。一般来说，综合生产计划是以月、季度或年度为计划时间跨度，因此，相应的资源需求计划对象就是相同的期间内所需的总产能。

2. 产能计划

作为供应能力计划管理的核心内容，产能计划是指计算完成计划与下达订单所需生产能力（通常以所需工时来表述），并识别可行的可用产能的途径与方法的过程。当可用产能无法满足所需产能时，则各级供应计划必须做出相应调整。对此，国家电网公司则有物资管理部门的履约人员可以驻厂监督以保障供应商能够如期履约。

3. 物流能力计划

物流能力计划主要从仓储和运输两个维度对需求计划的可行性加以识别和分析。

对于仓储能力，首先从仓库的总面积和总容积来分析，看其是否能够满足日均存储量的要求，以及是否存在旺季爆仓的瓶颈问题。接着要从仓库的设施和标准是否满足存储标的的要求来分析和识别瓶颈所在的重要考察视角。对此国家电网公司的绿色数值化供应链管理中，则有绿链云网进行支撑，仓库库容信息可以进行线上查询及调剂，物流信息也会在电力物流服务平台（Electrical Logistics Platform，ELP）系统中有准确显示。

二、供应链平衡供需计划的典型方法

要实现供应链供需平衡，就必须消除供应瓶颈，这需要通过内部策略和外部策略并举来完成。

（一）内部策略

内部策略主要有：①科学计划，即利用数学和运筹学的理论和工具进行科学建模和精准计划，减少瓶颈的负面影响；②库存调节，即利用库存作为一种供应和需求之间的调节手段，来减少不同时期资源及产能可能面临的约束性影响；③产能调整，即从设备和人力资源两个维度入手，进行产能的动态调整，从而达成供需平衡的目的。

1. 科学计划

在计划管理领域，无论是生产计划、采购计划还是物流计划，都越来越多地采用线性规划、非线性规划、混合整数规划等建模方法，来实现科学精准计划的目的。

2. 库存调节

在生产负荷存在冗余时多生产一些库存，或者提前采购原材料库存，从而满足未来一段时间内确定或不确定的需求，是多数企业所熟知并采用的应对供应瓶颈、实现供需平衡的典型策略之一。

相对于高确定性需求而言，为应对未来高不确定性的需求而储备库存时，尤其需要慎重行事。想要完全满足不确定的未来需求，几乎是不可能的事，提前准备的库存成本也会很高，常常对经济效益产生负面的影响。

3. 产能调整

产能调整最常见的做法就是通过增加生产时间或轮班班次来扩充企业的现有产能。另外，也可能通过准备冗余生产设施和设备，来应对需求不确定性高和旺季时的困境。

（二）外部策略

为实现平衡供需计划的外部策略，包括客户端协同和供应端协同两个方面。

1. 客户端协同

客户端协同策略是从需求源头抓起的根本性策略，通过与客户之间实时密切地沟通，提前获得未来高确定性的客户需求信息，使得企业能够在正常交付周期时间完成采购、生产和交付等各个环节的工作，按照客户所需时间和数量顺利地满足客户需求，是客户协同所追求达成的一种理想状态。虽然，现实中不可能有这样完美的结果，但依然大概率地能够在提升客户需求服务水平的同时，降低企业自身的总成本。

前文已有述及的协同计划、预测和补货计划（CPFR）方式，就是既可以用来与客户、也可以应用于供应商协同的一个重要管理模式。在与客户实施 CPFR 的过程中，第一章介绍过的需求引导、需求创新等策略就有了用武之地。因为有一个常常被忽略的事实是，客户常常也并不清楚地知道自己的真实需求。此外，也并非只有唯一的产品或服务解决方案能够满足客户的真实需求。因此，引导客户选择既有的或是创新的、对于客户和企业来说都有利可为的产品或服务，是客户协同过程中的一个要点。

2. 供应端协同

合理利用外部供应端即第三方的可用资源来抵消内部的资源和产能约束性，也是很多企业可以考虑和选择的实现供需平衡的手段之一。

此外，采用 CPFR、供应商管理库存（Vendor Managed Inventory，VMI）、寄售、准时制（Just-In-Time，JIT）等供应商协同管理模式，也都是可以帮助企业提升供需平衡能力的有效方法。第四章将详细讨论这些方法。

第三节　国家电网公司需求计划管理实践

国家电网公司的需求计划管理以 ERP、电子商务平台（ECP）、供应链运营调控指挥中心（ESC）、项目中台等为基础载体，通过构建精准预测、高效编制、规范提报、智能审查和多维分析的需求计划管理体系，以项目中台为枢纽，对接发展、基建等专业系统，与综合计划、项目里程碑等数据联动，助力需求计划各参与主体的整体提质增效和精益化管控。

值得注意，国家电网公司需求与计划管理体系内，对需求计划与采购计划具有不同的概念界定。简言之，经需求预测后，需求单位进行需求计划编制，需求计划经平衡利库，即形成采购计划。采购计划经申报和审核，用以指导需求实现。本节以需求计划编制、采购计划报审呼应的标题处理方式呼应概念定义的区别。

一、需求计划管理的基础

需求计划是为了满足公司基建、技改、营销、信息化、固定资产零购、电源项目以及其他正常生产经营所产生的物资及服务需求。

需求计划的编制可以说是在需求预测的基础上，由需求计划编制人员根据批次计划安排按照既定时间节点对需求预测的数据和信息进行校核并调整，在 ERP 中通过合理编制，将需求预测转变为可以申报的准确的采购计划。

国家电网公司需求部门编制需求计划时依据物料主数据、采购目录及拟安排采购的批次等相关内容和信息。在需求计划预测申报阶段中，需求部门依据两级集中采购目录、工程里程碑计划和生产经营活动需要，参照物资供应合理周期，结合技术、商务采购标准，通过 ERP 进行申报。国家电网公司物资管理部门则依据国网物资管理部组织物资公司编制的审查要点按照采购层级筛查要点，对采购计划的合规性、合理性进行审查。物资管理部门对物资计划和采购信息的收集、统计和整理，是对统计资料进行的分析研究，是经济活动分析的重要组成部分，为物资管理工作提供升基础支撑和决策参考。

国家电网公司执行统一标准、统一申报平台，统一指标评价体系，因此需求计划"统一"的基础就是依据物资主数据按照两级集中采购目录清单实施全面计划管理。

国家电网公司的物资主数据贯穿于需求与计划管理、物资采购、仓储管理、财务付款、设备验收等各环节，应用于物资、财务和项目等管理工作中。

物资主数据主要包括物资分类、物料主数据及采购标识。

1. 物资分类

物资分类是根据物资信息化管理要求，从不同角度、不同层次，对物资进行区分、归类、命名、描述，建立的物资分类结构体系和物资类别信息化代码体系。

如第一章介绍，与需求分类管理相关，国家电网公司的物资分类体系按照大类、中类、小类进行分类，每个小类下辖若干特征项，每个特征项下对应若干特征值。

2. 物料主数据

物料主数据是根据物资分类结构体系，按照相关规则，赋予单个物资的信息化代码，包含了物料编码、物料描述 和计量单位、采购标识和分类特征等信息。

3. 采购标识

采购标识是国家电网公司根据物资采购标准、"两级三类"清单、典型设计等维度，从标准化程度上对物料进行分类的标识，分为标准物料、非标准物料和未标准化物料。

二、需求计划编制管理

（一）需求计划编制管理的主要内容

1. 需求计划编制的内容

需求计划编制工作中，需求部门充分对接发展部项目中台，实现以综合计划为源头，基于项目储备的物资需求进行智能编制，优化基于项目投资、工程建设的需求精准编制模型，以精准编制推动精准采购。设计单位/需求部门需要维护单体工程信息，包含新建单体工程信息、编制技术规范书、导出技术规范书、提交技术规范书，然后在系统中选定需求物资的数据，包含技术规范 ID 编号、计量单位、交货日期、卸货点等相关数据信息。

2. 需求计划编制的流程

（1）年度需求计划关联。预测版年度需求计划或需求版年度需求计划生成后，已包含在 ERP 项目结构挂接物料生成采购申请时的所有信息。可执行"年度需求计划生成常规采购申请"功能，通过读取年度需求计划中的明细信息，自动在项目构造器中挂接，生成采购申请或预留，并关联年度需求计划。

1）预置物资清册模板。国家电网公司根据"三通一标"❶、基建"四统一"❷等专业标准化成果，以及《国家电网公司十八项电网反事故措施（试行）》要求，结合历史采购信息，针对不同项目类型、项目规模编制物资清册模板，包括通用设计物资清册模板、典型设计物资清册模板和自用物资清册模板，并在系统内预置，供设计人员引用。

通过输变电工程、业扩配套工程典型设计物资清册模板的建设，从根本上解决了

---

❶ 三通一标：通用设计、通用设备、通用造价、标准工艺。

❷ 四统一：统一设备技术参数、统一电气接口、统一二次接口、统一土建接口。

设备材料清册数据的及时更新与同步问题，建立了各专业间统一的物资清册，提升重点物资、通用程度较高物资的选用率。同时，进一步统一各区域物资的通用物料使用程度，为物料精简及通用性提高提供基础。

基于通用设计、通用设备和技术导则，依据物资标准化成果和规范性文件，编制覆盖各个电压等级的输变电工程典型设计物资清册模板和适用于 110kV 及以上的业扩配套工程典型设计物清册模版。依据清册在项目可研方案阶段进行物资选型的确认，减少非优选、非标物料选型的概率。

基于基建与业扩配套项目的物资清册模板及大数据分析，运用智能运算技术，在项目可研和初设阶段，依据清册模板匹配物资选型，智能化编制物资清册，提高编制效率和准确性；在可研和初设审查时，自动比对典型物料清单，及时发现差异点，确保物资标准在项目前期阶段的落地。

在第二章需求预测中已经介绍，在项目可研阶段，设计单位/需求部门在进行可研编制过程中一方面快速生成输变电工程、业扩配套工程项目物资清册，并可充分应用典设物资清册模板进行参考，融入物资标准化成果。通过物资清册模板的应用是需求预测的重要组成部分，也为需求计划的快速、精准编制奠定了基础。

2）项目初设阶段。当项目进入初设阶段，计划编制工作中，通过评审系统将待审查项目的物资清册与典设物资清册模版内容进行逐条目对比，针对差异进行自动提示，可研审查人员可以快速识别问题与异常，及时审核可行性和必要性，避免非优选和非标准化的设备选型与物资提报，提升需求计划编制质效，确保设备供应进度与质量。

如图 3-2 所示，高效编制初设物资清单，提高初设审查的速度。设计单位使用典设物资清册模版快速编制物资需求，提高编制效率，降低错误概率。同时通过自动对比功能，建设部门在审查初步设计时可以快速识别非优选、非标准化的物资选型，提高审查效率。

3）快速编制需求计划。快速编制需求计划包含两种情况。

a. 在经过项目可研阶段的需求预测后，已形成了预测版年度需求计划。当项目初设经审批，且具备了综合计划下达的条件，则项目对物资和服务的需求已具有相当的确定性。需求计划编制人员根据项目物资需求时间节点，推进需求计划编制工作。需求计划编制人员可在系统直接引用预测版年度需求计划，仅根据设计调整等造成的物资、服务需求差异进行调整，即可完成需求计划编制。

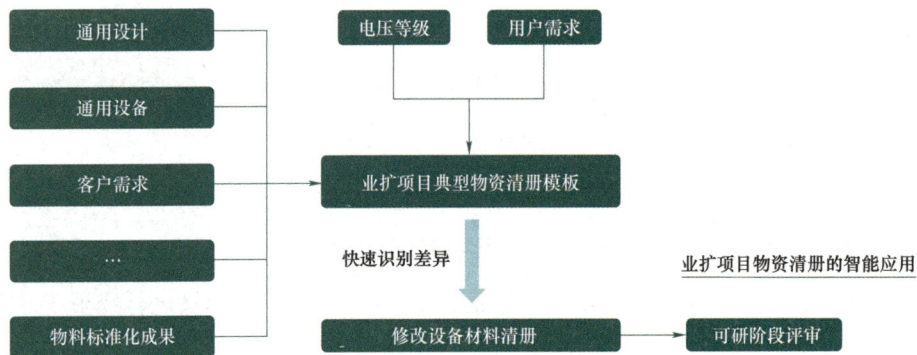

图 3-2 项目初设阶段需求计划高效编制

b. 项目未在可研阶段编制预测版年度需求计划，在项目初设经审批，且具备了综合计划下达的条件时候，由需求计划编制人员在 ERP 系统维护项目类型、项目通用设计方案等项目信息，系统自主判断寻找项目匹配的物资清册模板，直接生成需求版年度需求计划，并进行交货期等信息的微调。例如某 220kV 配套送出工程中，涉及的年度需求计划经过完善 ERP 自主判断导入清册模板直接生成为需求版计划，调整部分物料的准确交货期信息即完成初步需求计划编制。

（2）合理确定需求计划。需求计划编制人员确定、调整交货期等信息后，系统智能匹配相应物资的参考价格和采购策略，并依据物资采购周期和生产周期，准确匹配采购批次，在 ERP 中完成关联自动转为采购申请，采购申请中包含准确的需求单位、项目名称、项目类型、项目电压等级、物料编码、交货地点及方式、需求数量、估算单价和总价、交货日期和技术规范书等关键数据信息。该采购申请的下一步操作为逐级平衡利库。

需求计划联动流程如图 3-3 所示。

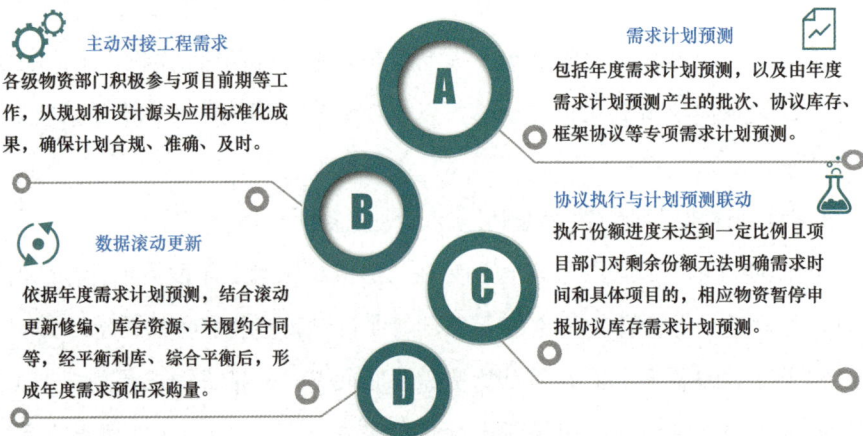

主动对接工程需求
各级物资部门积极参与项目前期等工作，从规划和设计源头应用标准化成果，确保计划合规、准确、及时。

需求计划预测
包括年度需求计划预测，以及由年度需求计划预测产生的批次、协议库存、框架协议等专项需求计划预测。

数据滚动更新
依据年度需求计划预测，结合滚动更新修编、库存资源、未履约合同等，经平衡利库、综合平衡后，形成年度需求预估采购量。

协议执行与计划预测联动
执行份额进度未达到一定比例且项目部门对剩余份额无法明确需求时间和具体项目的，相应物资暂停申报协议库存需求计划预测。

图 3-3 需求计划联动流程

（二）从需求计划到采购计划的转化

1. 需求计划与采购计划的概念

国家电网公司需求与计划管理体系内，对需求计划与采购计划具有不同的概念界定。

根据国家电网公司相关制度，采购计划实施管理主要包括需求计划编制、平衡利库、采购计划提报、采购计划审查管理等。需求计划是指满足公司基建、技改、营销、数字化、固定资产零购、电源项目以及其他正常生产经营所产生的物资和服务需求。采购计划是指根据需求计划，结合库存资源，经平衡利库后所形成采购计划。因此，经平衡利库后的需求计划，即转化为采购计划。

值得注意的是，国家电网公司的需求实现本质上存在两种方式：①利用现有库存来满足需求，即需求计划经平衡利库后，有可匹配库存的，应用库存，属于应用协议库存、框架协议采购范围的，直接应用采购结果；②在完成了平衡利库后针对尚未得到满足的那部分需求，形成采购计划，继续申报和审查，用以指导采购实施。

2. 平衡利库

对采购进行合理的批次管理，是"一个极具挑战的工作"，原因在于：如果批次采购量与实际需求量的关系处理不当，则可能带来呆滞库存或是货到不及时的风险。对于此，国家电网公司的关键操作点是在采购计划形成之前施行"平衡利库"。

国家电网公司强化需求与计划的源头管控作用发挥，通过平衡利库工作，实现物资需求与库存资源的匹配，以降低牛鞭效应风险，提升实物资源管理效能。

（1）平衡利库的概念。国家电网公司物资的"平衡利库"是在"实物资源一盘棋"思想的指导下，各级库仓物资的利用坚持"先利仓、再利库、库仓联动"原则，建立省、市、县分级平衡利仓利库机制，统筹物资库、专业仓的实物利用，实现库存资源的科学调配和高效利用。

此处特别说明，国家电网公司的"库""仓"概念存在不同。国家电网公司坚持网格化、扁平化、因地制宜原则，构建形成"国网应急库—省周转库—市县终端库—专业仓"的仓储网络架构，总部层面组织开展国网应急库规划；省公司层面组织开展"省周转库—市县终端库"规划；市公司层面，各专业协同联动，在省公司统筹下开展"市县终端库—专业仓"规划。其中，国网应急库由国网物资部统筹规划设立和管理，省周转库由省公司物资部统筹归口管理，市县终端库由市、县公司物资部门归口管理，专业仓由市、县公司专业部门归口管理，基本形成物资管理部门管"库"、专业部门管"仓"的管理格局。与仓储架构、管理归口的区别相呼应，国家电网公司"库""仓"所储存物资的品类、领用周期和频率等也存在差异。

（2）平衡利库的工作方式。国家电网公司物资平衡利库按照县—市—省逐级逐层开展，直至省级平衡利库后，若仍然没有可匹配需求的实物库存才会批准采购计划、执行采购流程，以保障对全量实物资源库存的有效盘活利用。

各单位制定库存物资利用计划，明确利库方式，分别结合批次采购计划和协议库存采购计划、协议库存匹配计划开展平衡利库工作。通过各级供应链运营调控指挥中心（ESC）共享可利用的库、仓物资信息，项目/专业管理部门定期查看可利用的在库在仓物资信息，作为提报计划和开展设计的利库依据。

（3）平衡利库的基本流程。国家电网公司盘活利库事项划分为清查仓库、数据梳理、数据核查、技术鉴定、制定盘活利库计划、盘活利库、现场核查六个阶段。平衡利库的结果直接关系到采购需求计划的准确性。

清仓查库阶段，省物资部、市县物资公司人员协同开展实体仓库梳理，提高仓库资源利用率，并完成库存积压物资的梳理、移库工作。

数据梳理阶段，在省公司统筹下，各级仓库管理人员进行实体仓库的账卡物核对，通过以账对物、以物对账的方式逐一清点，确保账卡物一致，并根据库存积压的定义对物资进行库龄计算确认物资是否为积压。

数据核查阶段，省公司成立盘活库存督查小组，检查各市、县公司上报数据台账的准确性、账卡物一致情况，以及物资利库的合理性等。

技术鉴定阶段，根据国家电网公司要求，由省公司运维检修部组织制定库存资源报废鉴定标准。具体鉴定工作由地市公司运维检修部负责，物资部门、财务部门、实物管理部门参与，出具鉴定结果。

制定盘活利库计划阶段，根据国家电网公司要求按照"谁形成积压、谁负责利库"的原则，各级实物（项目）管理部门将本专业利库计划上报各级物资供应公司并由省物资部进行汇总。

盘活利库阶段，经鉴定为可用的积压物资，地市公司先自行利库消化，在国家电网公司内部开展跨部门、跨项目的库存资源调配，地市公司无法使用的物资上报至省物资公司在全省范围内利库。

现场核查阶段，省公司物资部组织盘活利库现场检查工作，按照国家电网公司盘活利库进度安排，将库存资源盘活利库现场检查分为督察推进、仓库核实、总结提升三个阶段进行。

物资需求计划管理工作人员通过 ERP 可查询平衡利库结果，以辅助需求计划的准确性。

（4）平衡利库对源头管控的作用。国家电网公司强调计划的源头管控作用，平衡利库工作通过"需求计划与项目计划匹配""计划提报与平衡利库联动"两大工作机制实现计划环节对需求实现的源头管控作用。

通过需求计划与项目计划匹配机制，将申报的采购计划与项目核准情况、资金落实情况联动，规范计划管理和物资库存管理。同时，要求年终消耗成本采购申请必须与项目计划进行匹配。备品备件计划上报与年度预算结合，备品备件物资采购计划的上报总金额不能超购年度预算的总金额，超出部分不允许上报。

通过计划提报与平衡利库联动机制，开展专业部门、市级层面的本单位利库和省级层面的交叉利库，对库存资源进行全省全口径管理，保证落实"先利仓、再利库、后采购"。

三、采购计划报审管理

前文已述，国家电网公司经平衡利库后的需求计划，即转化为采购计划。因此在计划的申报和审查环节的对象是"采购计划"。换言之，国家电网公司在需求计划预测、编制完成后，即进入需求计划管理的下一个环节——采购计划的申报，经过审核后才可以真正成为采购计划，即需求实现阶段的输入信息。

（一）采购计划申报管理

1. 采购计划申报条件

国家电网公司进行申报的物资或服务采购计划，要通过审核，其关联的项目需要具备一定的前提条件，前提条件的设置主要从需求计划与年度预算、项目管理、企业社会责任承担、公司发展等的协同角度出发，以供应链全链"三效"（效率、效益、效能）提升为目标。

申报物资或服务采购计划的项目应当为已列入国家电网公司年度综合计划和预算，或列入公司年度预安排计划和预算；如所在项目需要履行项目审批、核准等手续，应当取得项目审批、核准部门的批准或核准；对于电网基建项目，物资采购需取得可研批复、初步设计（预）评审意见（协议库存除外）；施工、监理服务需取得可研批复、初步设计批复，如依据施工图工程量进行采购的，应提供施工设计评审意见。如不符合前述条件，但因涉及电网安全、供电服务、公司发展等确需开展的项目，经公司相关决策程序后进行采购计划申报。

2. 采购计划申报要点

为了保证招标采购需求的合规、准确、公平性，国家电网公司采购计划申报的要点主要源于其定期发布的采购计划审核要点。国家电网公司以年度为单位编制、下发《集中招标"总部直接组织实施"批次计划审查要点及须知》（简称《审查要点》）。《审查要点》包括各类项目的通用审查要点以及输变电项目、信息化项目、营销项目等不同类型项目的专用审查要点内容。

国家电网公司通过采购目录调整说明调控批次采购内容。根据各类项目需求、各类项目物资的技术规范调整、各类物资的供求趋势变化等综合因素，制定采购目录调整说明，以此为"指挥棒"，以求实现物资保供的效率、效益、效能提升。在《审查要点》的"采购范围"要求中，以上一年度采购目录清单为基础，针对不同类型项目的物资采购清单进行细致的调整说明。调整内容包括但不限于各小类物资的具体备注说明、各类物资的增减、实施范围的调整、采购组织方式的调整、各类物资采购级别的调整等。

采购计划的审查中，允许提前申请物料以确保物资保供准确、及时。针对国家电网公司物资主数据无法满足工程项目实际需求的情况，《审查要点》明确允许需求方提前申请新物料，但禁止使用其他物料替代。采购计划申报方需要提前进行新物料申请，在申请过程中，国家电网公司各级主数据管理员将对新增物料申请进行预审，经过审批后，新增物料数据将会被同步到 ERP，并确保物资主数据的实时更新与完备。

国家电网公司鼓励多选用"优选"物料，并推进同品类物料在不同项目间的通用互换，利于跨省调拨发挥规模优势，优化供应链成本，并保障电网稳定性。在采购计划申报阶段，国家电网公司鼓励需求部门响应 "更集约、更精简、更精良"的管理理念，深度应用"两级三类"清单体系，在"优选、可选、限选"三类物料中，优先选用"优选"清单中的物资。

3. 采购计划申报流程

国家电网公司总部、省公司物资部按照年度集中采购批次计划安排的时间节点，下发计划编制工作要求。

（1）县公司采购计划申报。县公司需求部门按要求编制实际需求计划，县公司物资供应分中心收集本单位物资需求后，会优先与本单位在仓、在库物资进行匹配，凡是匹配到本单位专业仓、库内的可利用实物的，则通过物资调配满足需求；如本单位在仓、在库物资无法满足需求，则将需求上报地市公司物资管理部（物资供应中心），地市公司物资管理部（物资供应中心）在规定时限内完成实际需求计划汇总和平衡利库后，准备提报采购计划。

（2）地市公司采购计划申报。地市公司需求部门按要求编制实际采购计划并提报物资管理部（物资供应中心），物资管理部（物资供应中心）在规定时限内汇总需求部门及县公司的实际需求计划，与在库在仓物资匹配后形成物资利用计划，并组织实施；本地市无法满足需求时，在全省可调配库存物资清单中进行匹配，若满足需求，提交跨地市调配申请；若全省可调配库存物资无法满足需求，经平衡利库和预审工作后形成物资采购需求统一向省公司物资管理部门提报采购计划。

（3）省公司采购计划申报。省公司物资部组织开展计划汇总、审核及平衡利库，形成审定后的采购计划、预审报告及相关支撑性材料；将采购计划上传至国家电网公司总部 ERP 系统，预审报告及支撑材料报送国网物资公司。

（二）采购计划审查管理

国家电网公司的采购计划审查工作由总部、省、地市三级物资管理部门组织开展，同级的发展部门、财务部门、项目管理部门、专业管理部门和需求单位共同参加。

属于"一级集中采购目录"范围内的物资与服务，由国家电网公司总部需求部门和省公司物资部严格按照一级集中采购目录范围，将采购计划及相关材料提交国网物资公司；国网物资公司按要求汇总、初审总部需求部门及各单位提交的采购计划，形成书面审查报告后提交至总部物资部；总部物资部组织开展采购计划集中审查工作，国网物资公司根据审查情况处理新增、修改、退回的计划，审定后的采购计划进入采购环节；对于需与前期配套保持一致等符合单一来源采购条件的或通用性差的采购计划，根据招标文件审查会意见实施采购；对于数量少、金额小等符合授权采购范围的采购计划，相关采购计划退回❶项目单位，通过系统授权省公司实施。

属于"二级集中采购目录"范围内的物资与服务，由国家电网公司各省公司物资部将通过审核的集中采购计划及相关材料提交总部物资部；总部物资部组织国网物资

---

❶ 采购计划退回：国家电网公司各级物资管理部门对存在不合理、不准确采购要素的采购计划，退回需求单位（部门）修改的过程。

公司定期审核采购目录的执行情况；省公司物资部依据本单位制定的授权采购范围审核采购计划，符合授权条件的，通过系统或书面形式授权下一级公司实施。

1. 审查管理目的

采购计划审查是确定采购内容和采购策略的必要途径，是招标采购工作中的重要环节。国家电网公司采购计划审查模式由"定期分散审查+集中审查"向"储备池常态审查+远程智能审查"的转变，是在目前"互联网+"招标模式和现代智慧供应链建设形势下的必然趋势，能够大幅降低计划管控成本，合理实现专家资源跨区共享，有力保障计划审查质效。

采购计划审查的主要目标是保证计划的规范性、准确性和合规性，重点针对项目核准情况、采购目录清单执行情况、采购方式选择、物资标准化应用情况以及采购计划编制方案等进行审查。

2. 审查管理机制

为持续提升国家电网公司采购计划审查质效，国家电网公司不断优化采购计划审查模式，由原来"省公司初审+总部复审"向"省公司初审+专家集中复审"模式转变。总部建立集中审查会机制，组建采购计划评审委员会，定期召开采购计划审查会。

（1）优化一级输变电项目计划审查模式。依据年度采购计划安排、采购目录及计划审查要点等管理要求，从工作原则、实施范围、职责分工、组织形式、工作流程、审查内容等六个方面优化一级输变电项目计划审查模式。组建总部级采购计划审查专家库，实现采购计划由"省公司初审+总部复审"向"省公司初审+专家集中复审"模式转变，进一步压实主体责任，全面提升计划审核质效。

（2）健全二级批次计划审查机制。二级批次计划审查工作以《国家电网有限公司物资计划管理办法》为指导，开展二级批次计划审查工作流程优化，将审查模式由"省公司/直属单位审查+总部筛选"调整为"省公司/直属单位审查+总部抽查+现场检查"，进一步提升二级批次计划管理质效，严格两级采购目录执行，压紧压实采购主体管理责任。

各分部、省公司、直属单位作为需求主体，承担二级批次计划审查的主体责任，严把"入口""源头"关，严格目录审核和执行管理，确保采购计划高质量提报。总部严把"监管"关，制定公司年度二级批次采购计划检查工作方案，强化二级批次采购计划的"事中""事后"抽查、现场检查和指标通报，侧重采购计划审查模式从

"事中"抽查为主向"事后"抽查为主转变，督促各单位持续加强二级批次采购计划管理，明确管理要求，推动制度落实。

3. 审查要点内容

采购计划审查内容包括采购计划的规范性、准确性和合规性，重点对项目核准情况、采购目录执行情况进行审查，严控应招未招和未核先招，严禁越级采购；审查计划申报范围、项目名称、电压等级、估算价格、交货方式、交货期、需求数量等是否准确；固化技术规范应用、未固化技术规范编制是否准确等方面。

以"总部直接组织实施"批次计划的审查要点为例，分为"计划部分"和"招标部分"。其中，计划部分的审查，重点关注采购范围、工作要求、流程等，招标部分的审查要点主要用于指导计划提报人员、审查专家规范地编制、审查技术规范书，涵盖了计划的商务部分和技术部分。

（1）一般性审查。一般性审查主要审查是否按照规定的程序和内容确定采购需求、编制采购实施计划。审查内容包括采购需求是否符合预算、资产、财务等管理制度规定；对采购方式、评审规则、合同类型、定价方式的选择是否说明适用理由；属于按规定需要报相关监管部门批准、核准的事项，是否做出相关安排；采购实施计划是否完整。

（2）重点审查。重点审查是在一般性审查的基础上，进行以下审查：

1）竞争性审查。主要审查是否确保充分竞争，包括应当以公开方式邀请供应商的，是否依法采用公开竞争方式；采用单一来源采购方式的，是否符合法定情形；采购需求的内容是否完整、明确，是否考虑后续采购竞争性；评审方法、评审因素、价格权重等评审规则是否适当。

2）采购政策审查。主要审查进口产品的采购是否必要，是否落实支持创新、绿色发展、中小企业发展等政府采购政策要求。

3）采购人或者主管预算单位认为应当审查的其他内容。

在采购计划审查阶段，对于不具备采购条件的项目会采购相应处理方式。如采购计划编制错误，退回需求单位修改后重新提报；如采购计划因不具备招标条件、批次安排调整等原因不能实施，则延迟采购；如因信息系统原因或需求单位申请撤销采购计划，则将采购计划退回需求单位不予执行。

同时，国家电网公司规定，采购失败、需重新采购的采购计划在3个工作日内退回需求单位。需求单位应结合批次采购时间组织重新申报。重新申报采购计划时，需求单位应分析采购计划申报失败原因，充分考虑重新采购所需时间周期对项目进度的影响。

（三）采购计划实施管理案例

根据国家电网公司相关制度，采购计划实施管理主要包括需求计划编制、平衡利库、采购计划提报、采购计划审查管理等。此处，介绍一个完整的采购计划实施管理流程案例。

为大力发展红色资源林区特色旅游相关产业，某省属地电网工程急需提前升级改造，其属地县供电公司电网工程需求计划编报和审核流程如下。

1. 需求计划编制阶段

（1）前期准备、物料及技术规范确认。

1）国网某县供电公司需对 66kV 变电站某 1 号主变压器工程进行升级改造，县公司项目管理部门接到该改造工程的批复，取得项目审批、核准后及时与省公司账务部充分沟通，确保账务预算已正确下达到其县公司。项目单位组织相关人员按照设计单位提供的工程所需设备、材料信息按照标准化物料申报原则、结合两级采购目录进行梳理，对项目所需物资进行一、二级采购层级的确认。

2）项目人员在 ERP 或物料主数据表中，选择一次设备、装置性材料等物料等相关信息，以某变压器为例，详细信息如下。

物料编码：500031221

物料描述：66kV 油浸有载变压器，31.5MVA，66/10，一体。

物料信息确认后，根据年度集中采购批次安排时间节点，在国家电网公司电子商务平台（ECP2.0）就近批次中根据物料编码找到适用的技术规范：9977–500031221–00005。假如技术规范 ID 冻结或因技术参数存在差异性而无总部固化 ID 的，还可自行进行编制或编制总部一级省公司固化技术规范书，其中总部一级省公司固化技术规范书（9111 开头）由项目单位编制完成后上报到本单位物资管理部门，省物资公司汇总需求后组织技术审查专家进行审核，审查无误后发给相应编制审核省份进行复审，最终由审核省份发布。

（2）需求计划编制。项目人员根据国家电网公司前一年底发布的储备项目，按照设计单位提供的工程所需设备、材料的物料信息挂接物资清册模板，并生成年度需求计划预测，逐级完成审批后上传国家电网公司。

该改造工程项目实际建设时，县公司物资人员在 ERP 中，根据项目信息查找到已上传国家电网公司的年度需求计划预测，在清查其专业仓可以实现部分装置性材料的消纳，核减掉该部分以完成县公司级平衡利库以后，在 ERP 中操作生成需求计划，此过程中如发现常规采购申请中信息出现偏差，则在节点内时间可对需求计划进行修改。

2. 采购计划申报、审查阶段

（1）县公司级申报。县公司物资人员通过 ERP 将该项目的采购计划提报到地市公司，同时提交预审核报告及附表。

（2）地市公司层级。地市公司物资部门先根据地市周转库库存进行清查，确定还有部分装置性材料可以平衡利库，核减可消纳的利库数据后，组织召开改造工程预审会，对采购计划信息进行预审。预审完成后，按照批次时间截点，地市公司物资人员将采购计划上报到省物资公司物资计划部。

（3）省公司层级。省公司物资部省根据中心库库存进行清查，确定没有物料可平衡利库，由省物资公司物资计划部对该工程采购计划的交货日期等信息以及技术规范 ID 是否冻结、自编技术规范的原因进行初审，初审时发现采购计划交货日期不满足特定设备生产周期，形成初审修改清单，将初审修改清单下发至地市公司物资部门，地市公司物资部门转发给相关项目单位，项目人员对交货日期问题进行修改及反馈。

采购计划完成修改汇总后，省物资公司组织各专业管理部门及外部中立专家召开采购计划招标文件审查会，专家在技术层面对采购计划及技术规范书内容进行审查，确认无问题后将采购计划上传国家电网公司并发送预审报告及附表，同时上传年度需求计划与采购计划常规采购申请的关联关系。

（4）总部层级。国网物资公司按照时间节点接收到采购计划后组织各网省公司专家召开计划审查会，从需求与计划管理角度对采购计划的交货日期、交货地点等信息、预审报告相关内容进行最终审核（如出现问题会形成计划修改明细下发到网省公司，同时采购计划也将通过 ERP 逐级退回修改，修改后完成审批上传至总部 ERP）。

四、需求计划评价管理

和本章第一节中理论部分相对应，国家电网公司也构建了完善的需求计划管理评价体系，包括由需求计划预测准确率、采购统计分析规范率、需求计划采购及时率组成的全面计划管理指数，以及年度需求转化率两大方面。

（一）需求计划评价管理的主要内容与做法

1. 需求计划评价管理内容

需求计划评价管理内容包括业务数据指标、工作规范性分析、管理创新分析等方面。对业务数据指标，依托电子商务平台、供应链运营调控指挥中心等信息系统，实现线上抽取、自动计算；对工作规范性分析、管理创新分析，采取加减分方式进行分析。

2. 需求计划评价管理的做法

国家电网公司设计开发需求计划全景监控可视化功能，从年度发展总投入、综合计划下达规模、年度需求储备规模、完成初设需求规模与采购申请提报规模这五大维度全量展示、分析全年综合计划下达情况与各版本需求计划储备情况。同时建设年度需求计划多维统计、多维分析和转化率功能，快速掌握各单体工程的项目储备及需求计划提报的及时性，对于到期未提报需求计划或未将需求计划转化为采购申请的工程进行预警。此外收集分析各单位在需求计划管理工作中系统应用问题，逐条分析并细化制定问题消缺方案及排期进度，加强对消缺问题进度跟踪、测试验证，形成问题消缺闭环管控。

（二）需求计划评价管理的意义与管理职责

1. 需求计划评价管理的意义

以国资委《关于进一步加强中央企业采购管理有关事项的通知》工作要求为指引，根据供应链平台"强身健体"工作安排，进一步加强全品类需求计划规范化管理，明确需求计划从测、编、报、审全流程强关联、强管控的分析管理工作要求，以优化贯通计划、采购、合同、履约、结算等各个环节的全品类需求计划采购闭环管控机制，推动绿色现代数智供应链赋能经营管理提升取得实效。通过精益化理念和数智化方式进行供应链管理流程优化与重构，消除供应链各种浪费与低效环节，实现管理要素的精准配置。以需求计划分析管理实现采购决策更精准、资源计划更合理、业务运作更高效、质量管理更可靠、数据分析更迅速、风险洞察更及时。

2. 管理职责

国网物资部负责国家电网公司各单位计划管理工作的评价管理，定期进行总结、分析和综合评价。

国家电网公司各单位负责本单位计划管理工作的评价管理，定期进行总结、分析和综合评价。国家电网公司各级物资公司配合收集、整理和汇总与检查分析相关数据资料。

国家电网公司各级物资管理部门根据对标管理、企业负责人绩效分析工作要求，结合本单位实际，细化制定计划管理分析指标，定期对计划工作进行分析和综合评价；同时负责数据的收集和统计分析，协助物资管理部门开展考评工作。

（三）需求计划评价管理指标体系

如本章第一节所介绍，需求计划管理评价体系的指标导向基本围绕可靠性、响应性、敏捷性、成本、资产管理效率几方面进行设置。如需求计划预测准确率、需求计划采购及时率、采购数据上报及时率等，并在各单项指标基础上，通过权重配比形成综合指数评价。

1. 全面计划管理指数

（1）概念。全面计划管理指数由需求计划预测准确率、采购统计分析规范率、需求计划采购及时率共同决定，统计范围为国家电网公司两级采购批次（含协议库存、授权采购）。全面计划管理指数与电网物资标准化率、采购质效管理指数共同决定物资采购质效指数。

物资采购质效指数是评估采购各个环节合规管理情况的综合性指标，涵盖物资计划管理、物资标准化、采购质效等关键业务。全面计划管理指数在物资采购质效指数中权重为 30%。

（2）计算方法。全面计划管理指数由需求计划预测准确率、采购统计分析规范率、需求计划采购及时率按照不同权重配比构成。

1）需求计划预测准确率＝（两级批次由年度计划在线自动生成的采购申请条目数/两级采购申请总条目数）×K。其中 K 为需求预测准确率系数，通过统计全年需求预测金额与实际采购申请计划估算金额吻合程度进行定量评价。

2）采购统计分析规范率由采购数据上报及时率和采购数据上报准确率构成。其中，采购数据上报及时率主要由国家电网公司总部 ESC 采购结果宽表已提交采购数据的及时性决定。

采购数据上报准确率主要用来统计采购计划规范条目数在采购计划总条目数中的占比。采购计划不规范条目包括未按时完成采购数据统计报送、未按时完成国资委采购合同数据审核上报的以及统计分析发现的问题风险数据；出现因项目单位原因补报计划、退回修改技术规范 ID 号、需求数量，报错批次、不具备采购条件等来文撤销等情况。

采购数据上报准确率＝{1－[(估算金额/采购金额)≥10 的统计条目数＋

(估算金额/采购金额≤0.1 的统计条目数)]×0.1%}×100%

3）需求计划采购及时率＝Σ 及时完成计划闭环的采购计划条目数/Σ 采购计划总条目数×100%。

2. 年度需求计划转化率

（1）概念。年度需求计划转化率体现国家电网公司全年两级批次采购中由年度计划在线自动生成的采购申请条目数在全年两级采购申请总条目数中的占比。

年度需求计划转化率与采购文件规范率、采购价格合规率、电商交易专区选购审批规范率共同决定采购业务质量指数。

（2）计算方式。年度需求计划转化率＝全年两级批次由年度计划在线自动生成的采购申请条目数/全年两级采购申请总条目数。

第四章

供应链需求实现管理

明确了各类采购计划后，接下来就进入了需求实现管理阶段。需求实现管理阶段将采购计划转化为采购方所需要的物资、服务，是资金流真正与实物流进行交互的重要环节，主要涉及采购、生产和储运交付等管理阶段。

由于生产环节并非在所有企业中都是必须的，本章理论介绍部分主要聚焦通过采购实现需求模式下采购管理环节中的采购策略、采购方式、采购组织形式等几个方面。与此相应，国家电网公司的需求实现管理实践内容围绕采购目录管理机制、采购策略、采购执行管理及采购统计分析展开。同时系统性介绍国家电网公司对采购数据价值的深入挖掘经验。

国家电网公司的采购目录管理是两级集采实施模式下需求与计划管理的基础，同时直接指导采购执行，其中明确的采购方式、采购组织形式等内容与理论中的需求实现管理模式相呼应。同时，国家电网公司在批次管理以及采购数据价值挖掘方面的实践经验更具有推广意义。

第一节　传统供应链需求实现管理模式

第一节中首先介绍没有达成采供高度协同的供应链需求实现模式，即传统采购计划与运作管理模式，其中包括采购计划、采购方式与采购组织形式、采购合同与订单等概念。

一、从 MRP 到采购策略与计划

传统供应链需求实现管理模式中，采购方更加关注的是较短一段时间内（通常是一个月到一年）的供应保障问题，直接需求采购计划的编制主要依据物料需求计划（MRP）的输出信息，而 MRP 本身就是一种非战略性的运作层面计划，所以传统的采购计划也通常不具有战略前瞻性的特征。

传统上，MRP 或间接需求计划输出的通常是未来几周或几个月内或一年内的具体型号或料号的物料需求信息。采购管理部门根据需求的时间节点、确定性水平进行恰当合并和分组，再结合需求属性和供应市场特征、典型的最小订购批量（MOQ）和交货周期时间、在手库存数量可用时间、既定库存管理政策（包括再订购点和库存水位上下限）等，制订出包括采购批量和时机在内的采购策略与计划。

首先，对于高确定性的需求部分，需要根据需求时间节点和 MOQ 要求整合成几个批次或一个覆盖全年度需求的单一批次。如果决定合并成单一批次，还需要结合需求属性和供应市场特征、库存政策要求和典型的交货周期时间，决定是否将一个采购批次划分成几个交货批次。例如，标准化程度高、供应市场风险小的需求，更倾向于分成批量不低于 MOQ、交货间隔期不小于典型交货周期时间的若干交货批次，这样也更容易保证最高库存不超过公司的库存水位上限政策。接着再根据最小库存水位（通常是再订购点所对应的数量）决定下达采购订单或交付指令的时间安排，最后根据确定供应商所需的时间倒推出发出询盘的时间安排。对于确定性较低的需求部分，首先要决定这部分中的多少比例可以与高确定性的需求部分进行合并处理，多少比例可以采用符合公司政策的安全库存部分来解决，最后剩下的部分则可以通过监控实际需求数量对计划采购数量的消耗情况在下一批次交货中补充，或者在等不及下一批次交付时间的时候，采用现货采购方式获得所需产品或服务。

国家电网公司的输变电批次的采购需求通常具有高确定性。根据工程进度、项目里程碑计划等影响因素，国家电网公司输变电采购被整合为全年六个批次，基本满足输变电项目全年采购需求。但是由于综合计划外管理的业扩配套、电力迁改、政府招商引资配套、新能源配套四类紧急项目建设周期紧迫且需求确定性相对较低，所以目前采用主网协议库存的采购组织形式，全年一般安排两批次协议库存采购，作为常规输变电批次的补充，并且协议库存合同金额执行比例可在 80%~120% 之间浮动，使得这部分需求有较为充分灵活的调整空间。

在缺失采供协同关系的传统需求管理环境中，对差异化程度高、供应市场风险也高的不确定性需求如何进行合理的批次管理，一直都是一个极具挑战的工作。一旦批次采购量多于实际需求量，或是采用安全库存管理对策，都很可能给公司带来呆滞库存造成的财务损失风险。理想中按照需求确定后或项目计划进程来安排采购时机和采购量，通常又会面临到货不及时甚至断供的风险。因此，使用决策树的方式来处理不确定性高的这部分需求，是一个可以推荐的方法。决策树的输入信息包括：①不同批次及批量所对应的采购价格；②采购进来的数量有实际需求的预估概率以及为公司创造的收益；③采购进来的数量没有实际需求的预估概率以及形成呆滞库存给公司造成的损失。基于这些信息，采用决策树或报童模型，就可以得到期望收益最大化的分批次采购数量建议计划。

二、采购方式与采购组织形式

确定了采购计划后，企业还要选择恰当的采购方式和采购组织形式。

（一）采购方式

采购方式是指选择供应商的方式，即货源选择方法。

常用的货源选择方法包括招投标、询比价、谈判议价。这三种方式并非泾渭分明，无论是招投标还是询比价，过程中都会或多或少地涉及与供应商的磋商谈判；而询比价与招投标相比，主要表现为文件和表单复杂程度上的差异，以及实施过程和供应商选择过程的规范性、公开性和正式性程度上的差异。确定何种货源选择方法常常取决于企业的采购策略，以及采购的规模和采购管理要求。

在政府和国有企业中，通常会根据法律和合规性的要求，更倾向于采用招投标作为选择供应商的主要方式，包括公开招标、邀请招标和电子招标等。这方面的详细内容可以参阅本套丛书《供应链采购管理》分册中的相关内容。

在不违反法律和合规性要求的前提下，针对采购规模大、采购要求通用标准化程度高的采购需求，企业更适合选择招投标这种采购方式；对采购规模较小、采购要求通用标准化程度高的采购需求，则更适合采用流程简单、费时较少的询比价方法；对差异化、定制化程度较高，以及时间紧迫的采购需求，更适合采用谈判议价的供应商选择方法。谈判议价可以是非竞争性的独家谈判，也可以是基于询比价基础之上的、多家参与的竞争性谈判议价形式。

国家电网公司的采购方式是其采购策略的重要组成部分，其选择方式也比较符合以上基本原则。在依法选择的前提下，国家电网公司坚持优先选择公开采购方式，并严格非公开采购方式的管控；同时针对各地方需求存在差异的采购规模较小的物资，灵活应用竞争性谈判等采购方式。

（二）采购组织形式

采购组织形式是以采购计划为依据、将计划落地执行的各种采购安排和实施方法，与采购计划需要保持高度的统一性。常用的传统采购组织形式包括按需采购、现货购买、提前采购、批量采购协议。

1. 按需采购

当采购组织在避免过量库存带来的持有成本、财务机会成本和库存积压风险的前提下，为确保供应时效所采取的、按照未来一段期间内的预测需求来确定采购数量的采购策略。其目标是实现包括采购总额、订货成本和库存持有成本在内的总拥有成本最优化。供应管理专业人员需要根据未来的需求订单与预测，在保证一定比例的未来需求得以实现的前提下，同时保持供应灵活性和降低库存冗余风险。如对于未来第5~8周的需求，供应管理专业人员要确保90%的预测需求，而第9~12周的需求，则按照75%的预测需求进行采购。

2. 现货采购

现货采购也称为现用现采。在买方市场条件下，当供应采购组织不把采购的规模经济性作为主要考虑因素，通常只在真实需求出现时才在现货市场进行购买的一种采购政策。这种政策可以帮助采购组织规避库存持有成本和库存过期淘汰报废的风险。通常，这是一种在价格下跌市场中运用的短期策略，也可能是其他一些原因所决定的，如，采购组织的现金流有限；或者是采购物品有存储时间限制，如农产品、化学用品等；抑或是技术更新换代快速的产品等。另外，在采购组织实际需求超过预测需求，而现有供应商又没有额外产能来满足这些需求时，采购组织也只能在现货市场上去进行现货购买了。

3. 提前采购

当采购组织对未来一段期间内的需求预测较为确定，并预见未来可能会出现供应紧张或采购价格有较大上升时，出于资金使用效益和财务收益的考虑，采取提前购买未来一段期间内的需求量的采购策略。在采用该种采购策略时，供应管理人员需要对提前购买造成的库存持有成本有清晰的了解，并找到采购成本节约与库存持有成本之间的关系，以便做出恰当的选择。

4. 批量采购协议

当采购组织既想获得提前采购可能带来的成本节约或批量采购带来的规模效益，又想避免库存持有成本时，可以通过与某个供应商签订批量采购协议的方式，承诺在未来的一段期间内分批从该供应商那里采购所需产品或服务。

从上述四种采购组织形式的介绍中可以看出，国家电网公司的批次采购相当于按需和批量两种采购组织形式的组合应用；而在突发应急事件的情况下为了获得快速供应响应的应急采购，则与现货采购相似；国家电网公司基本不存在提前采购组织形式，但基于产业链链长供应链链主定位，每年度进行电网建设形势分析，其中包括对于大宗货物等与原材料价格紧密结合的预测内容。该项分析的对外发布，向链上企业提供了较好的参考，链上企业可以据此进行年度生产预案安排。

三、采购合同与订单

为了确保采购方顺利实现采购目标，选择合适的合同类型十分重要。通常，合同中确定了采购方和供应商如何分担责任和成本，以及如何评估供应商的交付绩效等方面的内容。因此，几乎所有合同都是以采购定价和交付为核心。例如，固定价格合同就是以双方达成一致的合同标的价格为视角命名的合同；而不确定交付合同主要是基于交付数量和时间的不确定性而命名的合同。

（一）固定价格合同

固定价格合同是在合同中明确了采购标的的价格，同时也对可能发生的价格调整做出了事前约定的合同形式。固定价格合同包括确定的固定价格合同、附有价格调整条款的固定价格合同、再确定型固定价格合同、附有激励性条款的固定价格合同几种细分形式。

国家电网公司批次采购组织形式下所签订的采购合同，均为固定价格合同。

（二）成本补偿合同

发明研究型服务、没有先例的大型建设等采购需求，本身的工作范围难以清晰界定，工作量、总成本和合同价格往往也难以事先敲定。因此采购方可能会使用成本补偿合同来保证供应商的服务成本得到合理补偿，并得到相应的收益。

（三）不确定交付合同

如果合同中仅仅确定了最大和最小数量，而没有确定未来具体交付时间和数量，就可以统称为"不确定交付合同"。这种合同的签订源于需求的不确定性，这些不确定性根据所处产业、行业的不同可能来自生产排程计划、服务活动时机、材料数量或所需服务的频率等方面原因。不确定交付合同包括交付时间和数量不确定合同、时间和材料合同、需求补偿型合同、框架协议或总括订单等几种形式。其中框架协议或总括订单在不同的企业实践中可能会有不同的理解和定义，这里给出一种解释供读者们参考。框架协议或总括订单是指采购方在合同中向供应商承诺在未来一定期限内（通常是一年及以上），以预定的价格，或者基于市场或其他条件之上而确定的价格，从供应商这里采购数量规模确定的某种或某类特定的产品或服务，目的是在双方合作过程中使用管理流程更加简便的"交付通知"形式取代流程较为繁琐的订单。

国家电网公司框架协议采购合同多签署框架性合同金额，以物资、服务实际交付金额进行结算。

第二节　供应链现代需求实现管理模式

现代供应链需求实现管理模式与传统供应链需求实现模式的最大区别在于，更加关注需求实现的战略计划作用与价值，具体来说，也就是从品类特征入手，来制订长期导向的采购战略。

一、品类采购战略计划

品类采购战略计划的制订一般包括内部分析阶段、外部分析阶段和战略计划阶段三个主要阶段。

国家电网公司以采购目录管理作为需求与计划管理的源头与基础，其对物资品类的管理视角和品类采购战略规划的聚类管理思想相通。

（一）内部分析阶段

这一阶段中，企业首先要对采购标的的品类划分进行回顾，必要时进行重新梳理和调整。分品类从以下几个方面着手进行内部分析。

1. 采购支出现状分析

ABC 分类法（帕累托分析或 20/80 原则）是典型的支出分析工具。进行支出分析时需要从使用者、使用地、供应商等多维度来考察各个品类及子品类的支出占比和重要程度。一般来说，支出大的品类，通常是重要的品类。支出小但对企业的市场竞争力具有重要影响的品类或子品类甚至单品，也应该被划归在重要性高的范围。任何组织都会把有限的资源和精力放在对组织具有重要影响的活动上，因此，支出分析无疑是产品/服务寻源流程中一个重要的环节。

2. 采购趋势分析

品类战略计划是具有前瞻性的采购战略管理方法，因此还需要收集或预估某品类在未来一段时间里的需求变化趋势，从而可以进行相应的应对管理策略。

3. 品类要求分析

品类要求包括技术要求和商务要求，具体的分析内容包括技术规格与资源能力要求、质量水平与资质要求、交付能力要求、价格与成本要求、配合与服务要求、创新能力要求、管理水平要求、可持续发展能力八个主要方面。

在国家电网公司业务实践过程中，如业务部门在使用依据物资分类形成的物资主数据过程中，发现既有系统中尚无所需物资分类（小类）数据，可对所需物资分类（小类）进行新增申请，经相应单位主数据管理人员、物资管理部门逐级审核后，由国家电网公司总部物资部审定。同时，国家电网公司每年第四季度进行采购目录清单的编制更新，对下一年度采购物资类型、采购策略等进行规划。

（二）外部分析阶段

外部分析主要包括供应商分析、供应市场分析和宏观环境分析三个方面。

1. 供应商分析

供应商分析包括对供应商的经营范围、供应能力、供应表现和合作意愿等方面进行综合分析评价，并对供应商的优势、劣势、机会与威胁（SWOT）进行汇总分析。一个常用的合作意愿分析方法被称为供应商偏好分析，即从两个维度来考察供应商是如何看待客户的。第一个维度是客户的相对价值，一般用采购组织的采购支出占供应商销售额的比重来表示采购组织对供应商的价值；第二个维度是客户的吸引力，即采购组织的业务对供应商的吸引力，这个通常与供应商的业务战略有关。将两个维度进行结合，可以得到供应商偏好的四个象限，分别是：第一象限，核心，就是供应商把采购方当作核心客户，并致力于与采购组织建立长期的合作关系；第二象限，开发，就是说采购方对供应商很有吸引力，但尚未在供应商这里进行大规模采购，因此供应商通常把采购组织当作重点开发的客户；第三象限，盘剥，就是供应商不看重与采购组织长期合作关系的维系，而更加看重眼前利益的收获；第四象限，回避，就是说采购方对供应商的业务吸引力很小，供应商对采购组织表现出厌烦和回避的态度，供应商与采购方的合作关系一般是一次性或短期导向。供应商偏好矩阵如图 4-1 所示。

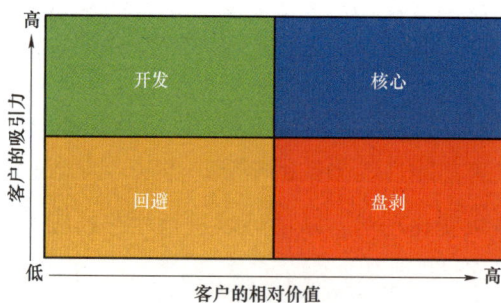

图 4-1　供应商偏好矩阵

2. 供应市场分析

供应商分析是一种微观分析，为了避免"只见树木不见森林"的局限性，还需要从中观和宏观的层面上，对整个供应市场有所了解和把握。首先，需要对某品类或子品类供给侧的行业现状进行摸底，然后也需要对该行业所面向的客户群体，即需求侧进行分析。分析的主要内容包括：整体供应市场供应能力与客户细分市场的需求规模及变化趋势，细分市场的主要买家，本企业在细分市场上对于供方而言的重要性，其他细分市场对本细分市场供应资源的兼容性与竞争性。波特的五力模型作为一个供应市场分析工具在实践中被广泛应用。该模型由迈克尔·波特（Michael Porter）在 20世纪 80 年代初提出。波特认为市场中存在着决定竞争程度的五种力量，分别是新进入者威胁、替代品威胁、需求市场买方力量、上游市场卖方力量以及现有供应企业之间的竞争程度，见图 4-2。

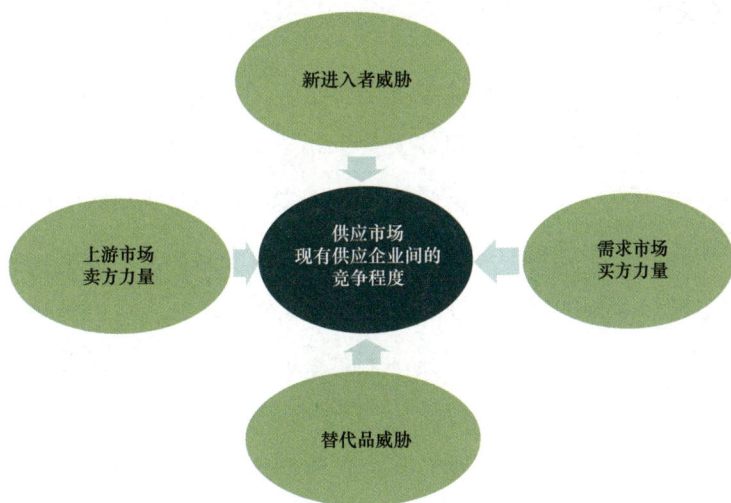

图 4-2 供应商偏好矩阵

3. 外部环境分析

对供应市场进行了分析后，还需要考虑外部环境对于供需两端的作用与影响，比较常见的分析方法是 PESTLE 分析法，即从政治（politics）、经济（economics）、社会（social）、技术（technology）、法律（legal）和自然环境（environment）六个方面入手，把握外部宏观环境对品类供需的影响。还有一种被称为"STEEPLE"的分析方法，即在上述六个方面以外，增加了道德（ethics）视角。

（三）战略计划阶段

卡拉杰克（Peter Kraljic）矩阵（"价值/风险"矩阵，2×2 矩阵），是制订采购战略的经典工具。

企业通过卡拉杰克矩阵分析,判定出某个品类是属于战略类、瓶颈类、杠杆类还是日常类的采购分类后,通常会从品类的重要性和供应市场的风险水平两个维度出发,做出前瞻性的采购战略计划。企业需要考虑的策略性问题包括:

(1)寻源决策,就是确定企业为了满足某个特定采购需求而需要什么样的供应来源,需要多少供应来源,以及如何识别和选择这些供应来源。

(2)采购方式,就是使用什么方式来获得企业所需的产品或服务。

(3)供应商关系定位与管理方法,就是通过分析供需市场中买卖双方的依存关系和力量对比,确定自己与供应商之间应该保持什么样的合作关系,以及在某种关系基础之上如何进行合理的供应商管理。

二、寻源决策

制定寻源决策时,首先要确定企业需要什么样的供应来源以及供应来源的数量,这与企业的采购规模及采购要求息息相关。

当企业的采购规模很大,企业会倾向于选择实力雄厚、规模较大的生产商或代理分销商,数量上偏向于多家供应来源,通过促进竞争来获得采购成本最优化;如果企业的采购规模较小,采购要求通用性、标准化程度较高时,企业会更倾向于选择规模适中、数量较少的生产商或代理分销商,比如为了获得更好服务时选择独家供货,或者从降低供应风险的角度出发,选择2~3家供应商。

当采购要求通用性、标准化程度较高时,企业会从提高服务水平和供应保障的角度出发选择几家代理分销商;但当采购要求的差异化、定制化程度较高时,则可能更倾向于选择与定制开发能力强的少数生产商合作。

供应来源的数量关乎供应风险及采购成本这两个采购管理中最重要的考量因素,选择独家供货、少数2~3家供应商的有限来源与选择多家供应来源的利弊分析如下。

(一)独家供货

独家供货包括唯一来源和单一来源两种情况。

1. 唯一来源

唯一来源是指能够为采购组织提供某项产品或服务的供应来源是唯一的,如专利产品的供应商,或一些公共服务的供应商。这种情况下,企业选择供应商时受到严重的局限,即使是全球性大公司对唯一供应来源也缺乏实质性的影响力。

2. 单一来源

单一来源是指竞争市场上存在多个供应商，但是采购组织决定只选择从其中的一家供应商那里集中采购特定产品或服务。采取这种做法的目的在于通过对单一供应商的采购承诺及双方紧密合作，获得供应商的资源投入承诺，使供应商早期参与到采购组织的产品/服务开发中来，为采购组织提供产品开发、生产制程、价值分析等各方面的输入与增值服务。

除招标采购的采购方式，国家电网公司的采购方式也包括竞争性谈判、单一来源采购等。国家电网公司的单一来源采购方式包括了"独家供货"的两种情形，一般情况下是由于货源唯一、应急采购或是必须采购与原有设备相配套的物资等。此外，国家电网公司的单一来源采购具有严格的专业论证和事前公示要求。相关内容将在本章第三节详细介绍。

（二）有限来源

总体来看，选择 2~3 家的有限来源供应商策略的最大好处是可以大幅度降低供应风险。这与有些企业（尤其是流程制造型企业）的关键生产设备保持"一开一备"的策略具有异曲同工之处。其有效性与概率论有关，简单通俗地讲就是，对于两个相对独立的个体而言，假设每个个体的实效风险概率是 0.1，那么两个个体同时发生实效的概率就是 $0.1 \times 0.1 = 0.01$，也就是说，通过增加一个备份（也叫冗余），发生风险的概率会指数级地降低。

使用 2~3 家有限供货来源降低供应风险的前提是，风险对这 2~3 个供应来源是相互独立的。举例来说，如果供应风险主要是由供应商内部原因造成的，这种策略的效果通常更好。假如是外部原因，就需要更加具体的分析。比如，自然灾害发生后导致的供应风险，对于同属于一个较小的地理区域内的供应商的威胁可能都很大。如果选择相距较远的两家供应商，那么自然灾害的影响就可能有天壤之别。采取双来源的效果也会更好一些。但如果供应风险是来自于共同的上游供应商，那么这家上游供应商交付出现问题后，对两家供应商影响的差异就不那么大，双来源的效果也就不怎么显著。

如果采购组织的采购规模很小，把业务分给 2~3 家供应商后，可能没有任何一家供应商会将满足该采购组织的需求放在优先级位置上，这时有限来源策略有可能适得其反。可以考虑的解决方法是"跨品类"或"跨区域"双来源策略。所谓"跨品类"双来源策略，就是找两个存在较高关联性的品类，如冲压件和注塑件；再找两个同时供应这两类零件的供应商,但平时每家供应商只提供其中的一个品类。采购组织通过协议的约定,让两家供应商都做好事先准备,成为另一类零件的备用货源。这样通过正常稳定的业务来营造并保持住良好的合作关系,从而形成互为备份的风险防范机制。"跨区域"双来源策略,则需要以同一企业在不同区域存在同质性较高的需求为前提。也常常被称为"平行采购策略",即正常情况不同区域的采购需求就近满足,某个区域出现供应风险时,其他区域的供应商可以临时救急。所以,这种情况下可能会存在多个来源。

（三）多个供应来源

指采购组织选择三家以上的多家供应商提供相同产品或服务,旨在通过使用多个供应商互相备份,预防可能出现的供应问题,减少采购过程中的风险并保证供应连续性。

多数供应管理专业人员会倾向于选择使用多个供应来源,适用多个供应来源的情况包括:

（1）对于大批量的部件需求来说,如果一家供应商满足全部需求比较困难,维持几家供应商是比较合理的。

（2）组织出于风险控制的角度,对于关键部件要求必须多家供应商提供。

（3）市场上有很多家供应商,产品区别不大,这样可以维持供应商之间的相互竞争,确保它们为了更大的市场份额而表现更好。

使用多个供应来源的主要不利之处在于:由于采购组织试图在多家供应商之间造成竞争,且多数情况时属于"红海"竞争,导致供应商缺乏意愿与采购组织维系战略合作关系,也缺乏意愿为采购组织的新品开发或长期发展共计献策。而今天的竞争主要体现在不同的供应链之间,缺乏供应商的精诚合作,采购组织所处的供应链的竞争力将会被削弱,从而在供应链与供应链之间的竞争中处于不利地位。

与前文举例相关,国家电网公司针对采购规模大、标准化程度高的物资通过公开招标采购方式在较多数量供应商中进行择优选择,一方面发挥了规模采购优势,另一方面发挥了链主企业对更多链上企业发展的带动作用。

三、采购组织形式

除了传统上常用的按需采购、现货购买、提前采购、批量采购协议等几种采购组织形式之外,现代供应链需求实现模式更加多样化,其中被广泛接纳的经典采购组织形式包括框架协议、总括订单、JIT、寄售、VMI 和寿命周期采购等。

框架协议采购模式通常用于需求时间和数量不确定性较高的品类，国家电网公司就使用到这种模式采购电商类物资；总括订单则适用于一定期间内（如一个季度或一年内）的一个或一组具体产品的总需求量具有较高的确定性，但具体需求时间和数量不确定的品类，国家电网公司的协议库存本质上就是与这种模式相似；寄售模式适用于一定期间内（如一个季度或一年内）的一个或一组具体产品的总需求量具有较高的确定性，但具体需求时间和数量不确定，采购方重点关注的是库存控制和需求满足的及时性场景中，国家电网公司会使用这种模式采购 10kV 变压器等物资；当采购方对某种产品或服务的需求较小，或者采购方重点关注产品在售后使用全寿命周期过程中的服务保障时，则会考虑选择寿命周期采购模式，国家电网公司也正在尝试在设备采购中应用该模式。

第三节　国家电网公司需求实现管理实践

结合本书第三章内容可知，国家电网公司的需求计划经过三级平衡利库后，进行采购需求提报和审查环节，最终形成采购计划，但"采购计划"的确定仅是国家电网公司需求实现的开端，还不构成国家电网公司采购实施最佳实践的全景图。国家电网公司采购实施（需求实现）的完整拼图中，还包括了不断更新和完善的采购目录管理制度，以及包括采购实施模式、采购方式、采购组织形式和采购批次组织在内的采购策略规划管理。如此，基于国家电网公司采购目录清单的要求，针对每条采购需求确定合适的采购方式，并选择某个/某些具体供应商，签署合同、履行合同和完成交付，才能形成国家电网公司需求实现的完整过程。

采购目录清单是国家电网公司需求实现的重要管理工具，而采购目录清单的编制和滚动更新，根源于品类管理视角下对每个物资小类采购策略的分析与选择，其中包括采购实施模式、采购方式、采购组织形式以及对采购批次的管理。实施采购行为后，国家电网公司采购计划的源头管控作用得以在采购执行策略中充分发挥，并通过数据管理贯通需求计划、合同与履约、质量与仓储配送管理等环节。

一、采购目录管理

国家电网公司的采购目录管理以主数据为基础，以实现公司经营管理目标、提高采购质量和效率、厘清采购需求管理界面为目的。国家电网公司以两级集中采购目录为纲，推行目录清单制管理，总部逐年持续优化一级集中采购目录范围，各省公司、直属单位在总部统一下发的要求下确定本单位二级采购目录清单。

国家电网公司的采购目录管理，一方面通过"分级"管理使各级单位所管理的物资采购范围分工有序、有所侧重，另一方面坚持品类视角，细化至各物资小类，根据其特性和需求量匹配到合适的采购策略。

此外，国家电网公司通过采购目录管理，实现了对绿色采购的计划源头管控。国家电网公司结合电网物料绿色属性信息研究成果，梳理一次设备、二次设备、智能变电站二次设备、装置性材料中符合绿色采购标准的"大类、中类、小类"物资，将具有绿色采购属性的物资小类归集形成"绿色双碳"采购目录。

（一）采购目录的概念及分级

1. 采购目录

国家电网公司采购目录以主数据为基础，按物料"大类、中类、小类"进行编制，主要包括采购范围、采购实施模式、采购方式以及采购组织形式等内容。

2. 采购目录清单

国家电网公司的采购目录通过采购目录清单进行统一管理。

国家电网公司的采购目录清单是为实现公司经营管理目标、提高采购质量和效率、厘清采购管理界面而制定的分类管理目录清单，原则上根据项目性质，结合公司专业分类，涵盖公司安全生产、电网发展、营销服务以及科技创新和数字化建设等方面所需的物资和服务。

采购目录清单是国家电网公司需求计划和需求实现管理的重要工具，其在需求计划编制和采购需求申报和审查中的作用在第三章中已经介绍，此处不再赘述；在国家电网公司需求实现的实践中，两级采购目录清单担当重要的"依据"角色。

3. 采购目录的分级

国家电网公司总部和省公司、直属单位按年度分级、分类编制一级集中采购目录清单、二级集中采购目录清单。

国家电网公司零星物资及办公用品选购实行专区管理，按照两级采购主体不同，专区下设一级专区和二级分区，专区物资统一纳入公司两级集中采购目录清单管理。

两级集中采购目录清单未列明的各类需求，按照依法合规和效率最优的原则，由两级采购主体履行文件、会议纪要或签报等决策程序确定实施模式和采购方式。

（二）采购目录清单的主要内容

如图 4-3 所示，国家电网公司采购目录清单内容主要包括物资分类、实施范围、建议采购方式、建议采购组织形式等。

大类	中类	小类	实施范围	建议采购方式[1]	建议采购组织方式	备注
一、输变电项目						
（一）输变电设备						
一次设备						
	交流变压器					
			35kV及以上变电项目	公开招标	批次	不包括35kV非晶合金变压器、移动变电站和站用变成套柜
	交流电流互感器					
		电磁式电流互感器	35kV及以上变电项目	公开招标	批次	不包括开关柜内部组件
	交流电压互感器					
		电磁式电压互感器	35kV及以上变电项目	公开招标	批次	不包括开关柜内部组件
		电容式电压互感器	35kV及以上变电项目	公开招标	批次	
	交流断路器					
		瓷柱式交流断路器	35kV及以上变电项目	公开招标	批次	
		罐式交流断路器	35kV及以上变电项目	公开招标	批次	
	交流隔离开关					
		交流三相隔离开关	35kV及以上变电项目	公开招标	批次	
		交流单相隔离开关	35kV及以上变电项目	公开招标	批次	

图 4-3　国家电网公司 2023 年度总部一级集中采购目录清单局部内容

1. 物资"大、中、小"类

本书第一章第三节关于国家电网公司供应链需求分类体系的介绍中，曾经提到国家电网公司从品类管理的角度将所有需求整合成"大、中、小"三类，共分 49 个大类、469 个中类、8009 个小类。国家电网公司采购目录清单中的每个物资条目均细化到物资小类。国家电网公司采购目录清单是其需求分类体系的直接应用，也说明国家电网公司采购目录清单管理坚持"品类"视角。

2. 实施范围

国家电网公司集中采购目录对各类物资的实施范围做出了限制，实施范围的划分依据主要包括工程项目的类型（如输电项目、变电项目）、项目性质（如新建项目、扩建项目、改建项目）、项目电压等级（如 10kV 及以下项目、35kV 及以上项目）等。基于实施范围的框定，确保明确各小类物资的建议采购方式和建议采购组织方式，由此做好对采购实施的指引工作，更好地衔接起需求计划、采购计划与需求实现。

3. 建议采购方式和建议采购组织形式

出于对采购效率、规模效益、风险防控的管理理念和要求，国家电网公司采购目录清单会明确对每个物资小类的建议采购方式。国家电网公司一级采购目录❶清单主

---

❶　一级采购目录：由国家电网公司总部物资部制定，目录中的物料采用总部一级采购。

要涉及公开招标、竞争性谈判、邀请招标、邀请竞谈、单一来源、询价采购等采购方式。国家电网公司一级采购目录清单中有三类建议的采购组织形式，分别是批次、协议库存、框架协议采购。其中，"批次"指的是一级采购批次，由总部直接组织实施；协议库存指的是输变电物资协议库存采购组织形式、营销项目物资协议库存采购组织形式等。二级采购目录清单中的"批次"，则指二级采购批次，由省公司或直属单位直接组织实施；"协议库存"指的是配网物资协议库存采购组织形式。框架协议采购适用于单次需求金额小、需求频次高、具有同质性的物资和服务。

对于每个物资小类的建议采购方式、建议采购组织形式的确定，需要综合考虑物资属性、供应市场集中度、各地域差异、物资需求量等多方面影响因素，在每年的采购目录清单滚动修编中予以核实、修订。

（三）采购目录清单的编制和修编

1. 采购目录清单的编制

采购目录清单实行动态调整、滚动修编，原则上每年第四季度开展下一年度采购目录清单编制，按年度进行发布。

（1）一级集中采购目录清单编制。国家电网公司一级集中采购目录清单由国家电网公司物资部依据采购规模、重要程度及通用情况，会同项目管理部门制定。在一级集中采购目录清单编制过程中，优先纳入技术标准统一且明确，具有一定采购规模的新设备。

（2）二级集中采购目录清单编制。国家电网公司二级集中采购目录清单由各省公司、直属单位根据一级集中采购目录清单进行编制，履行本单位"三重一大"决策程序后实施，并报国家电网公司物资部备案。

2. 采购目录清单的修编

（1）采购目录清单修编管理原则。采购目录清单实行动态调整、滚动修编。国家电网公司不断深化采购目录动态优化机制，紧跟"双碳"绿色、"新型电力系统"建设、新能源接入等需求，修编优化采购目录清单。国家电网公司总部和各单位分别负责两级采购目录的动态调整，每年第四季度开展下一年度集中采购目录清单编制，按年度进行发布，原则上一年不超过一次。

1）需调整两级集中采购目录内物料采购层级的情况，经国家电网公司总部招投标工作领导小组审议后实施。

2）需调整两级集中采购目录清单物料大类、中类、小类、物料的情况，经本级招投标工作领导小组审议后实施。

3）需调整两级集中采购目录清单建议采购方式、采购组织形式的情况，根据实际需求由两级采购主体履行相关决策程序后实施；非招标采购转为招标采购、协议库存或框架协议转为批次采购不需履行审批程序。

（2）采购目录清单修编方向。国家电网公司采购目录清单的滚动修编工作，主要围绕两级集中采购目录清单"提高采购质量和效率、厘清采购管理界面"的应用目标展开。

1）针对新技术、新设备等物资采购需求和物资主数据变化情况进行优化。采购目录清单的滚动修编根据各所属单位对于新技术、新设备等物资采购的需求，以及物资"大类、中类、小类"变更情况调整清单内容。例如，在总部集中采购目录清单中增补 SF_6 混合气体绝缘封闭组合电器（GIS）等 15 个物资小类。

2）针对采购层级进行优化国家电网公司各省公司采购物资类别主要包括配网物资和其他非总部一级采购物资，此类物资一般具有比较大的地域特点。由于各地域经济发展程度不一致，设备技术要求也存在差异，因此该类物资不适合总部集中采购。其他类别物资如营销类的检测仪器仪表、运检用的防鸟设备等需求量小、品类型号杂、标准化程度不高等特点，更适合省公司二级采购。

采购目录清单的滚动修编中，会结合国家电网公司近三年物资采购数据，研究制定两级集中采购目录清单优化调整方案，将二级采购目录中通用性强、采购规模大的物资纳入一级集中采购目录清单，将采购规模较小、通用性不高的物资下放至二级采购。例如电器仪器仪表、高压试验仪器、铝包钢绞线、OPPC 光缆、箱式变压器、拨号加密认证装置、单向仁恒加密终端模块等，由一级集中采购目录清单调整至二级集中采购目录清单范围。又如，原来要求总部集中采购不包括单独采购的配套设备，后修订为需单独采购的接地变压器、消弧线圈等 18 类设备由各省公司前期审核把关确认无配套需求后，纳入总部集中采购。同时，持续优化零星物资采购范围，将通用性强、标准化程度高的零星物资由二级专区调整至一级专区，提高采购规模效益。

3）针对物资小类的实施范围进行优化。例如，将原"35kV 及以上变电项目""35kV 及以上输电项目"统一调整为"35kV 及以上输变电项目"，以统一输变电项目的实施范围，更加有利于采购规模优势的形成。

4）针对采购组织形式及其中"批次"的分类设置进行优化。采购目录清单的滚动修编会结合近三年采购批次实施数据，通过对物资相应采购组织形式下采购批次安排数量、实施进度、规模效益等进行统计分析，为物资采购组织形式实物合理制定以及新一年度两级采购批次的安排提供科学依据。例如，结合协议库存采购情况，新增铁塔、导地线等 95 类设备、材料的协议库存采购组织形式，以满足紧急工程建设需要。如图 4-4 所示，原采购目录清单中，网络交换机、网络路由器等数据通信网设备分别列在输变电项目通信设备、数字化项目等多种项目类型的不同通信设备批次设置中，各专业部门需求分批提报，需求零散、采购批次多。经过调整，将上述设备全部纳入数字化项目的通信设备目录清单中，各专业同期提报、分别打包、同批采购，进一步发挥了规模采购优势。

二、数字化项目				
（一）数字通信设备及数字化软件				
二次设备				
	数据网络设备			
		光纤交换机	公开招标	批次	
通信设备				
	数据通信网设备			
		网络交换机	公开招标	批次	
		网络路由器	公开招标	批次	除调度项目
		光模块	公开招标	批次	

图 4-4　国家电网公司 2023 年度总部一级集中采购目录清单局部内容

二、采购策略管理

在国家电网公司采购目录清单的介绍中，曾经提到对于每个物资小类的"建议采购方式""建议采购组织形式"，需要综合考虑物资属性、供应市场集中度、各地域差异、物资需求量等多方面影响因素。实质上，通过分析每个物资小类的物资属性、供需情况、需求情况等，确定其采购实施模式、采购方式、采购组织形式以及最终形成采购批次的过程，正是国家电网公司采购策略选择和决策的过程。

（一）采购实施模式

1. 集中采购实施模式

上文曾经介绍，国家电网公司的采购实施模式主要为集中实施，两级集中采购目录清单正是集中采购实施的重要管理工具。

国家电网公司的集中采购实施模式包括"总部直接组织实施"和"省公司/直属单位直接组织实施"两种模式。两种集中采购实施模式均以统筹资源、形成规模采购优势、降本增效为目的。

2. 授权采购实施模式

针对需求零星、地域限制、技术条件特殊或现有批次无法满足时效的紧急需求等不具备集中实施条件的采购需求，或集中实施不符合效率效益原则的采购需求，国家电网公司规定，可以授权下一级单位实施采购。

一级集中采购目录清单范围内需要授权的，由国家电网公司总部履行审批程序按照"一事一授权"❶方式授权省公司、直属单位实施采购。

二级集中采购目录清单范围内，采购规模小或通用性差且不属于依法必须招标的采购需求，可以由国家电网公司各省公司、直属单位按照"固定授权"和"一事一授权"两种方式授权下一级单位实施。

（1）固定授权。固定授权由国家电网公司总部统一制订范围清单，各省公司、直属单位在范围清单基础上按年度编制，并在二级集中采购目录清单中明确，履行本单位"三重一大"决策程序后实施，并报国家电网公司物资部备案。固定授权采购范围以外的采购需求，不具备集中实施条件而需要授权的情况下，经省公司、直属单位招投标领导小组或办公室审批后，采用"一事一授权"方式授权项目单位实施采购。

例如，国家电网公司对定制类物资采取直接授权方式实施采购，包括定制类服装（如劳保服、职业服装）、定制类家具等。各单位针对该类物资制定的采购标准呈多样化特点，物资技术条件差异较大。如定制家具，需要与配置环境相协调，且招标过程中需要供应商送样，评标过程相对较为复杂，因此多采用固定授权方式进行采购。

另外，国家电网公司的部分服务采购也会采用固定授权的采购实施模式，主要包括环评报告技术评估、信息系统咨询、装卸搬运、广告宣传服务－广告、安保服务、劳务派遣服务等服务类别。此类服务采购，潜在投标人一般具有地域限制，且需求难以准确估算，一般采用竞争性谈判的采购方式和折扣率的报价方式。

国家电网公司内被授权实施采购的单位需要严格按照授权采购范围清单实施授权采购，不得超范围实施、不得转授权。

（2）直接委托。直接委托实施采购是指采购人无需通过公开或邀请等采购程序，

---

❶ 一事一授权：固定授权实施范围以外，针对特殊事项，国家电网公司总部和各单位采购管理部门可根据采购管理需要进行的授权。

对于不属于依法必须招标且不适合实施集中采购的零星需求，政府和社会组织已通过行政或事业性定价、列入公司报销管理费用范围，以及经过国家电网公司或省公司两级决策程序的物资或服务，项目需求部门直接与潜在的供应商签订合同获得所需物资或服务，或者无需签订合同直接完成物资或服务结算的方式。

例如，国家电网公司采取直接委托实施方式的服务，包括邮递和快递服务、招标代理服务、天气预报、会议活动场所租赁、职工体检等。此类采购的潜在供应商一般相对比较固定，且采购价格方面具有政府指导价或行业指导价管理。

综合以上案例，国家电网公司各类物资、服务采购实施模式的选择依据采购目录清单，根源于其技术标准的通用性、采购量的规模化程度、供应来源的普遍性等。采购目录清单自身的重要依据则是国家电网公司的物资与服务分类体系，物资与服务"大、中、小"类的划分根据用途、技术条件的通用程度等维度展开。因此，国家电网公司物资与服务采购实施模式的选择仍然坚持了物资品类管理视角。

（二）采购方式

国家电网公司的采购方式是指采购人为达到采购目标而在采购活动中运用的方法。对不同的采购需求，应采取相匹配的采购方式进行采购。此处"不同的采购需求"，同样对应国家电网公司物资与服务"大、中、小"类划分，在采购目录清单中针对每一物资和服务小类明确采购方式。国家电网公司各类物资和服务采购方式的选择依据，主要围绕物资的技术条件通用程度、采购需求规模、需求差异化程度、采购需求频次等。各物资品类采购方式的选择，从降本增效的管理思想出发，同时兼顾国家电网公司工程建设项目建设和运维的安全性、合规性、可持续性。

国家电网公司采购活动中适用的采购方式包括以公开和邀请方式进行的招标采购、竞争性谈判、竞价采购（含磋商）、询价采购、单一来源采购等，以及国家法律法规、行政规章、国家标准等明确的其他采购方式，见图4-5。

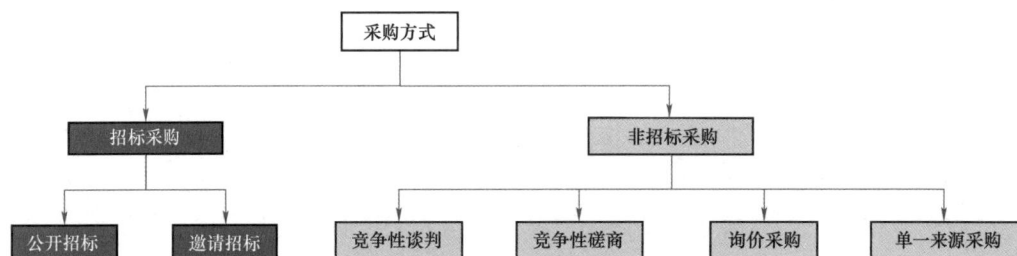

图4-5　国家电网公司主要采购方式

1. 公开和邀请

根据采购信息的发布范围，招标、竞谈等采购方式分为公开和邀请两种类型。公开是指在采购信息发布媒介上发布采购公告，邀请不特定的供应商参加采购活动。邀请是指向特定供应商发出书面通知，邀请其参加采购活动。

国家电网公司坚持依法选择采购方式的原则，并坚持优先选择公开采购方式。国家电网公司两级采购目录范围内的物资和服务，原则上必须按照确定的采购方式实施采购。严格管控非公开采购方式的选择和审批，严格执行单一来源采购的事前论证和公示要求，严禁"拆分项目规避招标""越权采购""虚假招标"等违法违规行为。

2. 招标

（1）公开招标。国家电网公司的公开招标，是指在一定范围内公开货物、工程或服务采购的条件和要求，邀请众多投标人参加投标，并按照规定的评审条件和程序，从中选择中标供应商的一种采购方式。

国家电网公司的招标适用于两类情况：①《中华人民共和国招标投标法》规定的工程建设项目，包括项目的勘察、设计、施工、监理以及工程建设有关的重要设备、材料等；②国家电网公司两级集中采购目录清单中建议可采用招标方式的相关物资与服务。

国家电网公司采取公开招标采购方式的物资和服务较多，包括物资类，如配网物资（10～20kV 变压器、一二次融合环网箱、高压熔断器等）、非总部一级目录采购的零购（公务用车、自动身份识别设备等）、营销（标准计量设备等）、运检类物资（智能辅助控制系统）；服务类如电网工程设计、施工、监理、工程总承包（如输变电工程的施工总承包），小型基建工程服务（房屋维修）；生产辅助技改大修；新能源工程服务；综合、运维、零星服务等。

（2）邀请招标。国家电网公司的邀请招标，是指招标人以投标邀请书的方式邀请特定的法人或者其他组织投标。

国家电网公司的邀请招标采购方式一般适用于四类情况。

1）第一类情况，采购活动因技术复杂、有特殊要求或受自然环境限制，只有少量供应商可供选择。

2）第二类情况，如果通过公开方式采购会导致采购费用占项目合同金额比例过大。在这种情况下，属于国家规定需要履行项目审批、核准手续的依法必须招标的项目，应当取得项目审批、核准部门的邀请采购批准手续，其他依法必须招标项目应当取得有关行政监督部门做出的邀请采购认定手续。

3）第三类情况，某些采购需求已通过公开采购方式验证，其有效响应的供应商不足三家。

4）第四类情况，采购涉及国家安全、国家秘密、商业秘密等，不适宜进行公开采购。

例如，在国家电网公司总部一级采购目录清单中，对于自动化系统及设备中的物资小类"纵向加密认证装置"注明需要进行邀请招标，主要原因在于该装置涉及网络和数据安全，能满足需求的国内供应商较少。

3. 谈判采购

谈判采购是指采购人与响应采购的供应商依次分别进行一轮或多轮谈判，并对其提交的响应文件进行评审，根据评审结果确定成交供应商的一种采购方式。谈判采购包括公开竞争性谈判和邀请竞争性谈判等。

（1）公开竞争性谈判。国家电网公司的公开竞争性谈判是指采购人在一定范围内公开物资或服务采购的条件和要求，邀请众多供应商响应采购，采购人组建的谈判小组与响应采购的供应商依次分别进行一轮或多轮谈判并对其提交的响应文件进行评审，根据评审结果确定成交供应商的一种采购方式。

国家电网公司的公开竞争性谈判采购适用于非依法必须招标的项目，分为六类情况。

1）第一类情况，不能准确提出采购项目需求及其技术要求，需要与供应商谈判后研究确定。

2）第二类情况，采购需求明确，但有多种实施方案可供选择，需要与供应商谈判从而优化、确定实施方案。

3）第三类情况，采购项目市场竞争不充分，已知潜在供应商较少。

4）第四类情况，按照国家规定需要核准的项目，核准部门核准的采购方式即为竞争性谈判采购。

5）第五类情况，经两次公开招标的项目，递交投标文件的投标人均不足 3 个，或经评审否决部分投标后，导致有效投标不足 3 个且明显缺乏竞争而否决全部投标的。其中，依法必须招标的项目，按照国家有关规定报项目审批、核准部门履行审批、核准手续后不再招标。

6）第六类情况，国家电网公司两级集中采购目录中建议采用公开竞争性谈判方式的相关物资与服务。

例如，国家电网公司的省公司电商化采购以公开竞谈采购方式为主，主要包括一二次配件、安全工器具、低压电器、通用家具、工器具等。对于这些物资，一般会发布采购公告，预估采购单价和预估采购总金额，由供应商按折扣率报价，以固定价格方式纳入电商化采购。这些物资一般专业性较强，货源充足，可进行竞争性的多轮报价。

（2）邀请竞争性谈判。国家电网公司的邀请竞争性谈判，是指采购人组建谈判小组，以采购邀请书形式向特定的供应商（不少于 3 家）发出物资或服务的采购条件，邀请其参与采购响应，并组建谈判小组与响应采购的供应商依次分别进行一轮或多轮谈判并对其提交的响应文件进行评审，根据评审结果确定成交供应商的一种采购方式。

在公开竞争性谈判适用情况的基础上，国家电网公司的邀请竞争性谈判有三种特别适用情形。

1）情形一，不能准确提出采购项目需求及其技术要求，需要与供应商谈判后研究确定，但市场只有少量供应商可供选择。

2）情形二，通过公开方式采购导致采购费用占项目合同金额比例过大。如采购需求属于国家规定需要履行项目审批、核准手续的依法必须招标的项目，应当取得项目审批、核准部门的邀请采购批准手续；其他依法必须招标项目应当取得有关行政监督部门做出的邀请采购认定手续。

3）情形三，涉及国家安全、国家秘密、商业秘密等，不适宜进行公开采购。

例如，在国家电网公司总部一级采购目录清单中，对于自动化系统及设备中的物资小类"二级系统安全防护设备"备注要求"反向隔离装置、加密卡"通过邀请竞争性谈判进行采购，主要原因是这两种设备涉及网络和数据安全，同时对供应商的技术水平要求较高，为了安全和有效降低成本，选择邀请竞争性谈判。

4. 询价采购

国家电网公司的询价采购是指采购人就采购标的直接向多家供应商发出询价函件，让其参与应答和报价，采购人对应答文件和报价进行比较，确定成交供应商、成交价格以及其他技术、商务条件的一种采购方式。

国家电网公司的询价采购适用于技术参数明确、完整，规格标准基本统一、通用，市场竞争比较充分的采购项目。

5. 单一来源采购

国家电网公司的单一来源采购是指采购人就某一采购标的与单一供应商进行谈判，确定成交价格以及其他技术、商务条件的一种采购方式。

（1）单一来源采购的适用情况。国家电网公司的单一来源采购适用于七类情况。

1）第一类情况，只能从唯一的供应商处采购，包括需要采用不可替代的专利或专有技术。

2）第二类情况，为了保证采购项目与原采购项目技术功能需求一致或配套，需要继续从原供应商处采购。

3）第三类情况，因抢险救灾等不可预见的紧急情况，需要进行紧急采购。

4）第四类情况，为执行创新技术的研发及推广运用，提高重大装备国产化水平等国家政策，需要向特定供应商采购。

5）第五类情况，涉及国家秘密或企业秘密，不适宜进行竞争性采购。

6）第六类情况，在政府审批核准文件明确为单一来源采购方式的采购。

7）第七类情况，对于市场化项目，客户明确指定品牌、供应商（服务商）。

国家电网公司明确要求符合《招标投标法实施条例》第九条第四项"需要向原中标人采购工程、货物或者服务，否则影响施工或者工程配套要求"情形的可以不进行招标的改（扩）建工程组合电器、保护、监控及开关柜（含新建工程对侧已定的保护）的采购计划，报入输变电项目单一来源批次。例如，某110kV变电站第三台主变压器扩建工程需采购一套三端光差线路保护，该物资与前期项目存在接续关系，更换供应商将影响光纤差动保护的正常通信，导致差动保护失效，因此为确保扩建线路保护正常运作和系统安全，须与对端保护设备保持一致，要采用单一来源方式采购原厂家设备。

（2）单一来源采购的专业论证和事前公示。采用单一来源采购方式的项目，需落实专业论证、事前公示要求，确保采购方式选择依法合规、公开透明。

一级集中采购目录清单内的总部采购需求，由总部需求部门（单位）组织专业论证，总部招标代理机构在电子商务平台进行事前公示；一级集中采购目录清单内的省公司、直属单位的采购需求，由各省公司、直属单位专业管理部门或需求部门（单位）组织专业论证，总部招标代理机构在电子商务平台进行事前公示。

省公司、直属单位二级集中采购目录清单内的采购需求，由各省公司、直属单位专业管理部门或需求部门（单位）组织专业论证，省公司、直属单位招标代理机构在电子商务平台进行事前公示。

授权采购应用单一来源采购方式的，由被授权单位组织开展专业论证和事前公示，授权单位负责监督管理。

（三）采购组织形式

国家电网公司的采购组织形式是根据采购需求特点，在确定采购方式的前提下，为利于采购结果执行而采取的组织方式。国家电网公司的采购组织形式主要包括批次采购、协议库存采购和框架协议采购等。国家电网公司不同物资的采购组织形式分类应用较为明晰，主要依据物资和服务是否应用于具体、特定的工程建设项目，物资和服务需求的响应时间要求以及采购需求频次、采购计划的确定程度等。国家电网公司主要采购组织形式有批次采购、协议库存采购、框架协议采购（见图4-6）。

图4-6 国家电网公司主要采购组织形式

1. 批次采购

国家电网公司的批次采购适用于计划性强，需求数量、技术要求、交货期明确，且有具体或特定工程建设项目所需的物资和服务的采购。批次采购根据采购结果签订合同，并按合同完成履约结算。

国家电网公司总部一级批次采购物资包括35kV及以上输变电工程物资，如220kV主变压器、断路器、隔离开关、开关柜、GIS组合电器等。各省公司二级集中批次采购的物资以零购物资（商务车辆、检测仪器仪表）、营销物资（标准计量设备）等为主。该类物资在全国家电网公司范围内或在各省范围内覆盖面广，通用性强，采购标准较统一，供应商行业特征明显，年度采购需求量大，通过集中实施的批次采购更能发挥规模优势。

对于扩建工程中需要进行功能配套的采购项目，可以结合工程性质、投资规模、技术条件以及当期市场价格等因素，在采购相同配置（同配）的基础上，根据近期中标价格，按照"技术参数同配、价格双方确定"原则，履行单一来源采购程序。

2. 协议库存采购

国家电网公司的协议库存采购适用于需求频度高、要求响应时间短、技术标准统一、年度需求数量较大的物资，通过集中采购确定协议供应商、采购数量和采购金额，根据实际需求，以供货单方式分批或分期要求协议供应商按照规定时间提供相应数量的产品，并据此向协议供应商分批或分期结算货款。

总部一级协议库存采购物资包括输变电设备、材料、通信物资等。国家电网公司各省公司二级集中协议库存采购物资以配网物资为主，如 10kV 干式配电变压器、非晶合晶配电变压器、柱上断路器、10kV 电力电缆、架空绝缘导线、布电线、计算机电缆、线路在线监测装置等。

该类物资技术通用性强，适合集中采购，同时所要求的响应速度相对于批次采购物资的要求更高，采购需求提出的频次也更高，更适合通过协议库存方式实现需求"随到随匹"，即需求发生时以最快速度进行响应，在协议库存合同范围内匹配到合适的供应商进行供货。

值得注意，从理论角度分析，在签订协议库存合同之后的每一次协议库存匹配，虽然没有再次经历招标、竞谈等采购方式的实施，但同样是一种需求实现的过程。

3. 框架协议采购

国家电网公司的框架协议采购适用于需求频次高、具有同质性的物资和服务，通过集中采购确定供应商/服务商，确定单价或定价规则、协议期限、付款方式、服务承诺等内容，发生实际需求时需求单位或部门按照采购文件约定的方式从框架协议内的供应商/服务商中择优确定成交供应商/服务商和单价（折扣率），由成交供应商/服务商提供相关服务。

国家电网公司总部一级框架协议采购适用于电商化采购物资和服务，如办公用品、生产车辆、计算机等。国家电网公司各省公司二级框架采购物资主要包括省公司二级电商采购物资，如一二次配件、个人工器具、安全工器具、低压电器等。框架协议采购物资以需求的"小、散、急"为特征，比较适合通过电商交易专区进行请购与结算。

国家电网公司电商专区交易适用于采购规格品种多、需求频次高、数量难以准确预测且不属于国家法定必须招标的零星采购。通过适用的采购策略确定一定时期内的供应商，明确物资的品类（或规格型号）、单价（或双方认可的计价规则）、配送及服务标准，并通过电商交易模块实施请购与结算。

与协议库存的采购组织形式相似，从理论角度分析，在签订框架协议之后的每次采购，虽然没有再次经历招标、竞谈等采购方式的实施，但同样是一种需求实现的过程。

国家电网公司的协议库存采购是框架协议采购的一种形式，对于物资的框架协议采购，称为协议库存采购。

（四）采购批次管理

本章第一节理论知识中，提到采购计划的制定需要根据需求时间节点和最小订购批量（MOQ）要求，将需求整合成几个批次或单一批次。结合本节采购组织形式的介绍，批次采购是国家电网公司重要的采购组织形式，而采购批次管理则是国家电网公司重要的采购管理策略。

国家电网公司不断加强两级采购批次安排的严谨性、科学性，合理安排批次数量，提高单个批次采购规模。

1. 采购批次的概念

国家电网公司的采购批次是指为提高采购效率效益，对采购时间相近、具有同质性、能形成规模的采购计划进行汇总、归并，从而形成的采购批次。国家电网公司采购批次的安排以提高效率效益、便于组织实施、保障有序供应为原则，批次内所有采购计划按照统一时间节点同步组织实施，以达到提高采购效率、效益的目的。

国家电网公司的批次采购管理，较好地发挥了采购的规模效应，基于央企定位承担"六稳六保"责任，并使采购成本最优。国家电网公司每年度的批次安排会向社会各界公布，方便链上企业能够提前安排产能和经营，提升供应链韧性，降低全链运营成本。

2. 采购批次的分类

结合采购实施模式，国家电网公司的采购批次可分为总部直接组织实施的采购批次和省公司/直属单位直接组织实施的采购批次两大类。

结合采购组织形式，国家电网公司的采购批次可分为批次采购的批次、协议库存采购的批次及框架协议采购的批次三大类。

结合采购方式，国家电网公司采购批次可分为公开招标的采购批次和邀请招标以及竞争性谈判、询价采购、单一来源等非招标方式的采购批次。

通过几个案例进行简要说明：

【案例1】国家电网有限公司2023年第一批采购［输变电项目第一次变电设备（含电缆）招标采购］为国家电网公司总部组织实施的、选取招标采购方式和批次采购组织形式的采购批次。根据批次采购的概念，该批次采购物资适用于具体或特定的工程建设项目，所需采购的数量、技术要求明确，且具有明确的交货期，将根据中标结果分别签订合同，按合同完成履约结算。

【案例2】国家电网有限公司2023年第三十六批采购（营销项目第一次充换电设备协议库存招标采购）为国家电网公司总部组织实施的、选取招标采购方式和协议库存组织形式的采购批次。根据协议库存采购的概念，该批次采购的物资需求频度高、要求响应的时间短、技术标准统一、年度需求数量较大，将通过集中采购确定协议供应商、采购数量和采购金额，再根据实际需求，以供货单方式分批或分期要求协议供应商按照规定时间提供相应数量的产品，并据此向协议供应商分批或分期结算货款。

【案例3】国家电网公司某省电力有限公司2023年第三次物资电商化采购竞争性谈判（非电网零星物资及办公用品）为该省公司组织实施的、选取竞争性谈判采购方式和框架协议采购组织形式的采购批次。根据框架协议采购的概念，结合"非电网零星物资及办公用品"的辅助说明，该批次采购的物资难以确定采购计划、属零星需求采购，需求频繁，需要重复组织采购，将通过采购确定协议供应商，确定单价或定价规则、协议期限、付款方式、服务承诺等内容，发生实际需求时，需求单位或部门按照采购文件约定的方式从协议内的供应商中择优确定成交供应商和单价（折扣率），也就是通过电商交易专区实施请购与结算。

3. 两级集中采购批次的实施范围

（1）"总部直接组织实施"采购批次的实施范围。"总部直接组织实施"的采购批次计划，由国家电网公司物资部统筹制定，履行公司"三重一大"决策程序后，予以统一发布。

"总部直接组织实施"的采购批次实施范围主要包含输变电设备、材料招标采购批次，输变电项目设备、装置性材料协议库存招标采购批次，数字化项目、电源项目、营销项目、管理咨询项目等专项采购批次，办公计算机、办公类物资、科技项目服务、零星服务等采购批次，以及相应的单一来源、竞争性谈判采购批次。

（2）"省公司/直属单位直接组织实施"采购批次的实施范围。"省公司/直属单位直接组织实施"的采购批次安排，由省公司、直属单位物资管理部门依据国家电网公司总部采购安排，兼顾效率与效益，结合实际业务需求自主安排，履行本单位"三重一大"决策程序后，予以统一发布，并报国家电网公司物资部备案。

"省公司/直属单位直接组织实施"的采购批次实施范围主要包含物资和服务公开招标、单一来源批次及竞争性谈判批次，配网协议库存公开招标批次，服务框架协议公开招标批次，电商化公开竞争性谈判以及固定授权采购批次等。

4. 采购批次的安排

在本章第一节供应链需求实现管理模式的介绍中曾谈及采购批次的划定，其重要影响因素包括所采购物资和服务的标准化程度、差异化程度、供应市场风险等。对于国家电网公司而言，除了上述因素，采购批次的形成还与公司综合计划安排、预算、项目进度、专业系统等因素息息相关。

（1）采购批次的形成。国家电网公司的采购批次安排是依据国家电网公司综合计划和预算，综合考虑物资属性、专业特点、资源配置，以提高效率效益、便于组织实施、保障有序供应为原则进行的采购时间节点安排。国家电网公司基于年度需求预测结果，运用大数据技术构建采购批次智能安排模型，科学合理规划采购批次，分类确定"采购规模优先、项目进度优先、时间节点优先"等策略的适用条件，针对不同项目类型建立多维赋值体系，实现采购批次安排从按固定时间平均分布到按需求精准制定的转变，提升采购批次安排的时效性及合理性，满足常规和紧急等各类项目需要。

（2）采购批次形成的影响因素。除了采购批次划定的普适性影响因素外，国家电网公司采购批次的形成，源其在需求计划编制、采购计划报审过程中多因素的综合考量。国家电网公司充分考虑公司综合计划和预算、物资属性、专业特点、资源配置等，制定符合实际需求和公司目标的采购计划，见图4-7。

1）综合计划和预算。综合计划与预算是在对国家电网公司核心资源、需求进行综合平衡、统筹优化的基础上形成的综合目标，包括公司的里程碑计划、指标管理目标、项目管理目标等。综合计划和预算的下达是形成采购计划及采购批次安排的重要前提。

在第三章需求计划管理中曾经介绍过国家电网公司采购计划的审查要点，其中对于采购计划的审核前提是综合计划和预算是否下达。同时，综合计划与预算的下达也是一项采购计划能够纳入某个采购批次进行采购的前提条件。

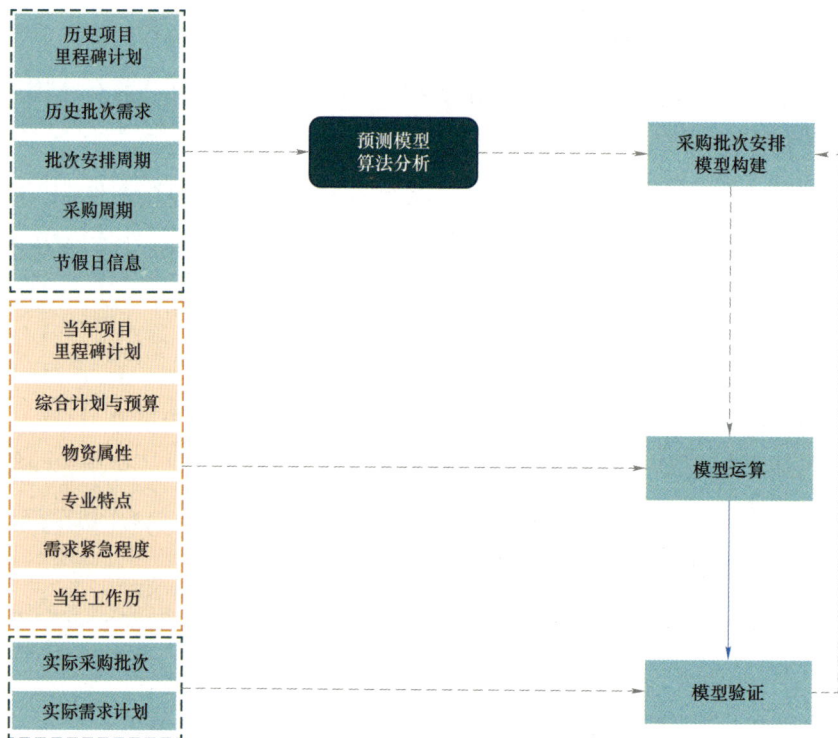

图4-7　国家电网公司批次形成影响因素的应用示意

2）时间安排。国家电网公司的采购批次安排，结合不同物资、服务的采购组织形式，设置适合的时间节点，以确保年度内的需求得以满足。例如，国家电网公司总部组织实施的输变电项目的变电设备（含电缆）招标采购、变电设备单一来源采购、线路装置性材料招标采购均属批次采购组织形式，适用于特定的工程或项目，基于合同完成履约与结算，年度内分别设置6个批次，基本每两个月实施一个批次，以覆盖到年度内不同进度的工程项目。各省公司组织实施的配网协议库存采购，每年设定两个采购批次，每半年实施一个采购批次，使需求方可以根据半年内协议库存合同匹配执行的情况以及新增需求进行补充采购。

3）管理协同。采购计划申报的过程也是采购实施与工程进度协同管理的过程。

以主网工程项目为例，工程项目整体分为四个阶段，物资需求计划管理和需求实现工作内容与工程不同阶段节奏相配合。

当工程处于项目前期阶段，至可行性研究论证和评审批复完整的过程中，需求单位可以进行物资、服务年度需求计划的预测预留。

在工程的初步设计工作阶段，获取可研批复、初设评审意见后，每年2月、4月、6月、8月、9月、12月分六批申报物资与服务的集中批次采购，中标通知书下发30

天内签订合同。项目会根据项目进度和"里程碑"式节点安排，在开工前确认主变压器、组合电器、高压开关柜等影响土建的一次设备物资信息，一般需要在项目开工前3个月完成招标采购。二次设备、通信设备、装置性材料等物资则根据项目进度逐步提报需求进行采购。

国家电网公司总部一级集中采购批次安排中输变电项目的六个批次安排明确了计划申报截止时间、审查开始时间、发布公告时间、开标时间，对于批次采购的精准周期、时间控制在保障集中采购规模效益的前提下，与工程项目进度相辅相成，并分摊了工程项目资金压力。

4）物资属性。物资的类别、用途、特点等属性是国家电网公司采购计划制定的重要依据。不同类型物资的技术标准、需求特点、交货周期等都有不同的要求。

在总部一级集中采购输变电项目六个批次安排中，变电设备（含电缆）成批次采用招标采购方式，变电设备成批次采用单一来源采购方式，线路装置性材料成批次采用招标采购方式，这种划分方式与三大类物资的技术要求标准化程度、市场竞争程度等息息相关。

5）专业特点。采购批次安排需要考虑到不同专业的特点和需求，例如主网设备采购、配网设备采购、服务采购、零星采购等。在批次划分中首先遵守专业分类特点。

基于此，国家电网公司总部一级集中采购全年批次安排基本分为常规输变电设备采购批次、材料采购批次，输变电设备协议库存采购批次、材料协议库存采购批次，输变电设备单一来源采购批次，电源、信息化项目物资与服务采购批次，营销项目采购批次，特种车辆及普通车辆采购批次，电力作业直升机采购批次等。

5. 特别批次管理

国家电网公司的采购批次管理，以提高采购效率效益为目的。公司各类采购活动原则上按照采购批次安排规定的时间节点实施，确保采购安排刚性执行，但也有例外情况，通过紧急和应急采购批次的安排提高管理柔性。

针对新型电力系统建设、新能源接、业扩配套等项目和突发紧急项目的物资计划申报，国家电网公司充分发挥"专车"批次柔性灵活效应，与"班车"批次实现有效互补，优先应用平衡利库、跨项目调配、协议库存跨省调剂等方式满足需求。

（1）紧急采购批次。国家电网公司的紧急采购批次适用于以下紧急需求情形：①因涉及国家利益、落实国家重大政策、政府要求、公司管理、项目计划调整等因素，如重大保电、优化营商环境、地方建设配套、增量配电、新能源、业扩报装、灾后重建等项目，现有批次安排无法满足项目进度要求的需求；②因供应商无法正常履约，合同终止后需重新采购，现有批次安排无法满足项目进度要求的需求；③由于设备缺陷、安全隐患等情况，可能对正常生产经营、电网安全造成影响，需要紧急更换的物资和服务采购的需求。

紧急需求按照"依法合规、及时响应、简化流程、保障供应"原则，严格按照适用条件开展紧急需求采购。

一级集中采购目录清单内的紧急需求，总部优先组织跨省调剂，跨省调剂无法满足项目要求的，由总部新增批次实施采购或授权省公司、直属单位实施。对由于设备缺陷、安全隐患处理等情况需要紧急更换的备品备件，需求单位提出申请，经省公司/直属单位相关管理部门批准后，由省公司/直属单位直接实施紧急采购，采购结果报国家电网公司总部备案。

二级集中采购目录清单内的紧急需求，各单位优先组织内部跨项目调配，调配无法满足的情况下，经本单位招投标工作领导小组或办公室审批后，由各单位物资管理部门自行组织实施采购。

（2）应急采购批次。国家电网公司的应急采购批次适用于以下应急需求情形：①为防范和应对恶劣自然灾害或者安全生产事故造成电网停电、电站停运等对正常生产经营、电网安全造成影响，需满足短时间恢复供电和正常生产经营需要的应急物资和服务；②发生重大公共突发事件，必须立即安排采购，否则将影响人身安全的物资和服务的需求。

发生应急事件时，启动应急物资保障预案，应急需求由需求单位直接委托实施。应急采购计划在应急事件完成后，需求单位及时完善应急采购订单流程。

6. 采购批次管理的意义

国家电网公司分两级实施采购批次的管理，一方面，通过集中采购思想的应用在全网、全省层面集中采购需求，形成采购规模优势，发挥了规模优势对产业链供应链的带动作用，同时利于降低采购成本；另一方面，与项目计划联动，根据需求单位的计划提报，形成合理的采购批次时间安排，分散采购的资金和库存压力，避免因过度提前、扎堆采购造成的资金压占和库存积压。

（五）采购策略创新实践案例

作为采购策略管理的成功经验输出、推广，国家电网公司协同中国招投标协会、国家能源投资集团、中国南方电网等机构、企业共同编制《电子采购交易规范 非招标方式》。按照《中华人民共和国民法典》以及平等、自愿、公平、诚实信用、绿色的市场交易基本原则，参照电子招标采购交易共性规则以及电子交易网络架构及技术数据规范，针对非招标方式采购交易的特点，制定该项标准。

该项国标针对交易主体、电子采购交易网络、采购组织形式与交易方式、采购交易程序、采购监督管理等方面内容进行了详细规定。同时明确制定《交易网络技术规范》《交易数据基本规则》《采购交易流程》《框架协议采购实施要求》等。

三、采购结果执行管理

根据"需求实现"的概念，对于国家电网公司而言，需求实现在通过采购活动落实采购计划后，会涉及合同签订与履约、质量与供应商管理、仓储与物流管理等供应链后续环节，才能达成需求实现全过程。

在国家电网公司绿链建设背景下，强化需求计划源头管控理念，国家电网公司需求实现的采购策略、采购实施策略均源于需求计划源头，通过计划管理引领供应链各环节的有序协作。国家电网公司采购实施策略中的各个环节在数字化系统的辅助下，固化数据字段管理，形成数据沉淀。国家电网公司的采购实施管理由需求计划编制开始，串联采购计划、合同文本、采购订单、供应计划，直至检测计划和物资交付，期间覆盖国家电网公司需求与计划管理、招标采购、合同管理、履约管理、质监管理、仓储与配送管理各专业。

国家电网公司采购订单的创建、供应计划的生成与需求计划呈最强关联关系。随着工程项目和履约工作的推进，供应计划可能受到外因影响而进行调整。检测和收货工作均依据实际调整后的供应计划形成。本部分内容聚焦国家电网公司采购结果执行，选取国家电网公司供应链需求实现各环节中的重点内容进行介绍，包括合同与履约管理中的采购订单和供应计划、质量管理收货管理等，见图4-8。

（一）合同与履约管理

国家电网公司通过系统贯通，自动完成采购执行、订单转换和合同签订等一系列工作。

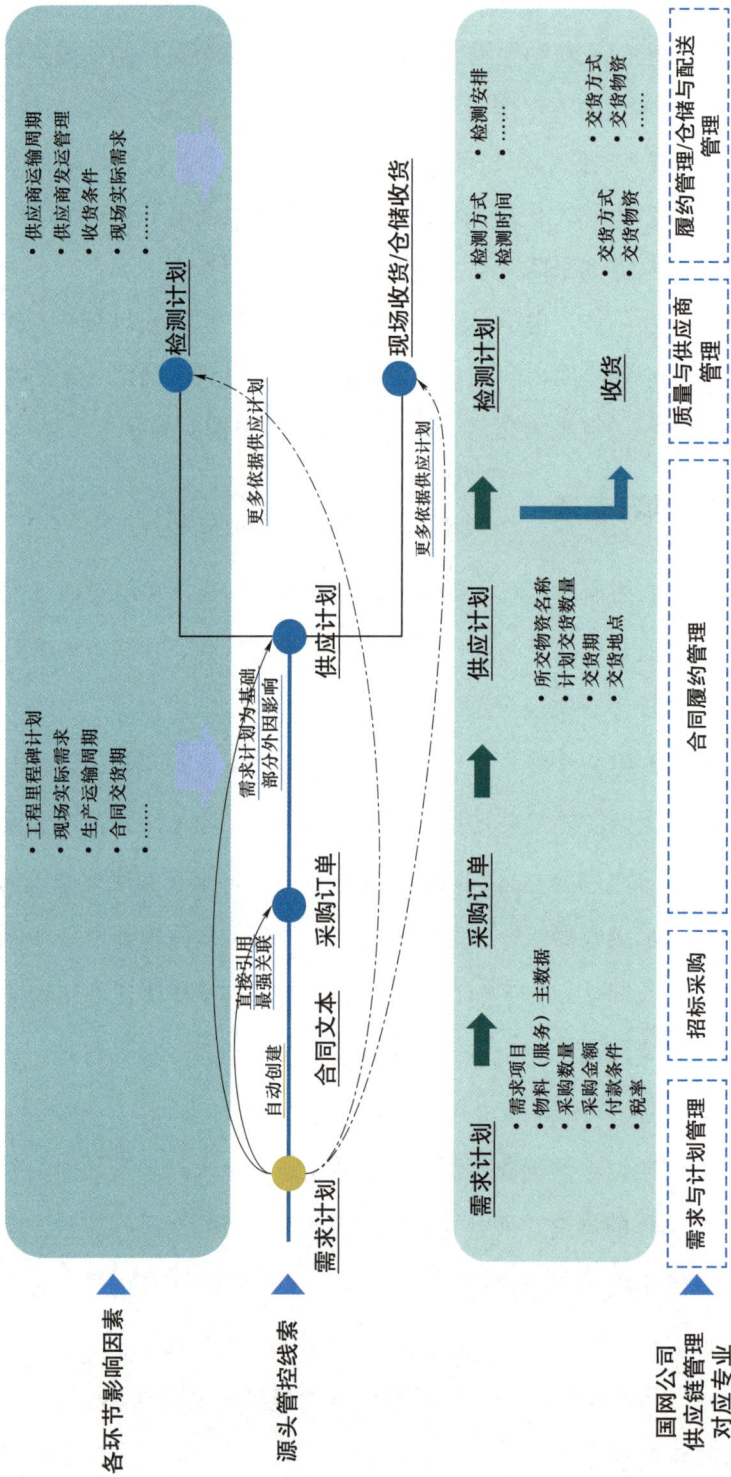

图 4-8 国家电网公司需求计划源头管控关联关系梳理

1. 需求计划管理数据的延续

国家电网公司的物资供应合同签订前，需要自动创建采购订单。在采购订单的自动创建过程中，按照前期采购计划，自动引用需求项目、物料（服务）主数据、采购数量、采购金额、付款条件、税率等信息。这个数据信息维护或引用的过程，目的在于支撑合同履约、结算等环节的业务信息追溯查询与校验，促进物资采购开支精益管理，同时使物资需求计划的关键数据信息得以贯穿至合同履约环节。至此，国家电网公司的采购需求计划已通过采购实施、合同签订转化为供应计划。

2. 供应计划

在第一章关于需求实现的理论知识介绍中，曾经出现"供应计划"的概念，该概念与"需求计划"相对应。需求计划从供应链的下游向上游推演、预测，供应计划从供应链上游向下游推进、实施。

国家电网公司的物资供应计划是指根据物资需求计划、采购订单信息和供应商实际生产情况协商确定的供货计划，由物资管理部门和供应商在 ECP（电子商务平台）协同确认，供应计划中的关键内容包括所交付物资名称、计划交货数量、交货期、交货地点等信息。

供应计划的"初始形态"是上述采购订单自动转换后确定的，即与需求计划的状态相同。但是，供应计划并非完全不会改变，其根据采购计划信息、建设计划信息和供应商排产信息发生变化。

以国家电网公司某省公司数据中台通用模型中的需求计划通用模型、采购订单通用模型、供应计划通用模型为例，三个模型中采购申请号、采购申请行项目号、采购申请唯一标识号三个关键字段一以贯之，一一对应，即需求计划源头管理以数据为载体从需求计划贯穿至供应计划。

3. 履约管理

采购合同签订、生效后，国家电网公司物资管理部门进行履约管理，及时组织项目管理部门或建设管理单位、供应商等相关单位和部门梳理确认物资供应计划。如前文所述，供应计划在履约过程中可能根据工程里程碑计划、现场实际需求、生产运输周期和合同交货期等因素变化而进行调整。国家电网公司物资管理部门主要通过"月计划、周协调、日调度"的履行机制，开展物资供应计划编制和调整、物资生产发运、物资到货交接、现场服务、合同履约评价等工作。

（二）质量管理

国家电网公司采购合同签订后，在履约过程中，即在物资生产、发运、到货、入库等阶段，通过不同形式进行质量管控。国家电网公司的物资质量监督管理工作依据物资采购合同管理规定、质量监督管理规定及其他相关管理规范开展，覆盖国家电网公司集中采购的输变电设备材料的生产制造和到货阶段，以及配网物资、办公用品和非电网零星物资到货阶段。

国家电网公司的质量监督管理方式包括监造、抽检、巡检等，具体内容详见对应的绿链知识体系丛书分册。

（三）仓储与配送管理

国家电网公司根据供应计划进行收货管理，此时的"供应计划"已经是在前期根据需求计划转化而来的供应计划基础上，结合建设计划信息、供应商排产信息，甚至质监结果经过调整的供货计划。国家电网公司的到货交付以及仓储物流管理分为仓储管理和配送管理两部分。

本部分内容对于国家电网公司合同与履约管理、质量监督与供应商管理、仓储与配送管理的简要介绍仅用于呈现国家电网公司需求实现的过程，以及需求计划管理在此过程中的引领作用。因此，本部分内容不对合同履约、质监和供应商关系、仓储配送专业进行赘述，详细介绍请参见对应的绿链丛书分册。

四、供应链导期测算研究与应用

国家电网公司为落实绿链建设要求，高质量服务电网工程建设，详细梳理采购供应等关键节点周期时效，对总部一级集采和省公司二级集采的电网工程物资及服务全供应链合理导期进行测算，确保工程建设与物资采购供应全流程精准联动衔接，以全面提升工程建设和电网运行物资保障能力。供应链导期测算的研究与应用使供应链时效管理贯穿了"需求识别–需求预测–需求计划–需求实现"全过程，通过逆向操作强化了源头管控和全链协同。

（一）供应链导期测算原则

1. 供应链导期（供应链保障周期）

供应链导期，指从物资采购计划申报开始，一直到物资运输配送至工程现场（合同交货地点）所经历的时间，主要分为计划申报、招标采购、合同签订、供应商生产制造、物流运输配送时间五个阶段。供应链导期按照"供应链导期＝计划申报时间＋招标采购时间＋合同签订时间＋供应商生产供货时间（含供应商生产制造和物流运输配送时间）"计算得出，此处提到的时间周期均为自然日，供应链导期测算主要阶段构成见图4-9。根据需求紧急程度不同，供应链导期按合理周期和极限周期分别测算。

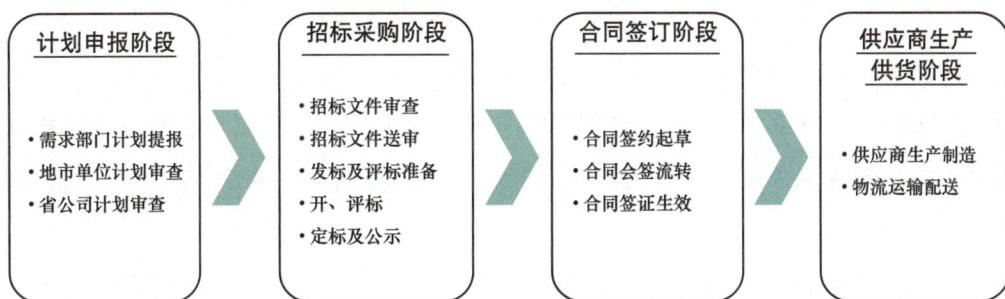

```
┌─────────────────┐   ┌─────────────────┐   ┌─────────────────┐   ┌─────────────────┐
│   计划申报阶段    │   │   招标采购阶段    │   │   合同签订阶段    │   │   供应商生产     │
│                 │   │                 │   │                 │   │     供货阶段     │
│ •需求部门计划提报 │   │ •招标文件审查    │   │ •合同签约起草    │   │                 │
│ •地市单位计划审查 │   │ •招标文件送审    │   │ •合同会签流转    │   │ •供应商生产制造  │
│ •省公司计划审查   │   │ •发标及评标准备  │   │ •合同签证生效    │   │ •物流运输配送    │
│                 │   │ •开、评标        │   │                 │   │                 │
│                 │   │ •定标及公示      │   │                 │   │                 │
└─────────────────┘   └─────────────────┘   └─────────────────┘   └─────────────────┘
```

图4-9　供应链导期测算主要阶段构成

2. 供应链合理周期

供应链合理周期，指按照国家法律法规、国家电网公司有关规定和正常工作流程，完成物资采购与供应所需的时间。

3. 供应链极限周期

供应链极限周期，指因工程物资需求紧急，按照"及时响应，简化流程"的原则，在依法合规和保障物资生产加工工艺时间的基础上，完成物资供应所需的最短时间。

（二）供应链导期测算

1. 计划申报阶段

计划申报阶段是指从计划提报至进入采购流程的全部环节。自2021年起，国家电网公司依托全网采购需求统一管控平台实现了需求与计划管理和专业项目实施管理的有机统一，确立了标准化的计划申报流程。国家电网公司两级采购需求基于全年采购需求储备自动生成，根据工程设计进度滚动更新、一键提报，由系统智能校验计划的采购范围、计划交货日期、交货方式、采购申请数量等信息，合规计划自动流转进入招标采购。

计划申报时间＝地市单位计划审查＋省公司计划审查＋总部计划审查时间，结合业务实际具体导期如下。

（1）计划申报合理周期。

1）地市单位计划审查（5日）。地市单位物资管理部门完成需求计划汇总、审核及平衡利库，组织项目部门开展本单位内部审查会，审查无误后报送省公司物资管理部门。

2）省公司计划审查（10日）。省公司物资部组织开展计划汇总、审核及平衡利库，形成审定后的采购计划、预审报告及相关支撑性材料。将采购计划上传至国家电网公司总部ERP系统，预审报告及支撑材料报送国网物资公司。

3）总部计划审查（5日）。国网物资公司汇总采购计划，按照审查要点及国家电网公司总部要求组织对采购范围、核准情况、非招标佐证材料等内容的规范性开展审查。

（2）计划申报极限周期。针对紧急需求，国家电网公司总部优先组织跨省调剂，跨省调剂无法满足项目要求的，由总部新增"专车"批次实施采购或授权省公司、直属单位实施。对于"专车"批次采购，需求部门计划提报可缩短为1日，地市单位、省公司、总部计划审查可根据项目单位计划提报时间，实现随到随审。

综上，对于国家电网公司总部一级采购的工程建设项目所需物资和服务，计划申报合理周期为20日、极限周期为1日。对于常规需求，国家电网公司各单位按照年度采购批次安排，在合理周期内完成计划申报。计划申报阶段保障周期如表4-1所示。

表4-1　　　　　　　　　　　　计划申报阶段保障周期

重要环节	主要阶段	所需时间（日）	
		合理周期	极限周期
计划申报阶段	地市单位计划审查	5	
	省公司计划审查	10	1
	国家电网公司总部计划审查	5	
	合计	20	1

2. 招标采购阶段

招标采购阶段是指从招标文件审查至定标的全部环节。国家电网公司集中招标采购严格按照《中华人民共和国招标投标法》及《中华人民共和国招标投标法实施条例》

的法定时限要求，依托国家电网公司一级部署的电子商务平台（ECP），依法合规开展招标采购工作。

招标采购时间＝招标文件审查＋招标文件送审＋发标及评标准备＋开、评标＋定标及公示时间，结合 2023 年上半年总部 39 个一级集中采购批次的实际采购时间进行测算，具体导期如下。

（1）招标采购合理周期。

1）招标文件审查（5 日）。组织召开招标文件审查会，全面审查招标文件和需求计划内容，汇报招标文件审查成果和分包情况。

2）招标文件送审（10 日）。开展招标文件国网物资公司法律送审、招标文件审查要点总部会签。

3）发标及评标准备（20 日）。发布招标公告（招标文件开始发出之日起至投标人提交投标文件截止之日止不得少于 20 日），获取招标文件（发售期不得少于 5 日），开展招标文件澄清与修改（实质性澄清修改应在投标截止时间至少 15 日前发出），汇报开评标工作准备情况，抽取评标专家。

4）开、评标（5 日）。组织所有投标人进行远程开标，组织专家现场集中评标。

5）定标及公示（10 日）。国家电网公司物资部部务会审定评标结果，招投标领导小组会定标，定标结果完成签报手续，发出推荐中标候选人公示（公示期不少于 3 日），发出中标公告、中标通知书，中标结果回传。

（2）招标采购极限周期。针对紧急需求，国家电网公司"专车"批次招标采购阶段的招标文件审查时间可压缩为 2 日、送审时间可压缩为 3 日，定标及公示时间可压缩为 5 日，发标、评标准备及开、评标阶段的时间受法律法规、公司制度等限制无法压缩。

综上，对于国家电网公司总部一级采购的工程建设项目所需物资和服务，招标采购合理周期为 50 日、极限周期为 35 日。如表 4-2 所示。

表 4-2　　　　　　　　　招标采购段保障周期

重要环节	主要阶段	所需时间（日）		备注
		合理周期	极限周期	
招标采购阶段	招标文件审查	5	2	
	招标文件送审	10	3	

重要环节	主要阶段	所需时间（日）		备注
		合理周期	极限周期	
招标采购阶段	发标及评标准备	20	20	发售至截标不得少于 20 日； 发售期不得少于 5 日； 实质性澄清修改应在截止前至少 15 日前发出
	开、评标	5	5	
	定标及公示	10	5	定标结果完成签报手续时间不确定性较大； 推荐中标候选人公示期不少于 3 日
合计		50	35	

3. 合同签订阶段

合同签订阶段是指从中标通知书发布至买卖双方签章生效的全部环节。根据招标投标法规定，物资合同应自中标通知书发出之日起 30 日内完成合同签订。自 2019 年全面应用线上电子化签约模式以来，国家电网公司合同签订在 30 日基础上有所缩短，即

合同签订时间 = 合同签约起草时间 + 合同会签流转时间 + 合同签章生效时间

结合业务实际具体导期如下。

（1）合同签订合理周期。

1）合同签约起草（3 日）。物资供应管理单位通过电子商务平台完成合同起草、组织供应商确认，通过 ERP 系统创建采购订单，并上传经法系统。

2）合同会签流转（15 日）。合同买方通过数字化法治企业建设平台开展合同经法会签流转，财务部门、法律部门、项目管理部门等会签部门完成合同审核会签，系统生成合同编号。

3）合同签章生效（2 日）。合同审核会签完成后，物资供应管理单位组织供应商和合同买方在电子商务平台在线进行电子签章，完成合同生效操作。

（2）合同签订极限周期。国家电网公司通过加快流转会签可将合同签订时间缩减至 10 天。对于紧急需求，合同签订可与图纸交互、生产准备同期开展，极限情况下合同签订时间可按 1 天考虑。

综上，工程建设项目所需物资和服务，合同签订合理周期为 20 日、压缩周期为 10 日，对于紧急项目，合同签订和履约可同步开展，合同签订极限周期可按 1 天考虑。合同签订阶段保障周期如表 4−3 所示。

表 4-3　　　　　　　　　　　　　合同签订阶段保障周期

重要环节	主要阶段	所需时间（日）			
		法定周期	合理周期	压缩周期	极限周期
合同签订阶段	合同签约起草	30	3	3	1
	合同会签流转		15	5	
	合同签章生效		2	2	
合计		30	20	10	1

4. 供应商生产供货阶段

供应商生产供货阶段是指供应商生产制造、运输配送全部环节，其中，生产制造时间指从合同生效开始至完成生产所需的时间；运输配送时间指从完成生产后配送到合同指定地点所需的时间。结合工作实际，供应商生产供货时间❶＝生产制造时间＋运输配送时间。

（1）主要设备材料生产供货周期。主要设备材料包括线圈类设备、组合电器、铁塔三类生产周期长、工艺复杂的重点物资。物资供应周期按照串行/并行工序的合理时间及最短时间进行计算。

根据工程建设及应急物资保障实际，以 220kV 变压器为例，供应周期计算规则如下：

1）合理供应周期。220kV 变压器正常生产交货，涉及生产制造 86 日，运输配送 37 日，因此合理供应周期为 123 日。

2）极限供应周期。220kV 变压器极限生产交货，生产制造时间可压缩 36 日，运输配送时间一般保持不变，因此极限供应周期为 87 日。

（2）其他设备材料生产供货周期。其他设备材料包括导线、电缆、绝缘子、金具等生产周期短、工艺标准化程度高的物资。根据工程建设及应急物资保障实际，以 2000t 角钢塔为例，供应周期计算规则如下：

1）合理供应周期。2000t 角钢塔正常生产交货，涉及生产制造 58 日，运输配送 5 日，因此合理供应周期为 63 日。

2）极限供应周期。2000t 角钢塔极限生产交货，生产制造时间可压缩 21 日，运输配送时间一般保持不变。因此极限供应周期为 42 日。

---

❶ 供应商生产供货周期基于标包物资数量平均值计算得出。

综上，对于国家电网公司总部一级采购的工程建设项目所需物资和服务，主要设备材料以 220kV 变压器为例，供应商生产供货合理周期为 123 日、极限周期为 87 日；其他设备材料以 2000t 角钢塔为例，供应商生产供货合理周期为 63 日、极限周期为 42 日。但由于电压等级、物资品类、供货数量等因素不同，供应商生产供货流程、周期均存在差异，实际生产供货过程可能会受供货距离、供货商产能等因素影响变化。供应商生产供货阶段保障周期示例如表 4-4 所示。

表 4-4　　　　　　　　　　　供应商生产供货阶段保障周期示例

重要环节	物资品类	主要阶段	所需时间（日）	
			合理周期	极限周期
供应商生产供货阶段	主要设备材料：220kV 变压器	生产制造	86	50
		运输配送	37	37
合计			123	87
供应商生产供货阶段	其他设备材料：2000t 角钢塔	生产制造	58	37
		运输配送	5	5
合计			63	42

（三）各项目类型典型物料供应链导期测算案例

1. 两级采购常规输变电物资采购合理导期测算案例

国家电网公司集中采购实行批次管理，充分发挥"班车"规模效应和"专车"灵活效应，实现批次合理安排。各单位报送采购计划时，充分考虑工程进度、物资采购规模、需求品类与物资保障合理周期，原则上将同一工程的同类需求报入同一批次实施采购，因此国家电网公司总部一级集中采购的输变电项目物资合理供应周期、极限供应周期均与上述分析时间保持一致。常规输变电项目涉及的二级物资，审查时间、生产供货时间较短，其中计划申报合理周期可缩短为 15 日。以 220kV 变压器、2000t 角钢塔、10kV 变压器为例测算供应链全环节保障周期。

综上，常规输变电项目涉及的一级物资，主要设备材料以 220kV 变压器为例，供应链全环节合理周期为 213 日、极限周期为 124 日；其他设备材料以 2000t 角钢塔为例，供应链全环节合理周期为 153 日、极限周期为 79 日；二级输变电物资以 10kV 变压器为例，供应链全环节合理周期为 103 日、极限周期为 42 日。常规输变电项目典型物资供应链全环节保障周期示例如表 4-5 所示。

表 4-5　　　　　　　常规输变电项目典型物资供应链全环节保障周期示例

物资品类	主要阶段	所需时间（日）	
		合理周期	极限周期
主要设备材料：220kV 变压器	计划申报阶段	20	1
	招标采购节段	50	35
	合同签订阶段	20	1
	供应商生产供货阶段	123	87
合计		213	124
其他设备材料：2000t 角钢塔	计划申报阶段	20	1
	招标采购阶段	50	35
	合同签订阶段	20	1
	供应商生产供货阶段	63	42
合计		153	79
二级电网物资：10kV 变压器	计划申报阶段	15	1
	招标采购阶段	38	25
	合同签订阶段	20	1
	供应商生产供货阶段	30	15
合计		103	42

2. 主配网协议库存项目物资采购合理导期测算案例

（1）国家电网公司总部一级协议库存项目。新能源送出工程、业扩工程以及电网零星物资等一级集中采购目录范围内的物资，通过协议库存方式开展采购工作。首次采购时计划申报阶段与常规输变电项目一致，保障周期不少于 20 日；招标采购、合同签订阶段与常规输变电相同。当首次采购结束后，需求单位即可直接应用协议库存采购结果，实际计划提报、协议匹配、订单签订完成不少于 20 日，供应商生产供货时间与常规输变电项目一致；当存在紧急需求时，实际计划提报、协议匹配、订单签订的极限周期为 1 日，供应商生产供货时间与常规输变电项目极限供应商生产供应期限一致，以 110kV 变压器、2000t 角钢塔为例测算供应链全环节保障周期。常规输变电项目协议库存采购典型物资供应链全环节保障周期示例如表 4-6 所示。

表4-6　常规输变电项目协议库存采购典型物资供应链全环节保障周期示例

物资品类	主要阶段	所需时间（日）	
		合理周期	极限周期
主要设备材料：110kV变压器	实际计划提报	5	1
	协议匹配、订单签订	15	
	供应商生产供货	93	51
合计		113	52
其他设备材料：2000t角钢塔	实际计划提报	5	1
	协议匹配、订单签订	15	
	供应商生产供货	63	42
合计		83	43

（2）国家电网公司各省公司配网协议库存项目。10kV及以下配网物资采购主体为省公司，采购组织方式为协议库存采购，实现一次采购多次匹配。首次采购时，计划申报阶段无需总部计划集中审查，保障周期不少于15日；招标采购、合同签订阶段与常规输变电相同。当首次采购结束后，需求单位即可直接应用协议库存采购结果，实际计划提报、协议匹配、订单签订完成不少于20日，供应商生产供货不少于30日，配网物资合理保障周期不少于50日；当存在紧急需求时，实际计划提报、协议匹配、订单签订的极限周期为1日，供应商生产供货极限周期为15日。以10kV变压器为例测算供应链全环节保障周期。

综上，协议库存采购方式能大幅缩短物资保障周期。

国家电网公司总部一级协议库存范围内物资，主要设备材料以110kV变压器为例，供应链全环节合理周期为113日、极限周期为52日；其他设备材料以2000t角钢塔为例，供应链全环节合理周期为83日、极限周期为43日。

国家电网公司各省公司配网涉及的物资，以10kV变压器为例，直接应用协议库存采购结果，供应链全环节合理周期为50日、极限周期为16日，对于寄售或供应商有库存物资，极限周期为1日。其他配网物资供应链全环节保障周期与配电变压器基本一致。常规二级协议库存采购典型物资供应链全环节保障周期示例如表4-7所示。

表 4-7　　　　常规二级协议库存采购典型物资供应链全环节保障周期示例

物资品类	主要阶段	所需时间（日）	
		合理周期	极限周期
10kV 变压器	实际计划提报	5	1
	协议匹配、订单签订	15	
	供应商生产供货	30	15
合计		50	16

第四节　国家电网公司采购数据统计分析

在需求实现环节完成后，国家电网公司通过采购数据统计分析工作对"需求识别—需求预测—需求计划—需求实现"的管理结果进行复盘，形成管理闭环，将数据分析结果作为需求与计划管理工作改进的重要依据，对应国家电网公司需求与计划管理"测、编、报、审、分析"业务流程中的"分析"。

一、采购结果统计分析管理

国家电网公司的采购结果统计分析管理全面应用大数据、人工智能、数据模型等新技术，开展年度需求计划、采购进度、采购批次、重点工程等全网采购数据智能统计分析，实现全网采购数据的科学、高效、精准统计，客观真实反映计划专业业务现状。

国家电网公司的采购结果统计分析结合数字化手段，通过业务报表、分析工具等简要、直观地展示业务原貌，并在数据统计成果的基础上，应用分析模型、管控指标等手段，揭示业务内在规律、预测业务走势、探寻问题成因。

国家电网公司的采购结果统计分析是其能源产业链供应链公共服务平台中计划中心的重要功能。该功能包括全网采购结果数据查询、校验、修改、审批、上报，全网采购结果数据质量核查、采购结果数据统计分析、采购进度统计和采购批次实施进度分析。通过对源端采购计划和后端跨专业计划的闭环管控，推动综合计划、项目建设计划、运行检修计划、预算资金计划等信息贯通，实现供需智能匹配、计划动态调整、物资及时供应、融资精准管控，助力公司业财深度融合、多维精益管理。

二、采购数据运营分析

国家电网公司着力打造"功能一级部署、体系规范高效、数据真实准确、分析高阶智能"的供应链采购数据运营分析体系，深挖数据价值、赋能成果应用，推进供应链数智化、绿色化转型。

供应链采购数据运营分析体系是落实国家电网公司绿色现代数智供应链建设的重要举措和创新。体系建设工作坚持"一级统筹、两级管控、多方应用"的管理机制，以"业务运行线上化、业务管理标准化、监控预警自动化、统计分析智能化"为建设方向，以发挥运营价值创造能力、更好服务电网建设和公司发展为目标，构建新型的采购数据运营分析模式。

（一）体系框架

供应链采购数据运营分析以采购数据为核心，遵循"统一数据来源、盘活数据资产、深挖数据价值、重塑管理机制"原则，打造"标准化数据基础、多样化分析工具、结构化业务报表、专业化分析模型、网络化推广应用、数智化运营管理"采购数据运营分析体系，开展紧密关联的数据标准化、统计报表、分析模型、监控指标等信息化功能和管理机制建设与应用，是落实国家电网公司深化数字化转型要求的重要举措和实现绿色现代数智供应链运营体系"六统一"建设要求的重要内容。

（二）管理内容

1. 管理机制

（1）管理职责界面。采购数据统计按照两级管理、统一实施方式，国家电网公司总部、各分部、省公司和直属单位归口管理本单位负责的采购数据统计工作，并在总部 ESC 平台统一应用。

国家电网公司物资部是采购数据统计的归口管理部门。国家电网公司物资部计划处组织制订采购数据统计分析管理制度、技术标准及相应的管理机制，统一组织开展公司采购统计数据的收集、整理和分析工作，对各单位采购数据统计分析工作进行指导和考评。国网物资公司负责落实物资部采购数据统计工作要求，具体指导各单位开展采购统计数据的收集、整理、上报和分析工作，确保数据来源唯一、数据定义统一、数据口径一致。省公司、直属单位和分部的物资部（或承担物资管理职责的部门）是本单位采购数据统计工作的归口管理部门，负责贯彻落实公司物资采购数据统计工作管理要求。

（2）管理机制。构建"一级统筹、两级管控、多方应用"的采购数据统计分析管理机制，以国家电网公司总部 ESC 为支撑，持续发挥采购数据核心资产价值，提升价值创造能力，推动采购数据统计分析管理向更高质量、更有效率、更具智慧方向发展，供应链采购数据运营分析管理机制如图 4-10 所示。

1）明晰管理要点。构建并统筹推进统计分析管理机制建设与运行，制定统一的功能架构、技术路线、管理制度和技术标准，明确业务流程、工作职责，规范统计口径与相应工作要求等，开展采购数据统计工具、业务报表、分析模型和管控指标等功能建设，吸纳各单位典型经验并持续完善总部 ESC 功能，组织各级单位深入开展统计分析工作。

2）两级管控。构建统计管理"两级治理"工作机制，按照"管业务必须管统计，谁产生谁负责"的总体原则及统计工作要求，依托国家电网公司总部 ESC，总部和二级单位分别组织开展采购数据需求挖掘，分级开展数据治理，建立统计数据协同机制，确保采购数据全面、准确。构建统计管理"两级评价"工作机制，总部统一评价标准，定期评估各单位采购数据质量、通报采购统计分析结果，评价供应链采购统计分析工作质效，促进采购数据统计水平稳步提升。

3）多方应用。构建统计管理"跨专业联动"工作机制，组织梳理国家电网公司物资专业、非物资专业、政府机关、外部供应链伙伴等用数需求，编制跨专业数据统计标准，打通信息系统壁垒，实现采购数据互通、共享。构建统计管理"智慧服务"工作机制，以工作目标为导向，研究采购数据智慧服务生态，借助大数据、人工智能等现代信息技术，开展多维数据智慧分析，满足各方数据应用需求，实现便捷高效、形式多样的智慧数据服务。

2. 常态化、规范化运行保障

依据《国家电网公司绿色现代数智供应链发展行动方案》，结合国家电网公司供应链运营调控指挥中心发展提升报告以及近年来国家法规、公司管理政策调整，完善《国家电网有限公司物资计划管理办法》，补充采购数据统计分析相关内容，明确管理职责、健全管理机制、落实管理要求，为供应链采购数据运营分析工作提供制度、管理和资源支撑，确保全套工作体系常态化、规范化运行。

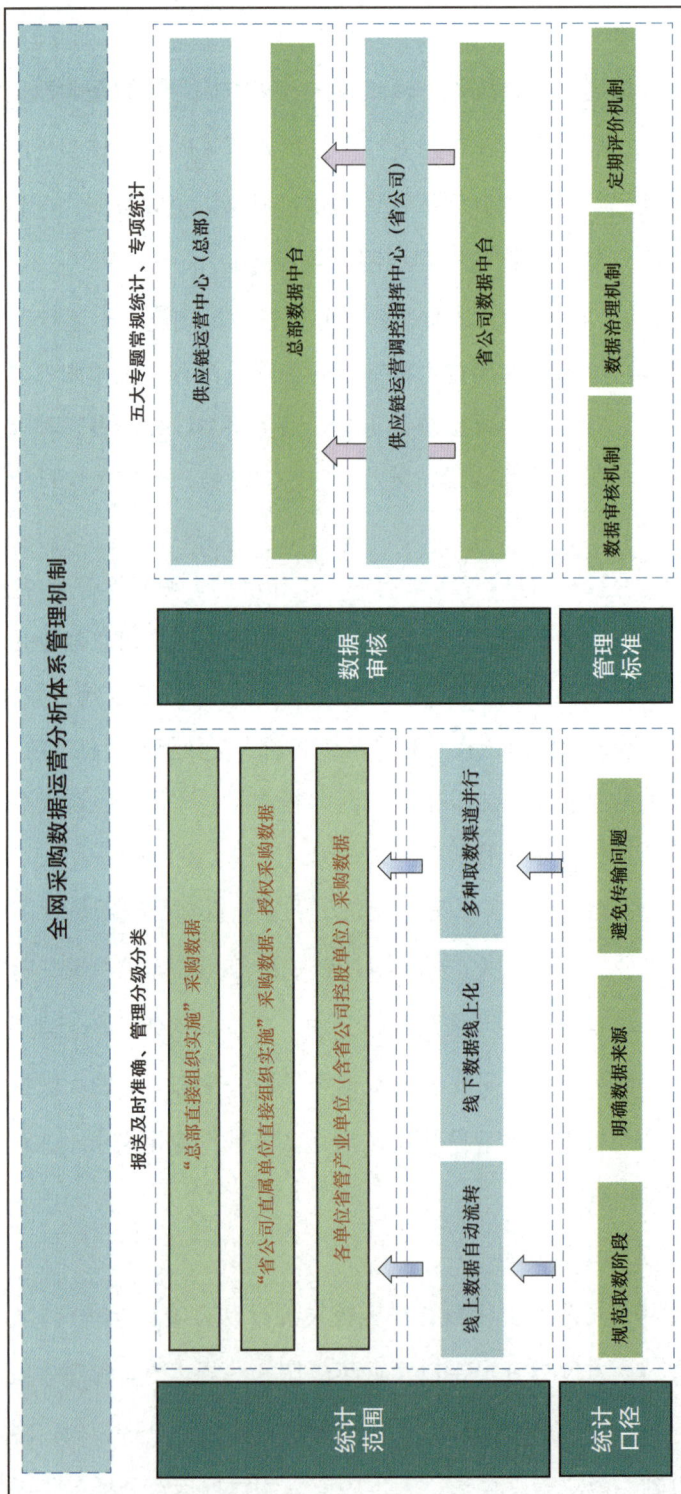

图 4 – 10　供应链采购数据运营分析管理机制

（三）标准规范

以采购数据为基础，构建标准化、规范化的物资采购交易数据体系，编制《采购交易数据规范》《采购数据统计分析技术规范》两项技术标准，明确采购交易数据标准内容、数据采集标准、数据分析应用及数据评价工作标准。针对物资类和服务类采购，按照采购组织方式和报价方式不同，明确采购结果统计计算规则与统计口径；优化"报价方式"类别，规范不同报价方式的适用范围，进一步规范指导报价方式选用，减少因报价方式维护错误导致中标金额与实际金额差异较大的情况发生，实现招投标过程数据、结果数据的采集、管理、应用等符合相关规范性管理要求。

（四）业务逻辑

1. 统计口径

国家电网公司采购数据分析统计范围包括国家电网公司总部一级采购中标结果数据、分部/省公司/直属单位二级中标结果数据、办公用品及非电网零星物资选购专区订单执行数据、电网零星物资选购专区订单执行数据、电工交易专区（ETP）采购数据。

2. 统计手段

业务报表包括采购数据总体分析、项目需求执行分析等六个专题，汇集综合计划、年度需求计划、采购计划、中标结果、投标信息、供应商信息、原材料价格等信息，有效满足计划与前后端业务数据的关联分析需要。

自助分析工具可对采购计划与采购结果两张宽表中约150个字段的数据进行自定义维度分析，开展更为灵活的统计分析工作，满足各类临时统计工作需要。分析模型重点对配网物资采购价格、两级采购批次执行、国资国企数据报送等具体业务开展深入分析，从不同维度展现业务特点、趋势或潜在问题，提供更为深入、系统和持续的数据分析辅助。

3. 定期评价

借助相关报表、模型和指标等对业务进行全面诊断，针对实际业务开展中出现的数据问题，总部及时组织开展专项数据治理，从源头确保数据质量。各级管理人员应用采购数据统计分析结果，及时制订管理决策和指导具体业务，实现采购数据归集、治理、应用和反馈闭环。对于重点业务问题开展通报，督促相关单位彻底排查原因并完成整改；对于通过采购数据统计分析切实辅助业务管理水平提升的单位予以通报表扬。

三、实践成效

随着国家电网公司采购数据运营分析工作通过管理机制明确、标准规范制定、业务逻辑优化等步骤的逐步展开，收获了多方面实践成效。

管理效益方面，采购数据统计分析工作以实现计划业务规范、高效开展供应链管理工作为核心目标，发挥反映业务现状、分析业务规律、预测业务走向、发现潜在风险、诊断问题成因、评估业务成效、辅助业务决策等作用，辅助国家电网公司总部与各级计划管理人员科学、全面制订管理决策，极大提升了各项决策的实施效果。

经济效益方面，在采购数据收集、验证、报送、统计和分析等工作中，实现了数据线上自动流转、智能校验、辅助分析和多维展示，大幅降低业务流程中全部相关工作所需人员及投入时间。

社会效益方面，依托项目建设成果，国家电网公司实现了分层级、分专业汇总和核实数据并统一向外部机构完成报送，保障报送工作规范、高效、精准。通过跨专业数据分析推进建立电工装备采购、绿色采购等指数并对外发布，引领供应链生态和谐发展。

在明确管理机制、制定标准规范、优化业务逻辑的基础上，国家电网公司依据绿色现代数智供应链建设要求，通过基础采购数据全方位治理、两级通用结构化业务报表提炼、全面计划管理数据统计分析模型体系构建、多层级跨专业全景全链可视展示等手段，实现了对采购数据运营分析工作的数智化赋能，该部分具体内容将在本书第五章进行详细介绍。

第五章

供应链需求与计划管理的绿色数智化

在双碳目标和人工智能爆发式发展的大背景下，全球经济不可逆转地朝着绿色化和数字化智能化疾速前行，作为经济活动重要组成部分的供应链需求管理，也必然跟随时代的大潮，奋勇前行。作为供应链源头的需求计划管理，其绿色化与数智化发展必然发挥其源端协同与带动作用，推动全链的绿色数智发展。

本章围绕供应链需求管理的绿色化转型和数智化赋能展开。在外部发展形势方面，首先介绍供应链需求全寿命周期和需求实现全链条绿色化的转型之路与典型做法；其次介绍第三方数智化计划和决策系统。基于此，重点介绍国家电网公司需求管理绿色数智化管理思路和实践案例。

国家电网公司的需求与计划绿色化实践中，通过计划源头绿色选型实践保障输配电设备设施绿色化，通过碳足迹模型研究将需求与计划的绿色化引导作用延伸至全链，通过绿色采购实践围绕需求实现环节实施全面绿色管理导向。国家电网公司公共服务平台计划中心将需求与计划管理全链条中的业务管理策略、业务管理流程落实到数智化系统，其功能设计思想与通识性理论中的 IBP 需求计划管理模块、驾驶舱及控制塔理论异曲同工。

第一节　供应链需求与计划管理的绿色化

作为产业链链长、供应链链主，在当前全球关注碳达峰、碳中和、可持续发展的趋势下，必须承担和发挥"龙头"角色和"中枢"作用。供应链需求的绿色化管理，是在需求的产生、需求消耗、需求结束的全寿命周期管理的各个阶段，以及需求实现的管理过程中，从需求标的的生产到采购交付，再到废弃处置的全链条的各个环节入手，全面推进需求全寿命周期和全链条的低碳绿色化。本节即从需求全寿命周期和需求实现全链条管理两个维度，来介绍低碳绿色化管理的思路、做法和案例。

一、供应链需求全寿命周期的绿色化

当需求产生时，就应该充分关注回收利用或需求的低碳绿色替代解决方案的可行性；在需求被满足的过程中，也就是某种产品或服务被使用或消耗的过程中，同样需要发现并抓住任何可能的节能减排机会；在需求结束阶段，也就是需求者使用或消耗完某个产品或服务的使用价值时，如何可以继续发挥这些闲费产品或服务的使用价值，减少以废弃方式处置而消耗更多的资源……都可以归属为需求全寿命周期绿色化的管理范畴。归纳起来，供应链需求全寿命周期绿色化的解决之道可以总结为"利旧"和"创新"两大途径，此处就以这两大途径为主线，分别介绍可以借鉴的思路、做法和案例。

（一）物资利旧处置管理实践

从需求产生的那一刻开始，致力于节能减排、"双碳"绿色的组织，首先会想到的、相对来说也是更加易于实现的途径，就是充分利用现有资源来满足新出现的需求。对现有资源的利用主要有两种思路，分别介绍如下。

1. 重复使用

通常，重复使用现有的、已经完成了其最初被制造出来的使命后的产品和材料，是一种最基础最便捷的需求绿色化实现手段。无论是用于其他场景下发挥其初始功能还是新的用途，相较于它们作为废弃物被回收处理、以及用于再生产、满足新需求所需的各种资源和能源消耗都会极大减少同时减少了回收处理过程中或生产新产品过程中可能产生的碳排放和其他环境污染物。识别和发现产品和材料的重复使用场景和方法，是一种有效的绿色化和成本节约技术。

为了最大化地实现废旧物资重复使用的目的和收益，每个企业或组织需要盘点清楚自己目前存在以及日后将会产生的废旧物资，研判它们在企业或组织内部可能发挥二次利用价值的需求场合，并形成记录。这样当相应的需求产生时，就可以便捷高效地使用废旧物资满足需求。企业或组织也可以为废旧物资编制清册，放在第三方或自己的信息网站上，以期有需要的企业前来购买。企业还可以将它们出售给有需要的员工，或者捐献给需要它们的公益机构。

2. 循环利用

重复使用的产品和材料不需要被销毁和重新制造，仅需经过清洗和修理后就可以投入使用；而循环利用是从旧产品或材料中回收原材料并经过一些特殊处理过程后再用于新产品制造的回收利用方法。相较于重复使用，循环利用更有赖于技术进步、需要通过重新制造和加工过程才能实现应用价值。

循环利用可以分为"开环式循环利用"和"闭环式循环利用"两种形式。所谓"开环式"，指的是利用废物或回收材料制造不同种类的产品，例如，废弃的矿泉水瓶瓶身材料是热塑性聚酯（PET），这种材料被回收经过特殊加工，被制作成毛呢大衣进入服装消费市场；而"闭环式"，则是指利用废物或回收材料制造同种类新产品的过程，例如，在铝压铸生产企业，废铝被回收后用于制造新的铝压铸件。

国家电网公司电子商务平台（ECP2.0）专门设有再生资源交易专区，用于废旧物资处置。

（二）需求绿色创新管理实践

要想有效地开展任何管理工作，都需要从源头抓起，需求的绿色化管理也不例外。具体来说，需求源头的绿色化就是从产品或服务的设计开始，在设计过程中秉持绿色"双碳"的理念，通盘考虑产品或服务在生产制造、使用消耗及回收处置各个环节中都能够实现节能减排的设计思路和材料选择。

目前，有两种从简单到复杂，实现难度渐次增加的追求需求绿色化的创新设计理念。

1. 减少消耗

减少消耗的设计理念就是识别和发现能够减少能源和材料的使用量的设计理念。这种设计理念不仅仅应用在产品制造过程所需能耗和材料的考量上，也同样应用在产品的包装和物流运输的设计和规划中。考虑到这种设计成功应用在需求实现全链条上，对能源、成本和排放的降低作用将呈现出指数级的增殖效应，需求和采购管理人员应与研发设计、内部客户以及供应商展开密切合作，共同找出各种减少消耗和浪费的可能方法。在供应链管理中，这种设计理念常常又被称为"价值分析和价值工程"，可以理解为如何以最低消耗和最低成本来实现产品或服务的预期功能。

国家电网公司落实国家"双碳"目标、能耗"双控"系列工作部署，积极跟随政府引导和推动，推进链上企业碳排放核算模型研究，实现链上企业模型到试点应用覆盖，摸排链上企业供应商低碳情况，评估链上企业碳排放数据。开发碳普惠项目，研制中国核证减排量（China certified emission reduction，CCER）方法学 4 项，并开发杭州市域充电站碳普惠项目。采用国家发展改革委备案的"CM－098－V01 电动汽车充电站及充电桩温室气体减排方法学"，通过方法学适用性分析、项目边界确定、基准线情景识别、额外性论证、充电量数据监测等方式，核算国家电网公司浙江电动汽车公司所属杭州市域内 138 座电动汽车充电站碳普惠减排量。经核算、证实，项目在 2019 年 9 月 11 日到 2022 年 12 月 31 日核查期间减排量为 56448.23 t 等效二氧化碳，经浙江省生态环境厅审核在浙江政务服务网减污降碳管理系统成功备案。

2. "从摇篮到摇篮"的设计创新

"从摇篮到摇篮"这一术语被越来越广泛地了解和接纳。为了实现低碳绿色化和人类可持续发展的终极目标，"从摇篮到摇篮"要求产品和服务在设计之初，就要努力实现该产品或服务使用到的所有原材料和零部件都能够实现在产品或服务满足了需求者的使用目的后、基本上无浪费地被作为另一种产品或服务的有效输入性资源的无限循环寿命周期。也就是说，"从摇篮到摇篮"设计理念是从设计伊始，就充分考虑到产品或服务在预期用途实现和寿命周期结束后，该产品或服务及其所有的组成部分如何可以有效地被重复使用、循环利用或堆肥降解，因此，这种理念下设计出来的产品或材料可以划分为技术性的再生养分或生物性的再生养分这两种形式。所谓技术性再生养分，就是指可循环利用或重复使用而不损失其价值的技术性应用；而生物性可再生养分，则是指可通过转化或消耗而变成另一种新的用途。

二、供应链需求实现的全链条绿色化

前文谈的是需求全寿命周期绿色化，本质上就是产品和材料的全寿命周期绿色化。本段落描述的是包括了产品和材料被制造、运输、使用和寿命周期结束后处置等环节在内的全链条管理过程中的绿色化问题。虽然这一段有部分内容与前文有所重叠，例如寿命周期技术后的处置，但并非完全雷同。

（一）积极推动生产环节的绿色化

生产环节的绿色化，实质上就是推动生产企业打造符合用地集约化、原物料绿色化、生产环节零有毒有害物质排放、废旧闲置物资资源化、能源清洁低碳化等要求的绿色工厂。具体一点，需要从以下各个方面入手进行生产绿色化的创建工作。

1. 最高管理者的责任

最高管理者在创建绿色工厂方面责无旁贷地要担当起领导作用，并做出绿色工厂有效性的承诺，确保企业建立了绿色工厂建设、运维的方针和目标，将绿色工厂的要求有机整合到各项业务过程中，就如何有效开展绿色生产及符合绿色工厂各项要求的重要性与企业内各个职能部门和全体员工进行宣贯和沟通，保障企业获得绿色工厂建设和运维所需的投入和资源等。

2. 管理体系的建设和完善

绿色工厂的建设、运维和持续改进，需要以系统性的管理体系加以保障，因此，企业应该努力满足包括 GB/T 19001 质量管理体系、GB/T 45001 要求的职业健康安全管理体系、GB/T 24001 要求的环境管理体系和 GB/T 23331 要求的能源管理体系在内的各项管理要素和要求，最好可以申请并获得这些体系的第三方认证。

越来越多的企业每年都会编制并发布社会责任报告，说明履行利益相关方责任的情况，特别是环境社会责任的履行情况，这些报告还会经由第三方机构进行评级，并可以公开获得。

国家电网公司于 2023 年发布了《绿色采购指南》，作为需求实现环节的重要指导性文件，明确通过绿色认证、碳足迹管理、绿色评审要素应用等引导链上企业进行产品全寿命周期绿色化管理。

3. 设施与设备的绿色化

绿色工厂在基建项目上，应遵守国家"固定资产投资项目节能评估审查制度"，厂房内部装饰装修材料中醛、苯、氨、氡等有害物质必须符合国家和地方法律、标准要求，危险品仓库、有毒有害操作间、废弃物处理间等产生污染物的房间应独立设置，危险化学品、危险废物临时贮存设施应符合《危险化学品安全管理条例》《危险废物贮存污染控制标准》等标准及相关要求。工厂的建筑从建筑材料、建筑结构、采光照明、绿化及场地、再生资源及能源利用等方面进行建筑的节材、节能、节水、节地、无害化及可再生能源利用。例如，建筑材料选用蕴能低、高性能、高耐久性和本地建材，减少建材在全寿命周期中的能源消耗，而室内装饰装修材料满足国家标准 GB 18580～GB 18588 和 GB 6566《建筑材料放射性核素限量》的要求，建筑结构宜采用钢结构、砌体结构和木结构等资源消耗和环境影响小的建筑结构体，因地制宜开发利用风能、太阳能等可再生能源并提高其所占比例，采用节水器具和设备，节水率不低于10%等。

国家电网公司修订 10～500kV 节能型变压器采购标准，引导各项目单位开展绿色低碳设备选型，编制绿色采购目录清单，从需求计划与需求实现环节落实节能减碳举措。

4. 能源与资源投入

在能源投入方面，工厂应优化用能结构，在保证安全、质量的前提下减少能源投入，实现能量梯级利用；重点用能单位应按照《重点用能单位能耗在线监测系统推广建设工作方案》要求建设能耗在线监测系统；尽可能设置能源管理中心；使用的通用用能设备宜采用节能型产品或效率高、能耗低的产品；使用低碳清洁的新能源，用可再生能源替代不可再生能源；并充分利用余热余压。

在资源投入方面，应减少和避免使用有害物质；主动评估有害物质及化学品减量使用或替代的可行性，并按照 GB/T 29115《工业企业节约原材料评价导则》的要求对其原材料使用量的减少进行评价；宜使用回收料、可回收材料替代新材料、不可回收材料。

5. 废弃物管理

大气污染物、水污染物的排放必须符合相关国家标准、行业标准及地方标准要求，并满足区域内排放总量控制要求；有 VOCs 排放的企业需要开展 VOCs 治理工作，并达到国家、行业及地方排放标准要求。

对于固体废弃物，必须按照 GB 18599《一般工业固体废物贮存和填埋污染控制标准》及相关标准的要求进行处理。无法内部自行处理的，应将固体废弃物转交给具备相应能力和资质的处理厂进行处理；应落实工业固体废物申报登记制度，制定危险废物管理计划，对固体废物严格实施分类管理。

此外，还必须管控好噪声可能对周围环境的影响，杜绝噪声扰民问题；对于温室气体，可以按照 GB/T 32150《工业企业温室气体排放核算和报告通则》或其他适用标准或规范对其厂界范围内的温室气体排放进行核算和报告，并将结果对社会公布。

（二）积极推动物流环节的绿色化

物流环节的绿色化主要涉及存储和运输两个环节，其中存储场所，即物流园区、仓库和配送中心等基础设施与设备及能源消耗方面的绿色化，与工厂绿色化的要求和做法基本一致。此处重点介绍运输环节的绿色化要求和实践做法。

1. 运输工具的绿色化

爱德华·巴比尔在《低碳革命》一书中提到，"从全球来看，运输部门占了世界能源总使用量的 1/4 以上，占温室效应气体排放总量的 14%。"由此可见，运输工具的绿色化对全球节能减排的贡献空间相当巨大。

利用各种新能源运输工具替代传统的内燃机运输工具，无疑是一个可行的、且日益盛行的做法。粗略估算，电车每公里的二氧化碳排放量比汽油车低了 31.6% 左右。考虑到中国发电比例中清洁能源占比不断上升，电车的绿色化对节能减排的作用也会越来越大。除了电车，使用天然气、醇类生物燃料、太阳能或氢燃料替代传统汽油和柴油，都是助力运输工具节能减排的可行措施。

对于依然使用传统石化能源的运输车辆，通过各种措施提升内燃机的效率也是节能减排的一种途径。例如，通过合理组织燃烧过程来降低过量空气系数，改善发动机换气过程提高充量系数，提高转速来增加发动机单位时间内每个气缸做功次数，采用增压技术增加进气密度等。值得一提的是，柴油发动机自 1897 年诞生以来，热效率一直难以突破50%这道关口，而中国在不久前成功地研发出热效率超过51%的WP15H柴油发动机，为中国物流运输行业的节能减排起到了超凡的赋能作用。

2. 防护包装的绿色化

产品运输过程中的防护包装绿色化是推动物流环节绿色化另外一个重要方面。

包装的绿色化首先体现在包装材料的绿色化，所谓绿色包装材料是指能够循环复用、再生利用或降解腐化、不造成资源浪费、并在材料存在的整个寿命周期中对人体及环境不造成公害的包装材料。竹编胶合板、编织竹筐、瓦楞纸板、蜂窝纸板、纸浆模塑、生物降解塑料、水解降解塑料、氧化降解塑料以及光降解塑料、无铅玻璃、微晶玻璃、无机抗菌玻璃、铝罐、纯铝箔、喷铝膜等，都是典型的绿色包装材料。

此外，还有越来越多可重复使用充满创新精神的包装容器为包装绿色化添砖加瓦。例如，现在出现了有盖（从中间分别向两边打开）或无盖的带有四个侧面、被设计成具有一定斜度的楔形、可以套放在一起的包装器，可以大幅降低运输和储存成本；还有一种采用铰链联接、四个侧面可拆卸，并与底部、顶部分离的木质散货包装容器，拆卸后可以折叠成平板状，同样方便储存和运输，降低相应的成本。

再者，将零散商品和小尺寸的箱、包、盒等组合装入一个标准化的容器内、以提高操作管理的效率工业物流包装成组化或集装化，也是一种赋能绿色化的包装策略。例如，航空运输中，国际航空运输协会（International Air Transportation Association，IATA）就制订了 13 种不同形状、尺寸、容量及机型适配性的标准"成组器（Unit Load Device，ULD）"。所有类型的集装化或成组化都是为了提高材料搬运的效率，节省包装能源，防止产品泄露和污染环境，从而实现包装绿色化。

3. 运输管理绿色化

运输管理绿色化是指通过优化营运管理来提升运输效率并实现节能减排的目的。优化营运管理的典型方法包括：通过装载合理化来提高车辆满载率，借助全球卫星定位系统（GPS）、地理信息系统（GIS）、运输管理系统（TMS）和先进运输信息系统（ATS）等信息化、数字化和智能化手段实现运输线路的最优化来减少不增值的运输里程，计算平均油耗最低的经济车速，选择最适燃料、轮胎和各种消耗性物资等。

（三）积极推动废弃处置环节的绿色化

在前文介绍需求全寿命周期绿色化的过程中，已经述及产品和材料在当前使用场景下走到寿命周期尽头时，可以通过相对简单的翻新处理继续在相同或不同的应用领域发挥余热，即重复使用，也可以通过相对复杂的生产加工过程恢复到其原始状态或近似本初的状态，再参与到另一个产品的寿命周期中，即循环利用。

此处将要介绍的是与这两种方法目的相同而形式有异的处置方法。所谓目的相同，说的是每种处置方法都旨在不污染环境，努力实现可持续发展的目标；形式有异则是指通过以下将要介绍的几种方法完成处置的输出形式与前面的两种方法不一样，这些方法是将废弃物"挫骨扬灰"，最终的输出形式基本上没有什么经济价值，除了快速碳酸化技术可以将"灰"变成"灰渣"，成为一种建材外。

近年来，随着我国工业的快速发展，业内逐渐重视了危险废物处理工作。基于此，本书分析了工业危险废物主要类别，并论述了工业危险废物的五大处置技术，从新型焚烧处理、新型固化处理、快速碳酸化处理、等离子气化技术、超临界水氧化法等方面进行了研究。

传统上，工业废弃物的常见处置办法有填埋法、焚烧法和堆肥法。其中填埋法在填埋后仍然会有重金属或其他污染物生产，并可能产生渗滤液，对土壤造成污染，进而危害人类健康；而堆肥法一般适用于生活垃圾及固废有机物，如果采用堆肥法处理工业危险废物，生成的肥料中会含有大量的重金属污染物，通过食物链进入人体，同样危害人体的健康；焚烧法相对来说安全性最高，但依然会产生大量的飞灰，尤其是毒性比较高的溴化二噁英及呋喃等物质因为封闭不佳而发生污染物泄漏的危险。

鉴于上述各种处置方法存在的不足，需要开发和推广更加安全环保的新兴处置技术。目前比较成熟的方法有新型焚烧技术、新型固化处理、快速碳酸化处理、等离子气化、超临界水氧化法等。

第二节　供应链需求与计划管理的数智化

本节首先介绍协同计划最佳管理实践，包括"高级计划与优化（APO）"和"集成业务计划（IBP）"中的模块功能和作用给出概述性介绍；接着简述人工智能决策系统及供应链管理驾驶舱系统的架构与作用，以期帮助读者对需求管理的数智化赋能及转型有一个比较全面的了解和认识。

一、集成业务计划赋能需求计划管理

此处以供应链计划管理系统软件"高级计划与优化（APO）"和"集成业务计划（IBP）"中与需求预测和计划有关的模块及功能为例，介绍现代协同需求管理最佳实践和工具。

（一）APO 中的需求计划管理模块

APO 是 SAP 产品中重要组件之一。在 SAP 中，APO 并非一个独立运行的软件，而是需要在 ERP 环境中，如 SAP ECC 或 R/3 中运行，通过实时支持主数据（master data）和交易数据（Transaction Data）的 APO 核心接口（Core Interface），APO 与 ERP 进行实时通信和数据交换。

APO 能够提供一套完整供应链预测、计划和协同优化的解决方案，主要功能包括：需求计划（DP）、供应链网络计划（SNP）、生产计划和详细调度（PPDS）、备品备件计划（Service Parts Planning）、全局可用性核查（GATP）、运输计划和车辆调度（TPVS）、供应链驾驶舱（Supply Chain Cockpit）和供应链协同等。

（二）IBP 中的需求计划管理模块

SAP IBP 组件中主要包括 S&OP、需求计划、库存优化、供应与响应和控制塔五大功能（见图 5-1）。前四大功能与国家电网公司包括采购需求计划、采购实施计划、生产制造计划、配送运输计划、施工运维计划和融资计划在内的"六划协同"管理实践在本质上具有共性；而控制塔也是国家电网公司供应链管控的一个重要工具。此处先简要介绍前面四大功能，控制塔则放在第二节的相应段落中介绍。

IBP 中的 S&OP 计划过程在计划层级上属于企业的中长期计划，主要的步骤与前文中介绍的典型 S&OP 五步骤基本一致，具体的计划过程可以归纳为需求计划、供应能力计划和财务计划三大环节。

在需求计划环节，系统允许计划人员在产品系列和具体产品之间进行切换操作，方便计划人员将产品系列层级的预测自上而下地分解到产品层级。并通过各相关部门的实时参与，得到"达成一致的需求计划"。这个"达成一致的需求计划"做好后，就进入到下一个环节，由供应链管理职能部门通过能力审查进行供应能力计划。

供应能力计划涉及生产、采购、仓储和物流等诸多供应链管理职能。进行能力审查时，会使用到 SAP ERP 中的相关主数据，存在供应能力不充分的情况时，作为用户界面的 Excel 表格中会以红色凸显来提醒。供应能力计划中涉及的能力平衡方法与前文类似。经能力平衡和调整并与需求部门达成一致后，就进入财务计划环节。在这个环节，财务职能部门会将各项需求和供应数据单位转换成金额，再与企业的财务目标进行比较，以确保财务目标的可达成性。财务部门确认后的 S&OP 计划结果将进行保存，需要注意的是，这个结果并不是以计划过程中看到的 Excel 形式保存的。这样，整个 S&OP 计划过程就在众多相关部门的协同下得以完成，过程中系统会向各相关部门责任人发出提醒，完成预测和计划数据审查及调整，同时也确保了计划过程的规范性。

IBP 中的库存优化功能就是在保证预期客户服务水平的前提下，优化整个供应链网络中的安全库存水位，获得库存成本最优化。系统中，可以在 Excel 用户界面中打开"库存优化"的"计划视图"，选择若干种不同的客户服务水平，如 99% 和 98%，再选择"模拟"项下的"单层分解库存优化"或"多层全局库存优化"，运算后即可得到不同客户服务水平下的建议库存水位。多层全局库存优化就是针对全供应链条的各个层级节点的库存水位给出优化建议。

IBP 中的"供应与响应"模块主要包括以下三部分功能。

（1）供应与配给计划。即根据需求预测的优先级和供应链约束条件计算出供应计划的建议。

（2）响应计划。即根据需求优先级、配给和供应链约束条件对订单进行确认，这与前文述及的未完成订单处理类似，就是将可用的供应分配给订单。

（3）部署计划。即在供应链网络中进行重新部署，并与 ERP 关联，生成内部库存调拨请求。

SAP 总体架构简图如图 5-1 所示。

SAP ECC	系	供应链控制塔				计划视图 (Excel)
SAP S/4	统	IBP S&OP				
SAP APO	整	IBP 需求管理	IBP 库存管理	IBP 供应与响应	DDMRP	分析工具 (Web)
其他系统	合					

图 5-1　SAP 总体架构简图

国家电网公司能源产业链供应链公共服务平台计划中心系统的六划协同服务与IBP需求计划管理模块的管理思想异曲同工，以需求与计划管理为源头，提升全链各环节计划协同性。

二、人工智能决策系统赋能需求计划管理

（一）人工智能决策系统的概念与应用

人工智能（Artificial Intelligence，AI）是研究、开发用于模拟、延伸和扩展人的智能的理论、方法、技术及应用系统的一门新的技术科学，它是计算机科学的一个分支，企图了解智能的实质，并生产出一种新的能以人类智能相似的方式做出反应的智能机器，该领域的研究包括机器人、语言识别、图像识别、自然语言处理和专家系统等。近十年来，人工智能已得到迅速传播与发展，并在决策支持系统中获得了日益广泛的应用，举例说明如下。

1. 智能决策系统

决策支持系统作为人工智能的一个重要研究领域，是辅助决策者通过数据、模型和知识，以人机交互方式进行半结构化或非结构化决策的计算机应用系统。它是管理信息化系统向更高一级发展而产生的先进信息管理系统。它为决策者提供分析问题、建立模型、模拟决策过程和方案的环境，调用各种信息资源和分析工具，帮助决策者提高决策水平和质量。随着科学技术的进步以及人工智能技术的日趋成熟，决策支持系统智能化已经成为业界研究与实现的目标，尽管目前为止已有一些先进的智能决策支持系统在商业、工业、政府和国防等部门获得成功应用。

基于人工智能的智能决策支持系统（Intelligent Decision Support System，IDSS）属于一个新兴的交叉学科领域，是运筹学、管理科学和计算机科学结合的产物，在国内外都已得到比较广泛的应用。随着专家系统的逐步成熟，现已广泛应用在工程、科学、医疗、商业和军事等各个领域。

2. 商业智能

商业智能可以理解为从大量数据中获得信息的知识，针对商业中随机产生的决策问题，达到支持决策的效果。商业智能的组成部分包括提取、转换、加载工具，数据仓库，商业智能工具。

（1）提取、转换、加载（Extract Transform and Load，ETL）工具。就是把商业应用系统的数据进行提取，按决策主题的要求进行转换，再加载到数据仓库中。

（2）数据仓库。这是数据存储的场所，按数据仓库对数据的组织形式（如模型的多维数据组织）存储数据，数据仓库中现存大量的当前数据，也保留大量的历史数据，还要产生不同层次的综合数据。数据仓库的数据既是共享数据，又可以为不同的决策需求提供所需数据。

（3）商业智能工具。这些工具包括用户查询和报表工具，联机分析处理（On-Line Analytical Processing，OLAP）工具，数据挖掘（Data Mining）工具等。

3. 决策支持系统的技术基础

构建智能决策支持系统的技术基础包括以下五个方面：

（1）数据库系统。数据库系统是计算机的成熟技术，它是存储、管理、处理和维护数据的系统软件，他由数据库、数据库管理系统（Data Base Management System，DBMS）和数据管理员所组成。

（2）数学模型。数学模型是用字母、数字和其他数学符号构成的等式或不等式，或用数理逻辑来描述系统的特征及其内部联系或与外界联系的模型。

（3）知识推理技术。知识推理所解决问题的方式是定性分析，他在智能决策支持系统中，是定性分析的最重要的技术基础。知识推理技术是人工智能的核心技术。

（4）数据仓库系统。数据仓库系统是直接利用数据辅助决策的决策支持系统新技术。

（5）互联网技术。即通过计算机网络的广域网使不同的设备相互连接，加快信息的传输速度和拓宽信息的获取渠道，促进各种不同的软件应用的开发，改变了人们的学习和工作方式。

4. 基于互联网的综合决策支持系统

互联网技术推动了决策支持系统的发展，网络上的数据库服务器，使数据库系统从单一的本地服务上升为网络上的远程服务，而且能对远地的多个用户的不同客户机，同时并发地提供服务。新发展起来的数据仓库也是以服务器形式在网络上提供共享、并发服务。数据库和数据仓库都是数据资源，同样，可以将模型资源和知识资源也以服务器的形式在网络上为远地的客户机提供并发和共享的模型服务和知识服务。

5. 数据挖掘

数据挖掘是通过统计、在线分析处理、情报检索、机器学习、专家系统（依靠过去的经验法则）和模式识别等诸多方法，从大量的数据中通过算法搜索隐藏于其中信息的过程。

（二）人工智能决策系统的架构

接下来，在介绍智能决策系统的结构的基础上阐述每个结构模块所处理的主要问题，并简述该功能可达成的预期效果。

一个完整的典型智能决策系统架构包括人机接口、自然语言处理系统、问题处理系统，以及拥有数据库、方法库、模型库、知识库和推理机的"四库"系统如图 5-2 所示。

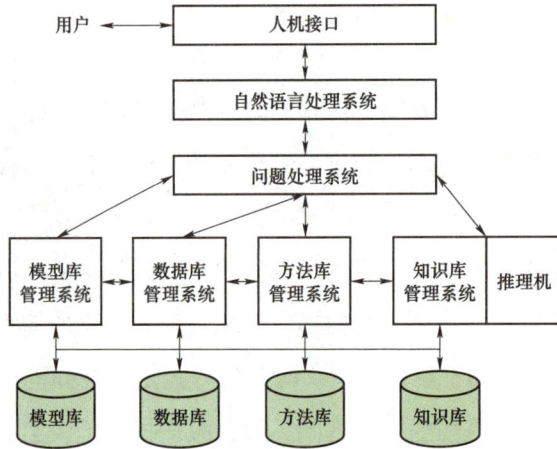

图 5-2　智能决策系统的典型架构

1. 智能人机接口

目前在决策支持系统中主要采用的是文字的和图形的用户界面，能够使用自然语言或接近自然语言的方式沟通各种信息，包括动作信息、响应信息、参考信息。

（1）动作信息。包括使用键盘和从其他设备传递的输入信息。

（2）响应信息。来自系统的使用图像、自然语言等更易于被用户理解和接受的输出信息。

（3）参考信息。指用户在使用智能决策系统时可以使用户更有效地使用系统的参考信息，如用户手册或帮助信息等。

人机接口界面的输入输出通常由专门的软件来处理，如会话生成和管理软件（DGMS），该软件可以提供的功能有信息接收功能、信息存储与分析功能、信息显示功能、辅助功能。

（1）信息接收功能。即以菜单、会话窗口、选项列表等形式与用户进行会话。

（2）信息存储与分析功能。即接受、存储、分析各种接收到的信息。

（3）信息显示功能。即以适当的形式（如图表、文字、声音等）显示数据。

（4）辅助功能。即以文本信息和提示信息进行诊断或提出建议等。

（5）信息接口功能。为使用数据库或模型库提供的接口。

2. 自然语言和问题处理系统

自然语言系统接收和处理人机接口的输入信息，如决策问题和决策目标，再将这些问题描述用计算机可以理解的"语言"传递给问题处理系统。

作为智能决策系统中枢核心的问题处理系统，在人与机器及所存储的求解资源之间建立起纽带，主要包括问题分析器与问题求解器两大部分，如图 5-3 所示，首先识别与分析问题，再设计求解方案，过程中需要为问题求解调用模型库、数据库、方法库和知识库中的数据、模型、方法及知识等资源，对半结构化或非结构化问题还会触发推理作推理或新知识的推求。

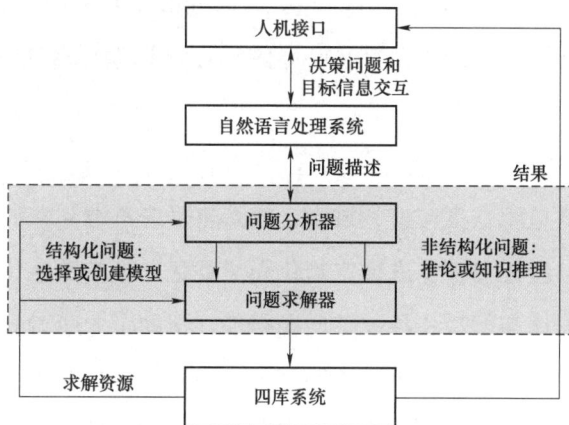

图 5-3　问题处理系统工作流程图

3. 数据库系统

数据库系统主要包括数据库、数据字典和数据库管理系统，存储着与决策问题有关的数据。

数据库管理系统是为了解决数据冗余和数据独立性的问题，用一个管理系统（即 DBMS）来统一管理数据，从而实现了数据的共享，并能够解决数据完整性、安全性等问题。

4. 模型库系统

模型库系统由字典库和文件库组成，而模型库管理系统（Model Base Management System，MBMS）与数据库管理系统相似。模型库管理系统的主要有模型的存储管理、模型的运行管理、支持模型的组合等三大功能。

5. 知识库系统

知识库系统包括知识库、推理机和知识库管理系统。

知识库是知识库子系统的核心，其中存储的是那些既不能用数据表示、也不能用模型方法描述的专家知识和经验，也就是决策专家的决策知识和经验知识，还包括一些特定问题领域的专门知识。

所谓推理是指从已知事实推出新事实（结论）的过程。推理机就是针对用户问题、依据知识库中的事实和规则去处理问题的一组程序。

知识库管理系统主要有两个管理功能：①管理对知识库知识增、删、改等知识维护的请求；②管理决策过程中间题分析与判断所需知识的请求。

（三）驾驶舱在供应链需求管理决策中的应用

驾驶舱（Cockpit）常常也被称作控制塔（Control Tower），作为一个决策支持管理工具，通过向决策者提供一个可视化的界面，以帮助他们跟踪和理解关键业务指标。

1. 供应链驾驶舱/控制塔的概念与类型

驾驶舱或控制塔应用在供应链领域中，就是将供应链端到端的、存在关联关系的相关数据、关键业绩指标和事件进行定制化和可视化处理的数字化平台，为企业更全面更及时地理解、排序和解决各种关键问题赋能，帮助企业应对未知情况，针对可能出现的各种变化未雨绸缪，预防供应中断和各种风险，例如极端天气、战争动乱、苏伊士运河国际运输要道受阻等。企业要想提高供应链的韧性和敏捷性，就必须实现供应链可视性，确保能即时访问最新信息。

供应链控制塔类型包括需求计划批次采购控制塔、物流控制塔、运营控制塔、运输控制塔、分析控制塔、库存控制塔等。其中，分析控制塔通常只负责分析，而不会提供解决方案指南；运输控制塔则主要用来跟踪与运输有关的数据。而且大多数控制塔仅限直接的业务合作伙伴访问。但是，随着供应链的运营速度不断加快，复杂性日益增加，彼此孤立的旧系统和控制塔很难支持企业处理和解决问题。云技术的兴起带来了强大的计算力，也提供了采集和分析海量数据的能力，再加上人工智能、机器学习、物联网以及预测性和规范性供应链分析技术的问世，让这种局面得到了改变。当今的供应链控制塔能够提供端到端的供应链可视性，帮助企业深入了解供应链中的各个运营环节。

国家电网公司能源产业链供应链公共服务平台计划中心系统的全景调控"控制塔"为全网采购活动"控制塔",延伸至全网采购实施动态、进度分析、计划业务管控、运营监控、采购智慧调度等环节端到端的可视化管理。

2. 供应链驾驶舱/控制塔的典型架构

驾驶舱/控制塔分为底层数据采集与处理架构和上层可视化处理及决策支持系统这两个层面。其中底层数据采集与处理架构又可以细分成四个层级,即数据采集、数据传输、数据整合与存储和数据处理;而上层则可以细分成三大应用层级,即可视化呈现、运营决策支持和战略决策支持。供应链控制塔层级示意图如图 5-4 所示。

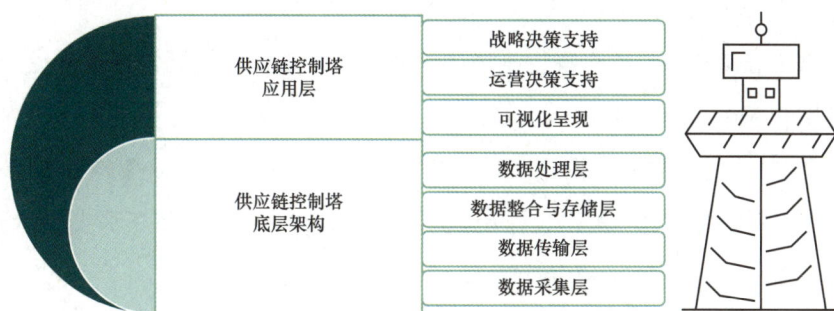

供应链控制塔应用层	战略决策支持
	运营决策支持
	可视化呈现
供应链控制塔底层架构	数据处理层
	数据整合与存储层
	数据传输层
	数据采集层

图 5-4 供应链控制塔层级示意图

3. 供应链驾驶舱/控制塔的主要功能

(1)提供端到端的供应链可视性。通过全面了解整个供应链,包括供应商、制造商、运输商、仓库和第三方物流服务提供商,企业可以前瞻性地管理供应链,从而降低风险和成本。

(2)提高预测和决策的准确性。控制塔能够整合和连接数据,并利用预测分析扩展数据,从而提高决策流程和自我纠正流程的自动化程度及质量,帮助企业实现更高效的运营,减少浪费。

(3)提高供应链敏捷性。遇到意外情况时,敏捷供应链可以迅速做出调整。这种敏捷性能帮助企业优化客户体验,加快响应速度,并全面提高供应链效率。

(4)加强供应链协作。通过利用供应链系统将合作伙伴、供应商和物流服务提供商互联起来,企业可以加强相关方之间的协作。直接与合作伙伴联手解决问题,不仅可以加快问题解决速度,降低成本,提高客户满意度,还能减少合作伙伴和人才的流失。

（5）优化库存水平。供应链控制塔能帮助企业了解整个供应网络中的库存情况，确保他们需要时可以获得所需的物料。借助供应链控制塔，企业能够提高库存周转率和利润，减少库存储备、库存不足和物料短缺等。

综上，驾驶舱/控制塔可以通过数据集成、数据可视化和预警系统等手段实现决策辅助和支持功能。数据集成确保了所有相关数据都可以在一个地方看到；数据可视化使得决策人员能够快速理解数据的含义和趋势；预警系统则能在出现问题时提醒决策人员。有赖于这些数字化赋能手段，决策人员能够更快、更准确地理解供应链各个环节的情况和问题，避免潜在的决策错误，从而做出更好的决策，提高整体运营效率。

4. 供应链驾驶舱/控制塔在需求管理的应用

下文以 SAPIBP 中的供应链控制塔的主要功能，来说明控制塔在需求计划管理中的典型应用和作用。

从前文 SAP 总体架构简图中可以看出，供应链控制塔在整个架构中处于 IBP 的顶端位置，发挥着统管全局的中枢作用，为需求计划和执行提供了三大监控管理功能，分别是指标看板、定制预警和事件管理。

（1）指标看板。指标看板功能首先有赖于指标体系的合理搭建。SAP 的供应链控制塔中的指标体系也是如前文介绍过的，以供应链运营参考模型（SCOR）的供应链管理指标体系为依据搭建的，即从客户和内部控制两个维度入手，对供应链管理的可靠性、响应性、敏捷性、成本管理和资产管理五个方面设定了一套包括过程和结果两个视角的全面性关键绩效指标体系。前文已有述及，这里就不再赘述。

在 SAP IBP 中，还有从业务的角度对指标体系进行划分和搭建的思路，即从订单履行、库存管理、现金流（cash to cash）和服务成本这几个角度来构建指标体系，然其逻辑依然是遵循了 SCOR 的能力类型维度。SAP IBP 供应链控制塔中设置的指标如表 5-1 所示。

表 5-1　　　　　　　　　SAP IBP 供应链控制塔中设置的指标

SCOR 完美订单履行指标	交付品项准确率 交付订单准确率 交付时间准确率 交付地点准确率 交付数量准确率

供应链库存管理指标	目标库存不足数或不足率 目标库存产品及地点不足数 目标库存冗余数或冗余率 目标库存产品及地点冗余数 安全库存不足数或不足率 安全库存产品及地点不足数 安全库存冗余数或冗余率 安全库存产品及地点冗余数 供应不足数或不足率 供应产品及地点不足数 预期满足天数
SCOR 现金流指标	库存周转率 销货成本（COGS） 年化成本 年化平均库存成本率 库存价值 基于年度 COGS 的可供应天数 原材料库存价值 在制品库存价值 产成品库存价值
SCOR 服务成本指标	计划成本 寻源成本 材料落地成本 生产成本 数据管理成本 交付成本 退货成本

除了上面推荐的 SCOR 指标体系外，IBP 中也允许用户根据业务需要定制指标体系，如本书第三章中推荐的需求计划管理评价体系。其他的，如需求预测的稳定性和变化率、各级需求计划的稳定性和完成率、计划时间周期的变化率和库存敏感度系数等。

有了指标体系以及针对各个指标设定了目标值及可接受的变化范围后，就为系统向用户提供预警反馈机制奠定了基石。

（2）定制预警。通常，系统以指标体系和预设的目标值及可接受范围为判断依据向用户发出定制预警。在 IBP 系统中，提供了管理和维护定制预警设置的"程序操作手册"功能，用于定义报警情况的"定制预警"功能，以及监控报警情况的"定制预警概览"功能。"定制预警"时最重要的工作就是建立和维护报警规则，常常是多个指标的逻辑组合。例如，库存可用天数和产能利用率组合形成的报警规则，即当库存可用天数低于目标值，产能利用率超过某个水平时，系统就要向计划及相关管理人员发送"定制预警"，提醒响应。这些功能在很多监控平台中都存在，从而使得系统不仅仅向用户提供指标完成情况的可视化界面，更可以突出那些存在问题的过程或结果指标，以及在指标出现异常时的行动建议。

（3）事件管理。在"定制预警"的基础上，"事件管理"功能可以让用户监控和管理与合作伙伴、库存和资产等有关的各个业务流程中，侦测流程状态的变化，将实际过程与计划过程进行比对，发现各种"事件"并通过预警框架体系及工作流引擎发出实时通知。

SAP 系统中定义了两种类型的"事件"，一类是按既定计划发生的"预期事件"；另一类是"实际事件"，这一类又可以继续细分成四种状态，包括：①在计划期内发生的"常规事件"；②早于或晚于计划期内发生的"实际异常事件"；③不符合预期计划的"非预期事件"；④预期发生而实际上没有发生的"未遂事件"。更多与事件管理有关的术语及含义参见表 5-2。

表 5-2　　　　　　　　　SAP 中与事件管理有关的术语及含义

术语	含义
事件	状态的变化
跟踪 ID	与状态相关的过程代码，以确定定制预警的接收方
地点	事件发生的地点，以及地址编码
合作伙伴	与状态变化有关合作者，以及合作者代码
日期	包括事件发生的日期、报告的日期和处理的日期
发送者	事件信息的发送者，及发送者代码
接收者	事件信息的接收者，及接收者代码
原因	事件发送的具体原因，及原因编码
衡量指标	与事件相关的衡量指标
数据代码	与事件具体相关的数据代码

SAP 中的"事件管理"模块可以与其他 SAP 业务组件，如 SAP R/3、SAP CRM 和 SAP BW 相互连通，与 SAP 商业智能（BI）及部署了信标、监控、传感、射频识别等技术应用的各种场景也是相互集成的（见图 5-5）。因此，它既可以通过 Web 图形用户界面向用户呈现出哪里出了问题，也可以通过集成的 BI 分析工具分析并反馈当前业务运行状况以及需要改善的地方。例如，企业系统通过与供应商生产制造系统或物流系统互联对接，可以看到合作伙伴在流程出现偏差或发生异常事件时，是如何表现和应对的；或者本应在 A 地执行的流程实际在 B 地发生时，就生成

例外信息和警报；或者冷链运输过程中冷冻冷藏设备温度发生异常时，就生成例外信息和警报等。

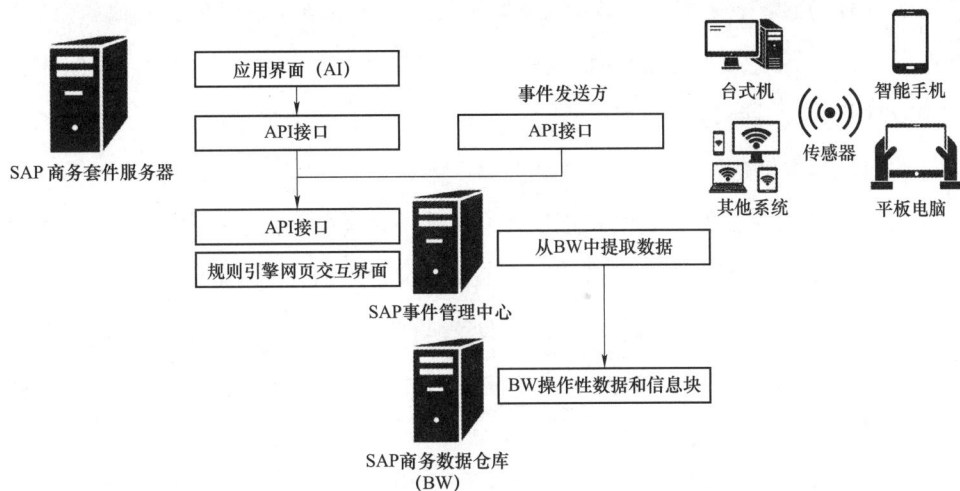

图 5-5　SAP 事件管理的系统集成示意图

第三节　国家电网公司供应链需求与计划管理绿色数智化实践

本节围绕国家电网公司供应链管理数智化、绿色化实践展开。在数智化方面，国家电网公司能源产业链公共服务平台在既有数字化系统建设的基础上打破原有各业务系统分散管理的模式，推进系统平台功能整合，提升其服务能力，是国家电网公司内部供应链管理并发挥链主企业带动作用的数智化基础；基于能源产业链公共服务平台的系统功能，国家电网公司在需求与计划管理方面设置计划中心，并实践了需求计划协同智能机器人等多项创新。在绿色化方面，国家电网公司从绿色设备选型、碳足迹模型研究、绿色采购等多环节向供应链全链条绿色化管理突破实践。

一、能源产业链供应链公共服务平台计划中心

国家电网公司根据国资委《关于中央企业在建设世界一流企业中加强供应链管理的指导意见》要求，打造能源产业链供应链公共服务平台（简称公共服务平台），平台包括"九中心一商城"，延伸链接链上企业、机构和政府等平台，发展供应链管理、数据增值等服务。计划中心是九大中心的重要组成部分。结合《关于加快建设全

国统一大市场的意见》及国家相关文件要求，将升级后的供应链公共服务平台，作为国家电网公司的公共资源交易平台，以此打破原有各业务系统分散模式，推进系统平台功能与业化整合，强化平台服务能力，促进信息公开共享。向所有链上企业提供"一网通办"服务，促进公共资源交易市场健康有序发展。需求与计划管理业务组织推进计划中心建设。

（一）总体布局

围绕"建设国际领先、国网特色的绿色现代数智供应链管理体系"总体目标，充分发挥计划源头引领作用，打造"六大核心业务＋六划协同服务＋一体全景调控"的"6＋6＋1"公共服务平台计划中心，做精业务、做优管理、做实调度，推动供应链规范、高效运营，全面提升国网绿链数字化应用、跨专业协同、市场化服务水平。

公共服务平台计划中心秉承"绿色、数字、智能"理念，纵向贯通采购目录、采购批次管理以及计划业务"测、编、报、审、分析、协同"全链路，横向联动发展、财务、基建、生产等专业系统，形成采购需求计划、采购实施计划、生产制造计划、运输配送计划、施工运维计划与融资计划的六划一体协同运作，推动电网主业、产业的供应链全环节在线协作、信息共享、闭环管控，提升"三效"。

提高管理效率，服务供应链数智升级大局。以计划管控业务系统全面升级为指引，统筹全量功能需求，融合各省辅助工具优秀做法，增强系统闭环能力。强化目录统一管控和刚性执行，实现授权采购、采购方式选择等全链关键业务在线管控、信息追溯，以数字化手段提升业务质效，增强采购源头管控质效。

提升管理效益，打造供应链智慧运营典范。以采购需求计划管理为枢纽，不断向前后业务链条延伸，推进计划专业管理流程再造，分阶段、分主次构建线上一体闭环管控，促进跨专业数据交互共享、跨平台流程有机衔接、全链条数据价值充分挖掘，实现供应全链运营效益最大化。

提增管理效能，强化供应链源头管控力度。以核心业务指标可视化展示为抓手，实现采购计划管理人员业务执行基础进一步从单一业务环节管理向满足上下游业务需求转变，推动采购数据全寿命周期信息全链互通、实时可视、业务可控，便捷各单位对标找差、改进管理，促进采购计划管理均衡高质量发展，进一步发挥计划源头引领效能。

（二）"六全"业务架构

计划中心系统以六大业务板块为核心，以六划协同闭环管控为导向，以一体全景调控为突破，形成全流程覆盖、全方位管理、全链条协同、全场景推进、全要素分析、全风险防控的计划中心"六全"业务架构。

六大核心业务构建计划专业一站式全流程操作平台，涵盖项目储备和需求预测、采购目录、采购批次、采购方式、授权采购以及采购计划管理六大核心业务在线开展及管控，以信息化手段促进计划管理转型升级，实现两级计划业务的全流程便捷操作与线上管控闭环。

六划协同服务依托需求计划储备库、数据共享资源池和供应链协同看板，通过采购需求计划、采购实施计划、生产制造计划、配送运输计划、施工运维计划及融资计划的相互协同融合，加强物资专业内及与其他专业跨专业联动，服务物资精准采购、工程精准投资和业务精益管控。

一体全景调控打造采购计划安排"控制塔"，以采购源头计划引领，立足批次计划全寿命周期实时监控与业务数据统计分析，直观展示已采购、正在采购和预计采购的业务开展情况，做好两级批次安排与采购计划的实时监控、综合分析与资源统筹，切实推动全链数字管控与创新发展。

计划中心按照"六大核心业务＋六划协同服务＋一体全景调控"思路开展功能设计，推动管理流程线上管控，实现链上专业一体协同。

（三）六大核心业务

1. 项目储备和需求预测管理

建立项目及需求计划储备库，促进跨专业业务融合与跨领域资源共享，库内需求储备常态审查、随需随取，实现全年采购需求精准预测、采购批次科学安排、需求源头精益管控。

2. 采购目录线上管理

采购目录线上管理功能全面夯实采购计划审查数据基础，实现两级采购目录编制、审批、发布、查询全链功能线上管控，实时校验监控采购执行情况与采购范围一致性，确保国家电网公司两级采购严格按照目录清单范围执行，提升目录管理质效。

3. 采购批次线上管理

根据最新版国家电网公司采购计划管理办法，批次新增、调整申请需由需求单位发起。为实现批次编报审批全流程线上化管控，保障批次合规编制，设计采购批次管理功能，实现两级批次创建、新增、调整操作可留痕、可查询、可追溯。

4. 采购方式管理

采购方式管理功能实现采购方式变更支撑材料提交、采购方式变更审批、采购执行方式查询、采购方式分析等统一线上管控，确保采购方式管理审批线上留痕、变更依法合规、全程透明可溯。

5. 授权采购管理

两级授权采购在线申请、流转和审批功能，针对需求零星、地域限制、技术条件特殊或现有批次无法满足时效的紧急需求等不具备集中实施条件、需要授权下一级单位实施的采购需求开展统一线上管控，实现授权采购在线闭环管控，解决授权审批结果无法系统留痕、退回下级单位自行实施的计划无法追溯，线下单据签署周期长、查询不便利等问题。

6. 采购计划管理

采购计划管理功能将项目储备库中的需求计划进行综合平衡、平衡利库分析、处理和合规性审查，实现流程在线跟踪、系统自动留痕。

（三）"六划"协同服务

1. 全链计划协同联动

强化供应链内外部跨专业业务高度协同融合、信息充分共享、管控一体闭环，推进供应链计划全面协同统领。

2. 数据共享协同查询

共享"六划"各专业数据，以项目为维度实现数据查询展示，满足发展、基建、物资、财务等各专业部门不同业务场景的数据使用需求。

（四）全景调控"控制塔"

为提升供应链管理效率、效益、效能，加强计划管理的全面、刚性约束，打造全网采购活动和重点工程物资保障动态监控，建设集监控、调度、指挥功能为一体的全景式全网采购活动"控制塔"，以"全景主视舱"为主界面，延伸全网采购实施动态、全网采购进度分析、计划全景业务管控、全网采购运营监控和采购活动指挥调度五大板块。

二、需求与计划管理数智化实践案例

（一）项目需求精准获取及需求预测的研究与应用

国家电网公司以企业资源管理系统（Enterprise Resource Planning，ERP）、电子商务平台（E-Commercial Platform，ECP）❶、供应链运营调控指挥中心（ESC）、项目管理业务中台❷、经法系统❸为基础载体，建立了贯通系统数据接口的综合性虚拟平台——全网采购需求统一管控平台，平台应用延伸至全资公司、控股公司、产业单位等，承载全网采购需求。平台前端以项目中台为枢纽，对接发展、建设、运检等专业系统，与项目储备、综合计划、里程碑计划等系统数据联动，实现公司所有采购需求数据"一个源"。后端以合同线上签订为抓手，对接经法系统，通过采购结果回传、线上会签审核功能，自动管控两级采购目录清单范围采购合同，实现采购需求与执行"一条线"。促进跨专业业务融合与跨领域资源共享，实现全域采购活动统一管理，推动全供应链全域采购活动标准化和融通共享，营造开放合作、共创共赢的智慧供应链生态圈。

基于全网采购需求统一管控平台，每年全网 65 家单位均能线上完成涵盖综合计划 16 类专项类型的年度需求计划储备，建立了年度需求计划"年初集中储备–年中调整修编–全年滚动更新"的平台应用机制，有效提高了物资需求计划的预测精准性和项目全过程精益化管控水平。为进一步推进物资与发展专业的深度协同、助力提升国有资产精准投资水平，平台瞄准优化完善专业间信息交互机制、充分利用供应链海量数据资源、持续加强业务环节闭环管控能力"3 个方向"，着眼于数据流通、业务贯通、价值融通"3 个关键点"快速推动"5 大实用功能"落地应用，进一步加强国家电网公司总部层面横向协作能力，完善由下至上和由上至下的双向传导机制，从而实现不断推进绿色现代数智供应链体系建设、助力提升电网项目精益化管理能力，见图 5–6。

---

❶ 电子商务平台（ECP）：国家电网公司采购活动实施的统一平台，是全国第一批电子招标投标交易系统，是全国公共资源交易平台的组成部分。平台覆盖技术标准、专家管理、招标采购、供应商管理及服务、合同签订及履约、质量监督、废旧物资处置等供应链全流程业务，提升全链协同效率和质量，推动能源行业采购模式创新。

❷ 项目管理业务中台：企业中台的重要组成部分，通过沉淀项目全环节数据和共享服务，实现国家电网公司全口径项目模型统一、资源汇聚、同源维护和共建共享。

❸ 经法系统：数字化法治企业建设平台，对物资及非物资类合同起草、审核、流转、履行、解除等统一管控的系统。

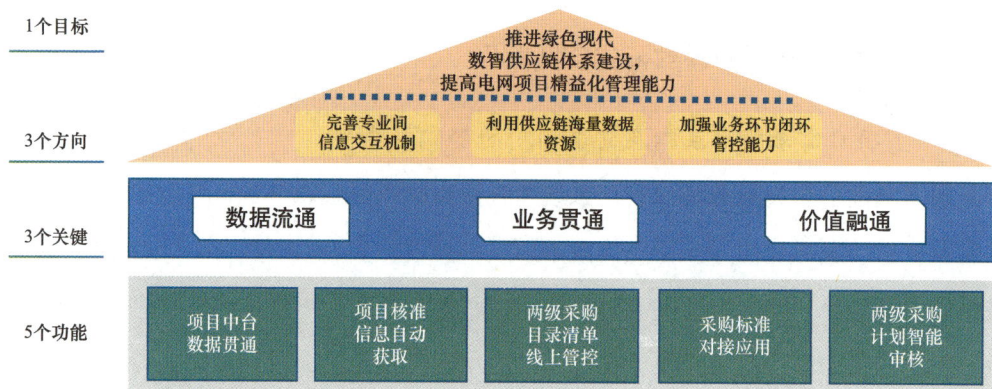

图 5-6　绿色现代数智供应链与电网精准投资"3351"研究模式

（二）需求计划协同智能机器人的研究与应用

国家电网公司强化源端协同，依托 ERP 与 ECP，贯通数据中台、项目管理业务中台等系统，紧密对接综合计划和工程里程碑计划，实现采购与建设、经营深度融合，打造采购需求"专业协同、精准预测、智慧编制、自动转化"全流程智能化方案，提升"项目核准规范化、采购需求预测精准化、计划审查智能化、采购批次推荐自动化、目录校验标准化"，从源头推进计划数智管理升级。

（1）防止未核先招机器人。为落实国家政策制度，加强配合审计监管，利用信息化手段，在计划阶段，对所有实施招标采购前的项目核准信息进行预警提醒，防止未核先招。

（2）需求计划智能检查机器人。依据需求计划填报要求形成需求计划审查要点，前置省公司/直属单位需求计划审查环节，增加自动筛查功能，将各类错误消息进行序号结构化，如"本年投资计划应小于或等于投资计划""项目定义关联关系请维护在项目定义层级"等，对有问题的数据进行精准定位，提升整改效率；同时对于同一项目下相同物资品类的疑似重复条目，在生成时系统自动提醒，由网省公司自行检查是否需要修改。

（3）综合计划自动校验机器人。获取综合计划 16 类项目全量储备项目及综合计划下达阶段项目信息、下达金额，开展综合计划下达规模、需求计划储备规模等维度对比分析，深化年度需求计划应用情况，实现年度需求计划精准预测。贯通 ERP 与发展项目管理业务中台信息流，获取储备项目信息，包含项目储备编码、项目定义、项目名称、专项类型、计划年度、电压等级、可研批复文号、总投资计划金额、本年投资计划金额等 35 个字段。

（4）需求计划快捷窗口机器人。为更快更便捷地编制物资需求计划，在年度需求计划编辑功能应用中，新增数量、单价、需求年度、招标计划编号、首批交货日期、最后一批交货日期、交货地点、交货方式等快捷更新窗口，并支持批量修改中新增联系人，联系方式等字段。

（5）智能匹配采购批次机器人。全网采购需求统一管控平台通过"数据中台"对接基建全过程数字化管控平台，取得可研批复、核准、初设批复、施工采购、开工、投产时间等项目里程碑计划相关信息，对应平台中预设的批次安排，为工程物资需求计划逐条智能匹配采购批次。

（6）需求计划追踪管理机器人。增加需求计划数据修编追踪管理功能，便于开展需求计划多维定向分析或对数据修改追踪，建设修改内容记录管理，记录年度需求计划编号、需求计划版本、计划年度、来源系统、维护日期、维护时间、变更字段名、新值（变更后）、旧值（变更前）、操作用户等信息。需求计划生成时，新增数据无需记录需求计划修编日志表；开发需求计划查询报表，根据需求计划编号及版本确认该需求计划修编变更记录，提供数据导出功能可进一步分析。

（7）需求计划物料转换机器人。项目部门需求人员可研版需求计划提报完成，提报需求版计划时，当发生物料编码变更时需要作废原计划、重新提报。避免预测版年度需求对物资品类预测不准导致重新编制需求版年度需求而造成数据冗余的问题，借助主数据"大类、中类、小类"管理体系，细化年度需求计划管理功能，支持同小类项下进行物料编码的转换，实现快速更替上报需求计划。

（8）甲供物资管控及防止未招先干机器人。优化服务类采购合同全流程相关功能建设。对于在政府招标平台完成采购后签订合同的情况，在 ERP 手工创建服务采购订单后需经物资部门审核甲供料情况后，单据方可流转至经法系统并且在系统中增加强校验功能。

（9）采购计划自动审核机器人。实现采购目录全口径、全过程、全项目类型的分级分类管理与实时线上维护，提炼结构化审查要点及审查规则 52 项，对于两级批次计划的采购范围、计划交货日期、交货方式、采购申请数量等行信息，由系统自动校验，形成校验结果，从源头推动所有采购上平台，通过数字化手段严控越级采购。

三、需求与计划管理绿色化实践案例

（一）绿色设备选型实践

1. 实践背景

设备绿色低碳转型关乎能源安全和能源供应，新冠疫情之后，各类工业企业迅速复工达产，带动用电负荷快速增长，多个省份负荷创历史新高，电力供应紧缺矛盾更加凸显。同时，随着新能源发电比重逐步提升，屋顶光伏等分布式电源广泛接入，电网设备稳定运行、保障电网系统安全压力倍增。推进以高效节能变压器、环保气体开关类设备为代表的绿色设备选型采购，在保障电网安全基础上，遵循电力系统技术演进的规律与特征，充分利用成熟技术、存量系统，着力研发新兴技术，积极稳妥、循序渐进地实施设备的绿色低碳转型。对于绿色设备而言，电工装备制造企业的研发投入增加会直接反馈到国家电网公司采购成本的增加；对于电力系统而言，为了适应"双高""双峰"形势下新能源并网和消纳，对应的电力系统源、网、荷、储各环节建设和运营成本都会随之增加。电工装备供应链不同环节主体、不同链上企业绿色理念、绿色发展水平参差不齐。能源电力领域实现双碳目标的任务重、时间紧。国家电网公司充分发挥供应链产业链链主作用，聚焦供应链全链条业务、带动全供应链各环节主体，加强"绿色低碳、能源转型"概念及标准的宣贯与植入，促进全供应链协同绿色发展，推动电工装备制造行业整体绿色双碳意识提升。

2. 实践做法

国家电网公司以供需两侧为着力点，在"需求侧"从需求计划阶段即通过设备选型加强采购绿色管控，在"供给侧"培育绿色供应商，构建贯穿供应链全流程的绿色数智采购体系，并应用于高效节能变压器等关键绿色设备采购中，研究出一套从采购源头入手，贯穿于设备全寿命周期的绿色行动方案。特别是在设备采购前，研究制定绿色设备采购标准、推广应用绿色设备范围，为后续采购过程中的无纸化绿色采购活动和采购结束后的绿色设备全程监造、质量抽检、运行评价打好基础，做好源头管控。

国家电网公司响应国家"双碳"战略目标，围绕"绿色、数智、行业"发展方向，建立"采购标准、技术标准、制造标准、质量标准、数据标准、管理标准"相互协同融合的新一代供应链绿色标准体系。加强绿色低碳设备标准的成果开放共享，提高供应链产业链协同效率。以高效节能变压器采购为例，国家电网公司根据国家工信部等

三部委联合下发的《变压器能效提升计划（2021—2023年）》，开展主网及配网变压器能效提升调研，制定高效节能型变压器应用举措。修订了10～500kV节能型变压器采购标准，提高变压器等设备采购技术标准要求，减少运行空载及负载损耗，确保变压器招标采购满足能效提升要求。编制高效节能变压器采购固化ID清单，共8类691本，引导各项目单位开展绿色低碳设备选型，从采购源头落实节能减碳举措。国家电网公司发挥智能采购管理决策能力，运用原材料价格、投标价格、采购过程大数据，开展设备采购价格监控，构建采购价格、采购成本、供应商群体分析模型，动态分析、科学研判供应商投标行为和市场竞争变化，突出绿色低碳原色，科学制定标包规模、价格公式、价格评审参数、授标规则等采购策略库，采用绿色采购策略引导供应商注重设备绿色转型升级和质量提升。

3. 案例成效

国家电网公司通过绿色设备选型的探索实践，使绿色认证企业采购占比、绿色认证产品采购占比快速增长。以变压器为例，变压器成本包括采购成本、运行成本、维护成本、报废成本等。分析高效节能变压器的各项成本分布，采购成本有所增加、但运行过程中因损耗降低从而导致运行成本减少，其他成本影响较小。

以高效节能变压器中国家电网公司采购量最大的110～220kV变压器计算，相较于常规变压器而言，每台高效节能变压器平均每年将减少约23万kWh损耗量。按照标准煤发电方式换算，则一年减少18.96t碳排放。预估国家电网公司每年新增的高效节能变压器将实现3.79万t碳排放的减少，辅助提高设备类优质供应商和优质产品采购占比，以及公司中标供应商碳减比。"十四五"期间，随着高效节能变压器入网数量的不断增加，预估五年将累计减少碳排放约56.85万t。国家电网公司通过绿色设备选型实践推动绿色低碳设备引领电工制造产业链绿色发展。

4. 推广前景

当前，国家电网公司绿色选型与采购模式已逐渐成熟，已在高效节能变压器等设备的选型、采购工作中成熟应用，未来可逐步推广至其他电力设备、材料中，如环保气体开关类设备、轻型绝缘电缆等。同时，国家电网公司绿色选型与采购模式在全国具有典型性、先进性，该模式可逐步推广至其他能源行业、制造行业等，从而带动我国绿色采购行业的持续发展。

国家电网公司持续跟踪绿色低碳新产品、新技术发展动态，根据新技术标准化的转化条件，积极开展绿色采购标准研究。对于技术发展成熟、具备大规模推广应用条件的新产品，及时推动转化为标准物料进行管理，编制统一的采购标准，以满足绿色低碳产品大规模采购需求，进一步提升电网绿色建设水平。

国家电网公司以部分绿色设备为试点开展评价工作，积极推进链上企业绿色评价试点应用，丰富绿色评价维度体系。推进绿色评价结果的有效应用，通过将绿色评价纳入采购评审体系、绿色评价结果分级绘制供应商画像、绿色供应商白皮书发布等方式，加大对绿色低碳优质企业、产品和服务采购激励力度，带动供应链低碳生产、运行和绿色消费，将绿色评价结果真正发挥实效。

（二）碳足迹模型研究

国家电网公司研究电工装备碳足迹核算方法，实现碳足迹量化计算。将碳足迹量化评价方法应用于采购环节，引导电工装备企业提升产品"低碳化"水平，进一步引导绿色低碳行为，应对环境风险，降低生产成本，推动广大企业履行社会责任，让绿色低碳理念更加深入人心。

国家电网公司明确了采购部门关于开展电工装备碳足迹核算标准的目的、范围、基本要求和基于电工装备全寿命周期各阶段碳足迹核算基本原则，设计电工装备全寿命周期的碳足迹评估方案，建立电工装备碳足迹计算体系，具备碳足迹评估与检测能力。

1. 碳足迹核算方法

寿命周期评价与电工装备碳足迹核算系统边界的定义取决于研究目标。结合电工装备实际寿命周期评价情况确定其核算边界，即一个完整的寿命周期评价，包括原材料生产制造、原材料运输、电工装备生产制造、电工装备运输、电工装备使用和电工装备废弃回收等各个环节。

碳足迹核算模型基于寿命周期评价方法建立，其核算模型内核可表示为

$$CF = \sum_{j}^{n}\sum_{k}^{n}cf_{jk} = \sum_{j}^{n}\sum_{k}^{n}c_{jk} \times f_{jk}$$

式中　j——产品及其组件生产的单元过程；

　　k——产品及其组件生产单元过程所消耗的资源和能源类型；

　　c_{jk}——产品及其组件生产的 j 单元过程消耗的 k 类资源或能源的碳足迹；

　　f_{jk}——产品及其组件生产的 j 单元过程消耗的 k 类资源或能源的消耗量；

　　CF——产品碳足迹。

电工装备碳足迹由各个单元过程的碳排放累加得出，相互连接的单元过程之间碳排放数量关系由资源和能源消耗数量所表示。

2. 数据的获取与筛选

数据获取途径包括实景数据和背景数据。

（1）实景数据。实景数据指企业、制造商、设备厂家实际生产各个过程的输入输出数据，包括生产阶段的原材料种类、数量，运输阶段的运输量、运输里程，生产制造阶段的能耗、排放等数据，需从各级供应商处调研采集得到，并对数据的获得方式和来源应予以说明。其中，电工装备原材料种类、数量依据商家提供的物料清单（BOM 表）确定，原材料尽可能详细并能够区分原材类别。实景数据的质量要求有：

1）代表性。为了全面收集不同规模企业的电工装备制造过程数据以搭建碳足迹模型，并且了解不同规模供应商对上游数据的收集能力，选取调研点时一般要考虑对不同生产规模、不同生产工艺的供应商开展调研。对于工艺相对统一的电工装备，可仅考虑对不同生产规模（大型、中型和小型）的供应商开展调研；现场数据应按照企业申请单元收集过去一年全年的生产统计数据，申请单元可以是一条生产线，多条生产线，整个企业或集团。

2）完整性。现场数据应该完整覆盖相关标准中确定的所有需要企业填报的生产现场数据。

3）准确性。现场数据中的资源、能源、原材料消耗数据应该来自申请单元的实际生产统计记录；环境排放数据优先选择相关的环境监测报告，或由排污因子或物料平衡公式计算获得，所有现场数据均转换为单位产品，且需要详细记录相关的原始数据、数据来源、计算过程等。

4）一致性。企业现场数据收集时应保持相同的数据来源、统计口径、处理规则等。

（2）背景数据。背景数据指通过寿命周期背景数据库获取的数据，包括碳足迹因子、材料用量、活动强度等，需对数据予以详细说明，包括所用的数据库和参考文献等信息。大部分情况下，产品碳足迹核算数据无法完全从调研中获得，需依靠较高质量数据库进行链接应用。背景数据的质量要求包括代表性、完整性、一致性。

1）代表性。目前国际使用最多的数据库为 EcoInvent 数据库，该数据库被多个主流寿命周期评价软件，如 Gabi 等所使用。另外，如果企业或其供应商可以提供符合相关寿命周期评估（Life Cycle Assessment，LCA）标准要求的、经第三方独立验证的电工装备或其上游产品 LCA 报告，也可以作为背景数据，但应对其使用的数据库来源进行说明，透明展示模型结构、数据质量评分等信息。

2）完整性。所有过程均需提供完整的背景数据（用于补充和验证实景数据），背景数据的系统边界同样应该从资源开采到产品废弃为止。

3）一致性。同一核算机构、同类产品 LCA 的背景数据选择应该保持一致，如果背景数据更新，则 LCA 报告也应更新。

根据各类数据对碳足迹的影响程度，确定供应商在招标采购中需要提供的标准数据模板。按照尽量减少供应商数据采集数量和工作的原则，编制标准数据采集模板，即根据上个步骤取得的电工装备碳足迹组成，同时基于降低供应商数据采集难度、减少供应商数据采集成本的考量，如果某项采集数据低于碳足迹组成的 1%，且总和低于碳足迹组成的 2%，则不纳入数据采集模板。组装生产过程能源消耗数据除外，因为组装生产过程能耗是引导组装生产企业节能减碳的首要抓手，虽然在某些产品中，组装生产能耗会低于碳足迹组成的 1%，但仍需将其列入。

3. 构建典型电网物资碳足迹核算模型

深入开展调研，夯实碳足迹核算模型构建基础保障。完成 ISO 14067、PAS 2050 等国内外权威产品碳足迹核算标准清单梳理，涉及国际标准、国家标准等多层级，为典型电网物资碳足迹核算模型构建提供理论指导。

强化科学规范，分级分类构建统一碳足迹核算模型。充分考虑不同链上企业产品碳足迹核算基础的差异，在核算指南中设计产品碳足迹（Product Carbon Footprint）核算三级能力成熟度，先重点后全面、先估算后测量、统筹分级有序推进链上企业产品碳足迹核算自动化、规范化、准确化、精细化，形成一套统一科学规范的产品碳足迹核算方法论，推动后续形成一系列企标、行标及国标。以绿色采购为导向，指导链上企业科学核算和规范报告产品碳足迹，有效制定和实施产品节能降碳管理计划和措施。

注重实用实效，验证碳足迹核算模型可行性及准确性。基于核算结果，为产品碳足迹评价提供参考依据，为产品节能降碳提供解决方案，引导供应商生产高效、节能、低碳产品，推动供应链降碳、节能、减污，带动产业链绿色低碳发展。

（三）绿色采购实践

国家电网公司通过需求计划、采购计划、采购评审、采购活动等需求与计划管理流程中关键节点的引导措施，推动需求与计划管理的绿色实践。国家电网公司在保证采购质量和性能的前提下，为降低上游供应链资源、能源、环境负面影响和健康安全风险，促进循环低碳发展，对供应商进行监督、控制及辅导等活动。

1. 绿色采购目的

规范绿色采购工作环节、内容、要求和流程，树立绿色采购理念，优先绿色物料采购、选择绿色供应商，推动电网企业供应链、电工装备产业绿色低碳发展。将产品设计、需求计划、招标采购、生产制造、产品交付、履约执行、施工安装、运行维护等供应链环节的绿色低碳理念，融入电力企业采购活动中，发挥绿色采购带动作用，引导供应链上下游和相关方共同践行社会责任，推进资源节约型、环境友好型社会建设。

2. 总体要求

落实绿色采购主体责任，坚持降碳、减污、扩绿、增长协同推进，将绿色采购融入经营发展战略、贯穿采购全过程，制定绿色采购的基本原则、管理目标、工作任务和评价考核。健全绿色采购管理体系，立足全寿命周期和生产者责任延伸，充分考虑资源节约、能源降耗、环境保护、低碳循环和安全健康，完善采购的管理程序和管理文件。加快实施绿色采购交易，依据法律法规、政策制度和标准规范，结合采购需求、市场供给、环境影响和财务状况，兼顾经济、环境和社会效益，逐步提高绿色采购在采购总量中的占比。推进绿色采购创新发展，发挥创新的核心作用，面向电网建设及生产运营，跟踪绿色供应链发展趋势和前沿技术，推动绿色采购的模式变革、策略改进、技术创新和制度完善，强化绿色采购的激励约束机制。加强绿色采购组织保障，明确采购、法律、财务资产、发展规划、环境保护、采购需求等部门的管理职责，提供必要的人力、资金、设施、信息等支撑保障，有效满足绿色采购管理需要。营造绿色采购环境氛围，组织绿色采购理念、知识和能力培训，及时披露绿色采购信息，开展绿色采购产学研合作，宣传绿色采购先进实践，赢得企业内外部和供应链上下游对绿色采购的理解和支持。

3. 采购计划绿色管理

（1）制定采购计划，有序实施绿色采购，健全强制采购、优先采购、引导采购、退出采购等策略。国家环保、节能等政策法规强制规定的，如高效能变压器等，严格满足物料绿色属性要求，实施强制采购；具有国家绿色认证或符合企业生产运营需要、且产生重大环境效益的，如空气绝缘柱上断路器、免镀锌金具等，从严管控物料绿色属性，实施优先采购；资源能源利用率较高的、采用清洁生产工艺的、污染排放符合环保标准的、退役报废后易于安全合理处置的，提升物料绿色水平，实施引导采购；列入高污染高环境影响名录的、列入淘汰落后生产工艺装备目录的、不符合回收促进的、国家限制或不鼓励生产使用的，宜退出采购。编制采购需求，通过调研、咨询、论证等方式，应结合物料绿色属性识别核查结果，明确物料绿色属性的技术、商务要求，表述应当清楚明了、客观规范、含义准确。

（2）编制采购文件，通过确定供应商资格条件、设定评审规则、合同订立安排、合同履约管理等措施，落实物料绿色属性管控的技术商务要求。

（3）审查采购需求、采购文件，将支持绿色低碳发展、物料绿色属性控制等列为重点事项，加强绿色采购的形成和实现过程的内部控制和风险管理。

（4）发布采购计划，公开绿色采购目标、物料绿色属性管控要求等信息，促进绿色采购实施，接受社会公众监督。

逐步评价、收集绿色物料（产品），定期在 ECP 平台整理、发布绿色低碳物料（产品）清单。

4. 采购评审绿色管理

在采购评审中，建立绿色评审要素，健全降碳、减污、扩绿评审方法和标准，加强物料绿色属性管控，促进供应商绿色低碳发展。

（1）评审投标物料的绿色要素宜包括但不限于：①绿色属性指标，包括绿色属性控制项及其技术指标；②有害物质限用，包括禁用物质、限用物质、受控物质的成分、含量、检验结果或相关文件等；③物料碳减排，包括碳足迹核算报告、碳减排技术清单等；④绿色包装，包括包装层数、包装空隙率、包装材料的材质数量、包装材料中有害物质含量、包装印刷油墨中挥发性有机化合物含量、纸质包装中可再生纤维含量、木质包装中可持续森林原料使用、塑质包装中印刷颜色数量等；⑤绿色运输，包括配送状态在线监测、清洁能源车辆或符合排放标准车辆使用、运输里程减少、配载策略优化、单位业务量载运工具污染物排放量等。

（2）评审投标人的绿色要素宜包括但不限于：①企业碳减排，包括碳减排承诺、碳排放现状、碳减排计划、碳减排措施及成效等；②环境行为信用，包括环境行为承诺、环境信用等级等；③环境信息披露，包括生态环境许可、环境保护税、环境污染责任保险、污染排放情况、污染防治设施、危废物处置、突发环境事件应急预案、生态环境违法信息等；④绿色制造，包括绿绿色工厂（企业）、绿色供应链等评定或认证（改成评价）；⑤绿色管理，包括质量、环境、能源、清洁生产、安全健康、社会责任等管理体系。依据法规政策、技术标准等规定，结合绿色属性控制强度和绿色采购策略安排，绿色评审要素可以设置为否决投标事项或详细评审事项；具备条件的，应稳妥有序提高绿色评审要素权重。采购文件应载明绿色评审的标准和方法，并要求投标文件提供权威第三方出具的相关证明材料、或投标人自行编制且单位负责人签署的承诺、申明和报告。

（3）健全采购评审管理机制，提高绿色采购评审质量，宜包括但不限于：编制绿色采购评审作业指导书；在评审机构中设立环境保护、碳核查等专家；评审开始前，组织专家开展绿色采购评审培训；评审过程中，实施信用信息共享平台、公共资源交易平台等联查；评审发现问题的，及时组织集体研究；评审结束后，开展绿色采购统计分析。

5. 采购活动绿色管理

采购组织形式以集中采购模式为主，提高资源利用效率，提升采购规模效益，强化绿色采购实施，包括但不限于：建立集中采购目录；统一采购技术标准和合同文本；开展采购需求集中审查；纳入采购交易平台；实施集中采购招标。

采购交易活动推行全流程电子化、数字化，减少人员出行、快递运输、纸张油墨、包装材料等人耗物耗能耗，包括但不限于：电子化招标投标；网络远程异地评审、智能辅助评审；电子合同、电子单据、电子支付；云监造、云见证、云验收；网上供应商服务大厅。

梳理采购活动，开展碳排放核算，推行碳减排举措，推进采购活动个性化、精细化净零碳排放，包括但不限于：盘查并设定碳中和目标，包括核算碳排放、甄别碳减排环节和技术、设置近期远期碳减排目标、设计碳中和路线图、开展碳绩效评估等；优化采购活动能效，包括升级数智化设施、优化采购业务流程、推广废弃物循环利用、使用清洁能源车辆等；打造绿色设施，包括使用可再生能源、部署绿色照明、实施能源监测管理、升级水电气热系统能效、打造绿色供应链运营调控指挥中心、建设绿色评标基地等；倡导绿色工作方式，包括减少不必要差旅、降低纸质材料使用、节约用能等。

将绿色采购与绿色金融有机融合，优化金融资源在绿色采购中的分配结构，提升资金向绿色、低碳、环保领域流动的效率效益，包括但不限于：对环境绩效显著的采购项目提供金融支持，包括高效能变压器等节能环保产品、电动汽车充电桩等清洁用电设施、光伏发电器材等可再生能源设备、新型电力系统建设等碳减排项目；根据供应商绿色绩效评价结果提供差异化的金融服务，包括绿色供应商评级结果纳入供应链金融支持评价依据、对高排放供应商实行融资限制、对净零排放供应商优先提供资金支持等；支持、促进绿色采购管理的金融服务，包括网上银行服务、保证金保险、绿色采购创新攻关等。

第四节　国家电网公司供应链采购数据数智化实践

数字化智能化是电网高质量发展的支点。要强化数字化智能化技术与电网业务深度融合，发挥好数据要素价值。数据要素作为新型生产要素、优质生产要素，对推动国家电网公司和电网高质量发展具有重要意义。

国家电网公司供应链采购数据运营分析工作全域覆盖供应链采购数据，创新数据融合分析与共享，提升专业间、层级间、业务环节间数据流的系统性、多元性、协同性，动态监控计划、采购等各环节数据情况，实现异常数据敏捷感知、关键指标可视分析、业务风险智能预判，以数据分析促进业务规范化，持续提升管理水平，推动数智化转型升级。国家电网公司遵循数字化建设"四统一"和数据标准"五统一"原则，创新提出具有国网绿链特色的"一码贯通、双流驱动、三大平台"数字化转型路径，确保供应链高效规范运行。

一、供应链采购数据管理模式

（一）专业化分析模型

按照"多维视角、智能分析"的原则，在统一业务报表的基础上，依托统计数据，根据业务规则明确业务诊断内容，固化分析逻辑，设计和建设国资国企数据报送自动校验、配网物资采购价格分析等模型，汇集形成分析模型库，开展供应链采购数据全方位分析，监控采购规模进度，实现采购数据的可视化展现与深化应用。

（二）数智化运营管理

按照"量化管理、对标引领"的原则，遵循"一级统筹、两级管控、多方应用"的思路，制定统一的管理要求、工作流程、统计标准和报表体系，规范统计业务标准、数据交互标准，依托 ESC 建立数据运营分析协同机制，总部、各单位分级开展数据治理，辅助供应链管理智慧决策，提升供应链物资管理与运营能力。

二、供应链采购数据应用内容

（一）开展基础采购数据全方位治理

1.统一应用架构

国家电网公司积极探索如何在满足总部整体管控要求的同时，充分保障各二级单位、基层单位日常管理和业务开展需要，相应数据和分析结果为各级单位持续实现提质增效提供有力支撑。为此，国家电网公司通过夯实巩固统一数据基础，按照供应链运营平台一级部署的应用架构，率先在总部 ESC 实现全口径采购数据归集、治理与共享，打通跨层级、跨专业、跨单位数据壁垒，充分发挥绿色现代数智供应链在行业引领上的支撑与保障作用，全面落实公司高质量发展要求，见图 5-7。

全网采购数据运营分析体系成为国家电网公司首个按照统一技术路线完成总部 ESC 一级部署的功能模块；首个全面推进绿链"六统一"数智化建设的业务体系；首个全面基于"一库两字典"❶新型数据管理体系并正式上线应用的 ESC 应用场景。已实现国家电网公司总部、省公司、直属单位纵向全面推广应用。

显著提升两级采购数据源基础质量。开展常态化数据治理。通过数据治理，2022年数据问题条目占比比 2021 年降低了 95%；2022 年数据修正金额比 2021 年降低了 98%，有效提升各单位在计划提报、招标采购、合同签订等环节的业务规范性。在国资国企数据报送分析中，累计发现 30 项 7646 个风险问题，及时处置并有效规避审计风险。

2.统一数据体系

供应链采购数据统计分析功能作为首个基于"一库两字典"数据管理标准建设并正式上线应用的 ESC 应用场景，如图 5-8 所示，充分验证了业务标准表的"业务友好性"及"易用性"特点，具有良好的示范引领作用。同时，业务标准表的标准化、规范化优势也在实际应用中得到凸显，从根本上提升了供应链数据要素的应用及建设质效。

---

❶　一库两字典：业务标准表库、注释字典、溯源字典。

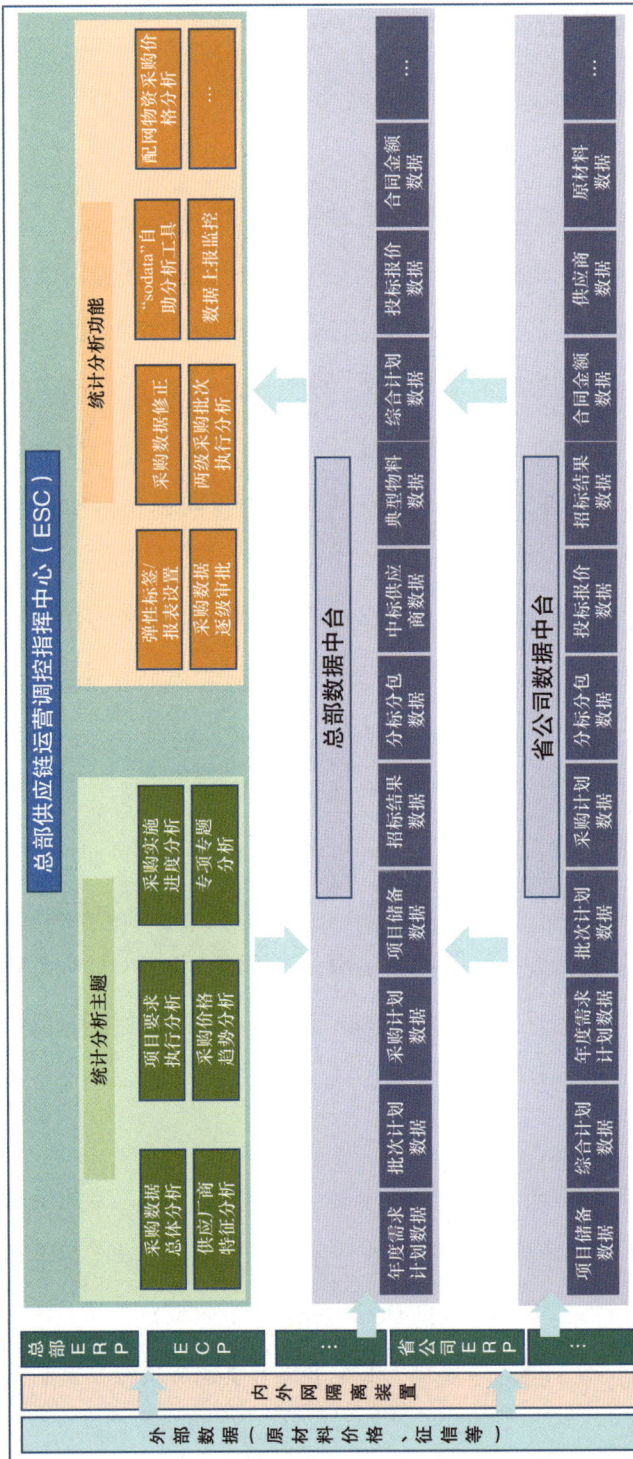

图 5 - 7　供应链采购数据运营分析应用架构

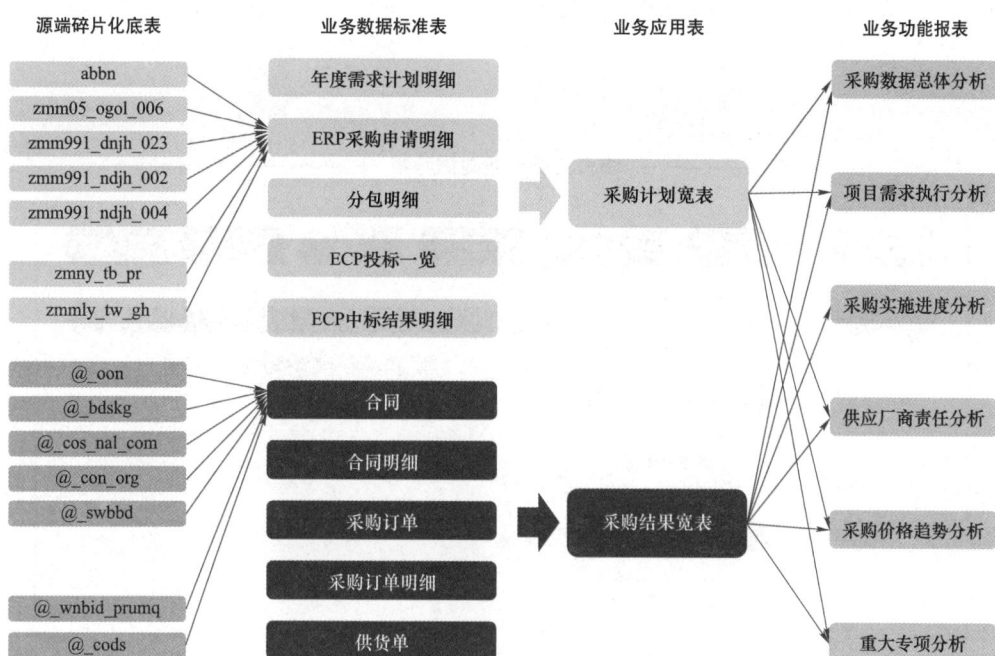

图5-8 "一库两字典"数据标准体系应用情况示意图

功能开发效率显著提升。在基于业务标准表的ESC建设模式下，业务人员可以直接基于业务标准表规范化提报业务需求，基本实现了相关数据的"自动溯源"和"精准溯源"，大大提升了溯源效率。同时，业务标准表应用、开发难度低，且具有极强的"可复用性"，避免了多个专业在使用同一数据源时重复溯源导致的时间和资源浪费，并有效确保了数据同源。

数据溯源和开发问题显著减少。为保证数据质量，业务人员在业务标准表建设前期充分参与数据核验，将数据溯源问题最大限度消灭在萌芽阶段，业务驱动效应充分显现。业务标准表易懂、易用，相关计算逻辑和功能逻辑编写更加便捷、清晰，极大降低了问题出现概率。并且，基于业务标准表的数据之间关系清晰易辨，即便出现问题也可精准定位问题、迅速排查原因，大大提升问题处置效率。

3.拓展数据来源

绿色现代数智供应链建设对数据的应用需求已经扩展到供应链维度，需要综合应用不同单位、不同层级、不同专业的数据，实现数据价值最大化，如图5-9所示。国家电网公司进一步发挥计划专业的龙头作用，通过跨专业数据贯通的方式拓展数据来源、统一数据标准，实现物资链条全专业覆盖，发挥数据对于提升公司供应链管理水平的关键驱动作用。充分应用人工智能、大数据分析等新技术，突出数据价值的挖掘、共享与传递，打造以数字化、智能化为特征的现代电网企业供应链运营体系。

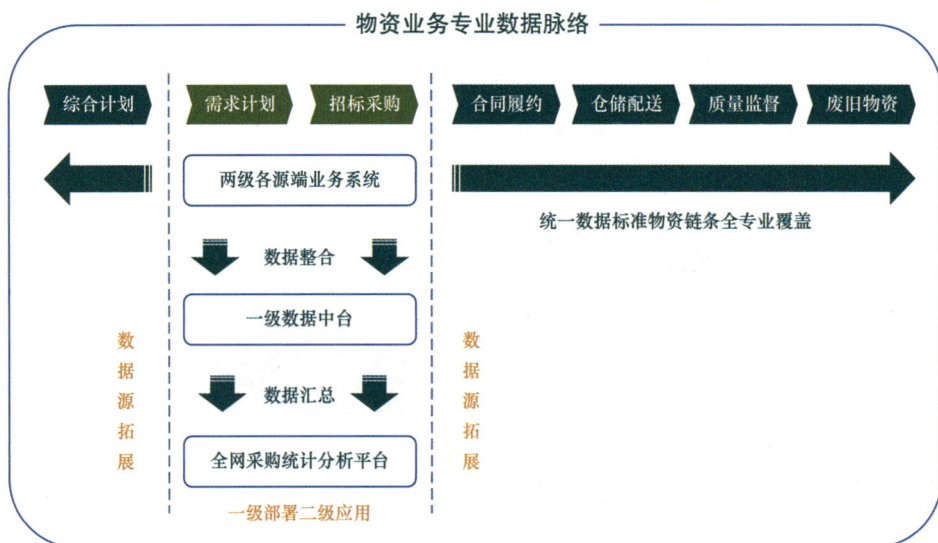

图 5-9　采购数据来源与应用示意图

4. 扩大应用范围

遵循包容开放、高效有序、共建共享的原则，国家电网公司持续推进供应链采购的"统一数据基础"标准，通过协同投资计划、项目里程碑进度等相关专业数据，贯穿项目储备、综合计划下达、需求预测、采购计划及采购执行数据，跟踪全流程业务链，建立跨专业、跨区域、跨层级的供应链采购统计分析管理模块，为扩大全链条的统计分析应用范围创造了客观条件，强化了电网物资供应链的链主作用。

5. 推进数据治理

通过开展供应链采购数据运营分析专项工作，将数据治理从"事后"向"事前、事中"延伸，常态化开展数据资产治理，规范业务开展，确保数据资产质量。采用线上与线下协同推进的方式，对发现的各类数据问题深挖原因，联动各业务环节持续规范，实现数据分析与业务提升的闭环。经过开展常态化数据治理工作，进一步强化业务管理要求，逐步提高业务"数字化"管理水平，提升了各二级单位在计划提报、招标采购、合同签订等环节的业务规范性。

构建采购数据质量智能核查机器人，在总部 ESC 建设两级业务数据自动校核功能，在全网采购数据统计分析体系数据核对、审批，以及宽表数据汇总环节中，建立自动校验规则，对业务数据实现自动判断或为业务人员提供提示，实现后端采购数据质量闭环管控。效规避因前端计划、采购环节业务流程不规范、人为操作失误等问题对最终采购统计分析数据造成的冲击，切实提高采购数据质量，提升数据真实性和准确性。同时，将问题数据反馈至前端业务环节，指导计划、采购环节规范业务操作，规避潜在业务风险，形成全网采购数据统计分析数据生态良性循环。

（二）提炼两级通用结构化业务报表

固定报表统计。根据前期管理经验及重点工作要求，常规统计从采购数据总体分析、项目需求执行分析、采购实施进度分析、供应厂商特征分析、采购价格趋势分析五大专题及公司重大专项分析角度开展，构建总部、二级单位两级统计报表体系，共计形成 27 张固定报表，实现了多维度统计供应链采购全貌，可视化分析项目执行进度，监控采购计划申报合理性和采购实施比例情况，为优化采购策略、完善营商环境等提供决策依据，见图 5－10。

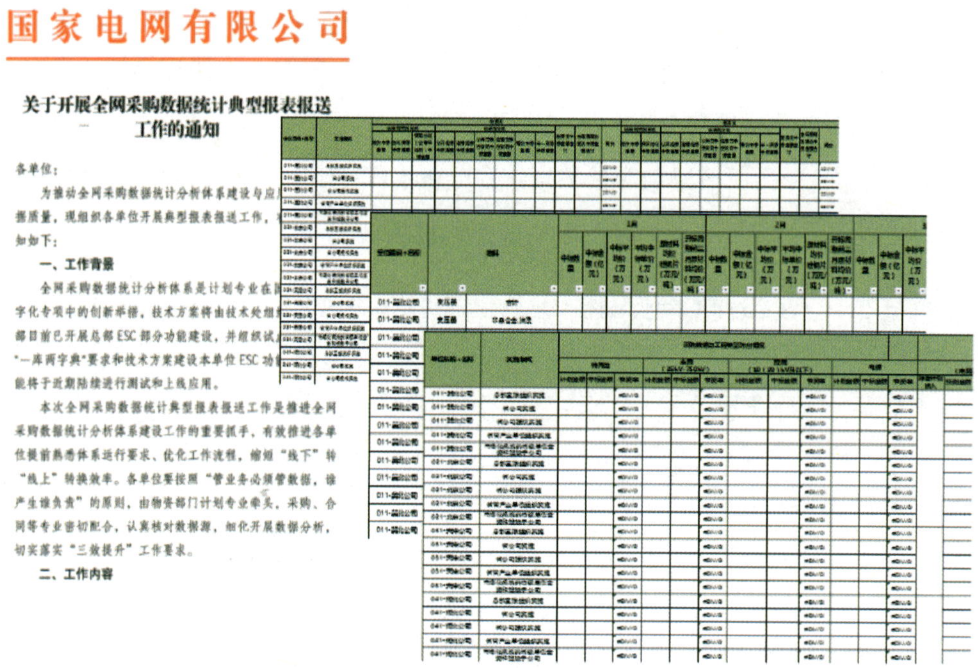

国家电网有限公司

关于开展全网采购数据统计典型报表报送工作的通知

各单位：

为推动全网采购数据统计分析体系建设与应
据质量，现组织各单位开展典型报表报送工作，
知如下：

一、工作背景

全网采购数据统计分析体系是计划专业在
字化专项中的创新举措，技术方案将由技术处组
部目前已开展总部 ESC 部分功能建设，并组织试
"一库两字典"要求和技术方案建设本单位 ESC 功
能将于近期陆续进行测试和上线应用。

本次全网采购数据统计典型报表报送工作是推进全网采购数据统计分析体系建设工作的重要抓手，有效推进各单位提前熟悉体系运行要求、优化工作流程，缩短"线下"转"线上"转换效率。各单位要按照"管业务必须管数据，谁产生谁负责"的原则，由物资部门计划专业牵头，采购、合同等专业密切配合，认真核对数据源，细化开展数据分析，切实落实"三效提升"工作要求。

二、工作内容

图 5－10　采购数据统计典型报表截图

自定义专题分析。各业务报表在设计时，为满足今后扩展统计维度需要，均设置了一定数量的备用字段，以便在不调整报表已有内容的前提下快速完善报表统计维度。通过总部 ESC 两张数据宽表，可以在已有业务报表基础上灵活扩展所需字段，最大化获取相关业务标准表字段数据与外部数据。通过为每个报表设置备用字段的方式，既提升了业务报表的统计灵活性，也保证了各类新增统计任务得以及时完成。

（三）构建全面计划管理数据统计分析模型体系

为进一步加强全网采购统计分析工作，夯实采购质效，提高采购需求预测、计划上报、采购结果数据的规范性、真实性、准确性，挖掘采购数据资产价值，持续推动全网采购数据运营分析体系优质高效。国家电网公司构建了全面计划管理数据统计分析模型体系，包括全网采购数据质量校验、基础数据统计、年度采购任务执行进度分析、需求计划规范管控分析、主网配网物资采购价格分析、"六划"协同管控分析、服务类框架执行分析、授权采购实施分析八个覆盖计划采购全过程、跨专业的典型分析模型库，推进关键业务分析模型建设与应用。

（四）实现多层级跨专业全景全链可视

1. 专业化典型应用场景构建

对制约计划管理水平持续提升的瓶颈环节和关键问题进行深入分析并建立分析模型，应用于采购数据总体分析、项目需求执行分析、采购实施进度分析、供应厂商特征分析、采购价格趋势分析和国家电网公司重大专项分析等场景，为总部和各省公司、直属单位提供了系统、科学的数据统计分析支撑，最大化发挥运营分析体系价值，见表5-3。

表5-3　　国家电网公司供应链采购数据运营分析体系建设典型应用场景

序号	场景名称	场景描述
1	采购数据总体分析	从不同采购实施模式、采购方式、采购组织形式，以及综合计划16个专项类型维度，对采购计划金额与对应中标金额进行统计，展示供应链采购计划与采购结果概览信息
2	项目需求执行分析	从综合计划16个专项维度统计各阶段预估金额，以及两级物资与服务采购计划金额、采购结果金额，展示综合计划、年度需求计划、采购计划、采购结果之间的关联关系
3	采购实施进度分析	分别从批次、标包及单条采购计划维度，追踪从计划提报、开评标到发布中标结果、合同生效等各关键节点情况，直观展现采购活动全流程实施情况
4	供应厂商特征分析	从项目单位和供应商两个维度，对中标厂商分布、类型，以及中标金额、标包数量同比变化、投标报价情况等进行对比分析，展现不同品类、不同地域、不同时期供应商的报价和中标金额情况
5	采购价格趋势分析	展示原材料价格、供应商报价、评价中标单价、评价中标金额等，在不同地域、不同品类、不同时期或不同批次间的变化情况

序号	场景名称	场景描述
6	公司重大专项分析	对于公司重点专项，从项目数量、投资金额、采购金额、维度进行统计，直观展现当年项目建设与采购完成情况
7	采购数据线上核实与上报	计划、采购等专业人员对采购结果宽表中的关键字段数据进行核实，以每月采购数据核实截止时间点的实际业务情况为依据，核对本单位数据是否准确、完整
8	配网物资采购价格均衡度分析	从中标价格均衡度、不均衡报价分析、原材料价格波动指数等维度建立整体分析逻辑，并建立具体的分析指标及合理阈值，各指标间相关关联，每组指标重点解决分析逻辑中某一分支问题的判断

2. 采购数据运营可视化展示

开发供应链采购数据运营可视化功能，一级展示页面可进行供应链采购中标结果、供应链采购总金额近五年变化趋势、采购计划申报合理性、采购执行进度、供应链两级采购批次实施进度情况、采购业务执行对比、供应链两级供应商群体分布情况、供应链各企业类型中标人数量、金额及占比分析、供应链主要物资采购价格与原材料价格联动分析等内容的可视化分析展示，当切换至对应的各专题二级、三级可视化展示页面时可展示进行更为详细的数据内容。同时基于数据宽表，可支持自定义拖拉拽分析。

完善 ESC 指标看板功能，依据设置好的指标体系，提出 ESC 指标看板的功能优化需求，完成功能和界面开发，实现指标数据线上提取。根据供应链"六大"指标体系内容和修订进展以及全量指标库建设成果，全面梳理盘点全量指标线上化可行性，统筹项目组、支撑网省公司等单位，落实分工部署，细化工作方案，推进 ESC 指标看板建设。现阶段已完成《指标体系"线上化"部署工作方案》编制和指标"驾驶舱"导航功能场景原型界面设计图设计，完成 17 个第一批指标"线上化"部署需求报告编制和需求提报。

为了满足终端用户对全网采购分析数据快速获取，助推全网采购数据高效共享与共用。国家电网公司基于 i 国网技术架构，开展全网采购数据分析主题场景移动端功能轻量化设计，建立全网采购数据运营分析"口袋书"应用，见图 5-11。应用主要包括轮播页面、统计发布、指标管控、数据视窗，将全网采购统计数据、采购统计简报、采购统计简报详报、指标分析、发展部 IAS 统计数据等，极大提升物资管理人员移动看数的便利，统一对外报数口径，提升数据信息沟通效率，支撑日常物资管理业务快速有效开展。

三、供应链采购数据实践成效

建立统一数据基础，按照"多源汇聚、打破孤岛"的原则，将业务对象、业务流程、业务规则数字化，结合实际业务需要，对物资专业全量数据进行接入、治理和业务（数据）标准表转换，建立供应链"一库两字典"数据基础体系，实现全供应链数据标准化和融通共享、可视可查。

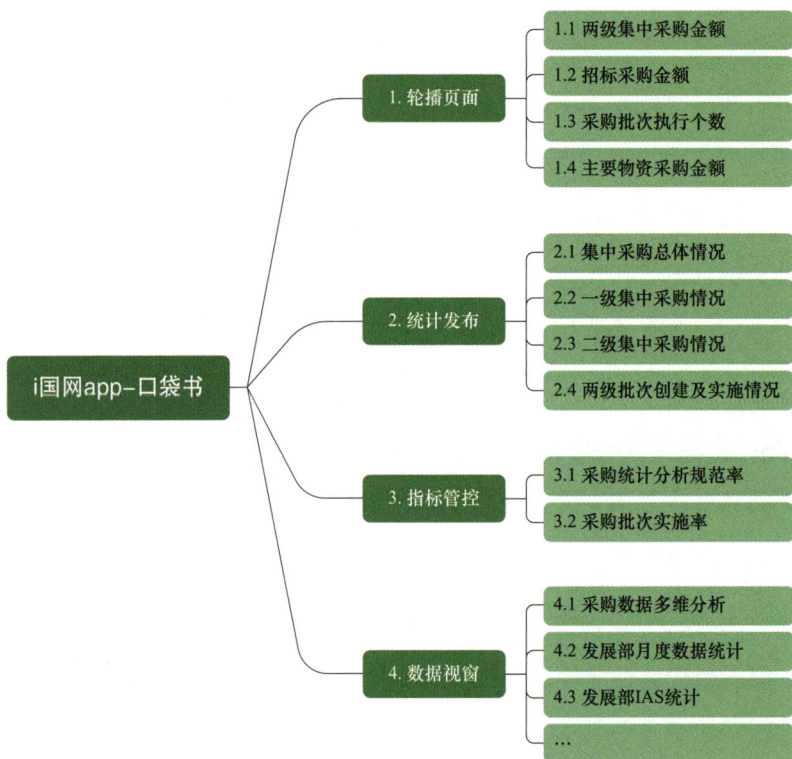

```
i国网app-口袋书
├── 1. 轮播页面
│   ├── 1.1 两级集中采购金额
│   ├── 1.2 招标采购金额
│   ├── 1.3 采购批次执行个数
│   └── 1.4 主要物资采购金额
├── 2. 统计发布
│   ├── 2.1 集中采购总体情况
│   ├── 2.2 一级集中采购情况
│   ├── 2.3 二级集中采购情况
│   └── 2.4 两级批次创建及实施情况
├── 3. 指标管控
│   ├── 3.1 采购统计分析规范率
│   └── 3.2 采购批次实施率
└── 4. 数据视窗
    ├── 4.1 采购数据多维分析
    ├── 4.2 发展部月度数据统计
    ├── 4.3 发展部IAS统计
    └── ...
```

图 5-11 国家电网公司口袋书总体架构图

（一）效率提升方面

通过管理机制与系统功能的同步建设和应用，将采购数据统计分析全流程业务环节减少了 1 倍，通过各类业务报表、分析工具可有效应对日常大部分常规与临时性统计分析工作需要，采购数据统计分析工作效率整体可提升约 70%。并且，治理后的系统数据可长期留存并随时加以应用，有效应对各类历史业务问题分析和长期业务规律分析。

（二）效能提升方面

按照《国家电网绿色现代数智供应链发展行动方案》中相关工作内容要求，全网采购数据运营分析专项工作目前已率先启动并取得阶段性建设成果，相关功能已陆续上线应用，数据价值逐步显现。率先体系化实现管理制度与标准、业务流程与职责、系统架构与功能的建设和应用，在推动国家电网公司数智化转型进程的同时，也以实际成果探索出行之有效的建设模式，便于供应链各环节互相借鉴、共同提升。

第六章

未来展望

在数字化技术、新经济模式和工业 4.0 等浪潮的推动下，全球供应链格局进入深度调整新阶段，供应链安全和韧性的重要性愈发凸显，数字化、绿色转型成为供应链变革的国际共识。党的二十届三中全会明确提出健全因地制宜发展新质生产力体制机制，完善推动新一代信息技术、人工智能等战略性产业，加快构建促进数字经济发展体制机制，促进数据共享，以国家标准提升引领传统产业优化升级；要求协同推进减碳、减污、扩绿、增长，健全绿色低碳发展机制，优化政府绿色采购政策。与此同时，"十四五"至"十五五"时期，是新型电力系统建设关键期，也是技术创新窗口期，能源电力结构加速转型，新型用电模式不断涌现，电力消费需求快速增长，供电服务标准持续提升，对电网高质量发展提出更高要求。在此背景下，国家电网公司准确把握能源保供企业定位，坚决扛起维护国家能源安全的职责使命，切实发挥"大国重器""顶梁柱"作用，在供应链管理方面，发布《绿色现代数智供应链发展行动方案》，其中"五个深化方向"提出了具体的发展方向和优化措施。全面深化推进供应链管理绿色数智化转型升级，深挖数据要素价值，拓展人工智能规模化应用；坚持绿色低碳"技术+业务"双轮驱动，全面推动绿色标准、绿色评价，绿色认证体系建设，发挥采购需求牵引作用，深入落实《绿色采购指南》。

本章围绕供应链需求管理的需求识别、需求预测、需求计划、需求实现逻辑链条对国家电网公司的未来发展进行了展望，并重点阐述了国家电网公司供应链需求与计划管理的绿色化、数智化发展前景。

第一节　国家电网公司需求与计划管理的发展前景

国家电网公司需求与计划管理具有明确的发展目标。推进综合投资计划、采购需求计划、生产制造计划、配送运输计划、施工运维计划、财务融资计划（"六划"）协同闭环管控，实现供应链计划全面协同。优化制定目录清单、准确预测采购需求、科学安排采购批次、高效编报采购计划，从源头服务精益采购，实现全网采购需求统一管控。推广应用全网采购数据运营分析体系，推动电网物资供应链数智化转型，实现计划源端数据资产价值利用最大化。

一、需求预测方面

未来的需求与计划管理将会紧扣客户及采购需求的聚类和分类这一主旋律，持续对采购品类进行优化与升级，仍然是需求管理的基础。这一过程将涉及需求标准化、绿色化、差异化等各种管理手段，旨在谋求需求规模带来的成本优化效果，或者是差异化对客户的价值创造最大化，也可能是绿色化对高质量和可持续发展的必要。如何平衡需求管理目标的多元化，努力实现各类目标之间的统一和均衡，是需求识别与预测管理中的永恒主题。

国家电网公司将在智慧供应链新生态中强化需求识别与预测管理。国家电网公司的供应链需求预测以能源电力消费预测、电力供需平衡分析为前提，以电力保供为最终目标，持续精简物料品类，不断提升通用互换水平，推动设备材料从本体规格选型统一向配套组部件选型统一，降低规划设计、招标采购、生产制造、工程建设、生产运维复杂度，缩短电网工程建设实施周期，节约生产运维及仓储库存成本。发挥需求与计划管理源头的全面协同统领作用，进一步挖掘实物资源潜力，激发释放存量资源活力，深化落实《深入推进平衡利库助力降本增效专项行动方案》，建立"逐级统筹、专业协同、规范高效、精准闭环"的平衡利库工作体系，实现长库龄物资"动态清零"。加强标准成果开放共享与数字化供给能力建设，提高供应链协同效率，降低数据互联成本，以提升需求识别准确程度。紧密跟踪新技术、新装备、新业态、新模式的演化发展，创新数字化应用场景，培育数字化服务能力，以全供应链的数字化转型带动线上线下业务加快融合，以平衡需求管理多元化目标的平衡。

基于各类神经网络算法的人工智能的普及与推广，毋庸置疑是提高需求预测准确性、更好更快更精准地满足内外部客户看似不可捉摸的多样化需求的重要手段之一。此外，通过与客户保持密切联系和积极沟通，提高对客户需求的充分把握和深入理解，以及基于企业当前和将来的供应资源与能力，对客户进行需求引导，使其欣然接受替代需求，也是达成实际需求与预测需求之间保持高度一致性的可行之道。其底层逻辑是在追求客户高度满意的同时，实现企业资源的最优配置，以及地球和全人类资源浪费的最小化。

国家电网公司提升需求预测智能化水平。加快推动智能制造装备、工业软件与生产工艺、管理流程的深度集成，提升供应链分析、预测、响应市场需求的能力。打通计划管理与财务管控系统数据壁垒，搭建跨专业协同联动的仿真预测模型，深入联动需求预测与综合计划外财务预算，扩展需求预测范围，进一步提升预测精度。开发年度需求全景监控可视化功能，建设年度需求计划多维统计、多维分析和转化率监控功能，多维分析年度需求。通过数据分析和数据价值挖掘，充分把握和深入理解客户需求，在需求侧引导供应链上下游改进技术和服务，不断提升当前和将来的供应资源与能力。坚持源头控制，推动需求预测、采购安排与工程建设实际需求精准衔接，从源头提升采购供应服务质效。充分考虑资金、库存等企业资源的优化配置，通过预测调节能力平衡内外部用户满意度及公司经营管理优化。

二、需求计划方面

S&OP、CPFR 以及整合了这两大集成计划工具的 IBP，在数字化及智慧化系统和工具的赋能下，必然是各企业竞相采用和全面部署的协同计划之不二选择。人工智能技术的高速发展，产业链供应链上各环节参与者之间的高度协同，有的放矢且多管齐下的政策干预，有机会助力现代中国企业有效对抗市场无形之手的无序性，促进需求计划以及由需求计划引领下的供应链计划的可行性和达成率。

国家电网公司的业务特性决定其不适合直接应用 S&OP、CPFR、IBP 等，但其需求计划管理发展趋势符合协同计划管理要义。基于"六划"协同的研究，国家电网公司致力于逐步深入推进综合投资计划、采购需求计划、生产制造计划、配送运输计划、施工运维计划、财务融资计划协同闭环管控，实现供应链计划全面协同。深化大数据、云计算、区块链、5G、人工智能、电力北斗、数字孪生等新技术应用，推动高效编报采购计划，从源头服务精益采购，实现全网采购需求统一管控。推广应用需求计划统计分析和采购数据分析，推动电网物资供应链数智化转型，实现计划源端数据资产价值利用最大化。

三、需求实现方面

集采为主、分采为辅的"统谈统签"或"统谈分签"的采购实施模式将会成为大型多元化企业的首选，招标、询价、竞价、谈判、单一来源、框架协议等采购方式将"百花齐放"；同时，采购组织形式也会基于品类管理的底层逻辑以及对供应市场动态的洞察，恰如其分地选择即用即购、按需采购、提前采购、批次采购、协议库存、寄售、供应商管理库存、对冲采购、全寿命周期采购等适配性最优的形式，最终达成需求实现手段在合规与合理上的二元统一性。

国家电网公司需求实现管理的未来趋势将以两级采购目录管理为基础，兼顾采购合规和采购效益，科学安排采购批次，严格两级集中招标采购，统筹"班车"规模效应与"专车"灵活效应。持续优化两级采购目录清单，线上部署两级采购目录，组建总部级采购计划审查专家库，健全各单位二级批次计划交叉互审、区域复核、总部筛核机制，全面提升计划审核质效。

释放供应链数据要素潜能、深化供应链数据赋能，提升供应链运营效率，更好发挥数据在公司高质量发展中的驱动支撑作用。国家电网公司将从广度与深度两方面推动采购数据要素价值挖掘辅助决策，基于需求计划至需求实现全环节数据积累，国家电网公司对采购计划数据、采购结果数据开展治理、统计和分析等活动。采购数据积累的广度拓展方面，国家电网公司将严格明确采购数据统计范围，除原有综合计划内采购外，将综合计划外、省管产业单位、两级市场化产业单位采购均纳入公司两级集中采购数据统计范围。同时，强化统计职责、统计周期、统计校验及统计质量通报等数据管理规则。采购数据价值的深度挖掘方面，一是多维分析辅助决策，国家电网公司将与两级集中采购实施模式相呼应，优化完善两级统计分析机制，由各单位除按照投资安排、成本支出、重点工程、专项投入等多维度开展采购数据统计分析外，将关注主业与省管产业单位的采购数据分析结果，为供应链高质量发展提供辅助决策；二是智能模型提升效能，综合应用人工智能技术，贴合采购统计分析业务实际构建数据分析模型，提升数据分析效率和准确度，为数据要素价值发挥的可持续性形成基础。

第二节　国家电网公司需求与计划管理的绿色数智化规划

与"需求识别－需求预测－需求计划－需求实现"全过程管理相伴生，是国家电网公司在需求与计划管理方面的绿色化、数智化发展趋势。本章第三节和第四节已经介绍过国家电网公司供应链绿色化、数智化建设经验，而未来任重道远，绿色供应链建设篇章已经开启，数智化供应链建设持续深化。随着新型电力系统建设的逐步推进，国家电网公司绿色供应链建设征程将围绕公司新能源高质量发展、特高压和主网架建设、配电网建设、电网防灾抗灾能力建设、电网数智化水平提升等关键核心任务开展。

一、绿色化前景

2023 年，国家电网公司已发布《绿色采购指南》，贯彻"双碳"决策部署，发挥产业链"链长"供应链"链主"作用，实施绿色采购。

在《绿色采购指南》指引下，需求与计划管理的绿色化发展方向明确，坚持绿色导向、应用驱动、需求牵引、采购着力，辅助国家电网公司做好产业链链长供应链链主角色，以采购为切入点引领全链绿色低碳发展。

采购目录牵引绿色需求。推广绿色发展理念、支撑新型电力系统建设，将水电主机、风电机组、光伏组件、储能电池等新能源工程物资，高效能变压器、环保气体环网柜、免镀锌金具等节能环保电网物资，取得绿色、节能认证标识办公用品等通用物资，纳入专项绿色低碳采购目录清单；协同相关专业部门，建立高耗能、高碳排、污染环境物资品类动态退出采购目录机制，强化绿色低碳产品采购导向。建立绿色采购需求牵引战略思维。将绿色低碳理念融入供应链全过程、全环节。

采购标准驱动绿色采购。依托国家电网公司《绿色低碳可持续发展工作方案》及《绿色采购指南》以及绿色产品评价标准，在需求计划编制、采购计划报审以及需求实现评审过程中，逐步推进原材料、组部件、工艺要求、技术参数、性能、结构、试验等技术要求和包装、标志、运输、贮存等新增绿色条款的深化应用，规范和促进需求与计划管理绿色化。围绕《电力企业绿色采购管理导则》等行标，发挥规模优势，带动链上企业绿色低碳步伐。

采购策略坚持绿色发展。夯实绿色低碳数据底座。加快推进碳足迹核算模型研发工作，优化绿色低碳数据分级分类规范制定，完善产品全寿命周期绿色低碳基础数据库，推动链路贯通和数据接入。研究典型电工装备、装备制造企业和国家电网公司供应链的碳足迹核算边界及数据清单，分级分类构建标准统一、科学规范的碳足迹核算模型，量化评估、认证装备、企业、公司供应链碳减排成效。通过招投标评审要素融合碳排评估、绿色认证、环保失信等信息，辅助采购计划实施绿色化；通过合同文本融合绿色采购、绿色物流、绿色产品等放方面要求，辅助需求实现全链条绿色化。

二、数智化前景

国家电网公司将绿色现代数智供应链建设与管理理念融入企业生产经营全过程，将以打造新质生产力为目标，通过数智技术实现供应链全流程全环节数字化线上化，围绕数据要素，整合供应链要素资源，以链上数据协同赋能物资采购和物资保供能力升级，更好地服务公司和电网高质量发展。

在全面需求计划管理方面，国家电网公司全网采购需求统一管控平台的建设应用，实现了计划业务"测、编、报、审"业务的在线管控，增强了计划管理全链条闭环管控、跨专业协同、数字化支撑能力，但在架构设计、功能完善、智能决策、跨专业协同等方面，仍需进一步提升。

跨专业更加融合。深化专业协同，强化计划源头引领，打造需求计划储备库、数据共享资源池和供应链导期全景看板，激发计划管理跨专业协同效益效能，全面服务物资精准采购、工程精准投资和业务精益管控。纵向贯通采购目录、采购批次管理以及计划业务"测、编、报、审、分析、协同"全链路，横向联动发展、财务、基建、生产等专业系统，形成采购需求计划、采购实施计划、生产制造计划、配送运输计划、施工运维计划与融资计划的六划一体协同运作，推动电网主业、产业的供应链全环节在线协作、信息共享、闭环管控，充分释放计划源头管理效能，提升"三效"。

决策更加智能。统一业务流程、数据标准及运营分析规则、方法和数据出口，应用人工智能等技术实现全网采购需求统一智能管控和全网采购数据全景监控分析与决策。结合供应链导期看板，实现需求预测、采购安排与工程可研、初设、施工、结算进度的精准及时衔接、科学智能排程，推动需求与采购在线闭环协同。统筹"实物资源池"和全网采购需求，实现供需智能利库、计划动态调整，提升物资采购计划精准统筹管理效能；推动"物资流""项目流""资金流"跨专业业务融合和流程再造，实现供应链需求计划、采购计划与投资综合计划、项目建设计划、预算资金计划等一体化智能联动，进一步促进供应链前后端业务高效融合和高质量发展。

业态更加丰富。引入先进技术构建需求管控新生态积极运用"大云物移智链"技术赋能平台业务，同时综合数字生态经济学相关原理，规划构建需求管控生态体系，打造平台和其他供应链内外部系统的"双轮驱动"机制，加强数据汇聚融合、共享开放和开发利用，形成"需求计划储备库＋数据共享资源池＋个性增值服务"的多业态融合新模式，为供应链内部的精准采购和供应链上下游的精益管理提供灵活的多维数据开发及应用服务。顺应能源行业数字革命总体趋势，将先进技术和供应链管理深度融合，深化人工智能在供应链领域的规模化应用，赋能基层提质增效、管理层科学决策，持续拓展人工智能等新技术应用场景，推动全链企业生产数字化交互和智能化协作。立足供应链需求的基础规模和资源优势，深入挖掘平台商业价值，积极探索电网供应链需求与政府平台、链上企业需求管控平台合作的新模式、新业态，试点开展依托"六划"协同的供应链金融、区块链服务、平台型经济等新兴业务，实现业务创新转型，为公司长远发展打造增长点、培育新动能。

参 考 文 献

［1］ JOHN H，BLACKSTONE Jr.，et al..APICS dictionary ［M］. 12th ed.APICS® the Educational Society for Resource Management，2012.

［2］ ROBERT HANDFIELD，Revised by LindaL. Stanley. Supply Management Integration ［M］. 3rd ed.Institute for Supply Management®，2018.

［3］ J HOLTON WILSON. Business forecasting ［M］. New York, the McGraw-Hill Companies，Inc.，2002.

［4］ OLIVER R K，WEBBER M D.Supply-chain management：logistics catches up with strategy. In Christopher，M. Logistics：The Strategic Issues. London：Chapman Hall. 1992.

［5］ 马克·穆恩. 供应链与需求管理 ［M］. 北京：人民邮电出版社，2022.

［6］ 汪希斌，等. 品类管理方法论：世界 500 强企业的战略采购实践 ［M］. 北京：机械工业出版社，2022.

［7］ 美国项目管理协会. 需求管理实践指南 ［M］. 于兆鹏，等，译. 北京：中国电力出版社，2016.

［8］ 托马斯·E·沃尔曼，威廉·L·贝里，D·克莱·怀巴克，等. 制造计划与控制：基于供应链环境，第 5 版 ［M］. 韩玉启，等，译. 北京：中国人民大学出版社，2008.

［9］ 伯纳德·W·泰勒. 数据、模型与决策，第 10 版 ［M］. 侯文华，等，译. 北京：中国人民大学出版社，2011.

［10］ 乐立骏. SAP 后勤模块实施攻略：SAP 在生产、采购、销售、物流中的应用 ［M］. 北京：机械工业出版社，2013.

［11］ 米歇尔·R·利恩德斯，P·弗雷泽·约翰逊，安娜·E·弗林，等. 采购与供应管理，第 13 版 ［M］. 张杰，等，译，北京：机械工业出版社，2009.

［12］ 肯尼斯·莱桑斯，布莱恩·法林顿. 采购与供应链管理，第 8 版 ［M］. 北京：电子工业出版社，2014.

［13］ 罗伯特·B·汉德菲尔德，罗伯特·M·蒙茨卡，拉里·C·吉尼皮尔，等. 采购与供应链管理，第 5 版 ［M］. 北京：电子工业出版社，2014.

［14］ 迈克尔·波特. 竞争优势 ［M］. 陈小悦，译. 北京：华夏出版社，1997.

［15］ 北京中外物流人力资源培训中心. 采购过程与合同管理［M］. 北京：机械工业出版社，2008.

［16］ 维克托·迈尔-舍恩伯格. 大数据时代［M］. 周涛，译. 浙江：浙江人民出版社，2012.

［17］ 刘伟华，李波，彭岩. 智慧物流与供应链管理［M］. 北京：中国人民大学出版社，2022.

［18］ 中国物流与采购联合会. 采购管理［M］. 北京：人民邮电出版社，2023.